KB011605

해국도지【八】

海國圖志 八

해국도지海國圖志【八】

초판 1쇄 인쇄 2024년 8월 22일
초판 1쇄 발행 2024년 9월 5일

—

저 자 | 위원魏源
역주자 | 정지호 · 이민숙 · 고숙희 · 정민경
발행인 | 이방원
발행처 | 세창출판사

신고번호 · 제1990－000013호
주소 · 03736 서울특별시 서대문구 경기대로 58 경기빌딩 602호
전화 · 02－723－8660 팩스 · 02－720－4579
홈페이지 · http://www.sechangpub.co.kr 이메일 · edit@sechangpub.co.kr

—

ISBN 979-11-6684-341-9 94900
ISBN 979-11-6684-040-1 (세트)

—

이 역주서는 2017년 대한민국 교육부와 한국연구재단의 지원을 받아 수행된 연구임.
(NRF－2017S1A5A7020082)

—

이 책은 한국연구재단의 지원으로 세창출판사가 출판, 유통합니다.
잘못 만들어진 책은 구입하신 서점에서 바꾸어 드립니다.

해국도지
海國圖志

【八】

(권25~권28)

위원魏源 저

정지호 · 이민숙 · 고숙희 · 정민경 역주

세창출판사

옮긴이의 말

『해국도지』 출판 배경

1839년 호광총독湖廣總督 임칙서林則徐(1785~1850)는 도광제道光帝(재위 1820~1850)의 특명을 받고 아편 무역을 단속하기 위해 흠차대신欽差大臣(특정한 사항에 대해 황제의 전권을 위임받아 처리하는 대신)으로 광주廣州에 파견되었다. 그의 목적은 아편 수입의 급증에 따른 경제적 혼란과, 관료와 군인들의 아편 흡입으로 제국의 기강이 무너지는 것을 방지하기 위한 것이었다. 광주에 도착한 임칙서는 외국 상인에게서 약 2만여 상자의 아편을 몰수한 후 석회를 섞어 소각해서 바다로 흘려보냈다. 아편 1상자가 약 1백 명이 1년간 상용할 수 있는 양이라고 하니 당시 소각한 아편은 엄청난 양이었음을 알 수 있다.

임칙서는 아편을 단속하는 한편, 서양 정세에도 깊은 관심을 기울였다. 그러나 당시 서양의 실상을 알기 위한 중국 서적이 거의 없는 상황에서 그는 서양 사정에 관한 다양한 자료를 수집하여 번역하는 작업에 착수했다. 번역 팀은 양진덕梁進德, 원덕휘袁德輝, 아맹亞孟, 임아적林亞適 등으로 구성되었다. 이 중 양진덕은 중국 최초의 기독교 선교사로서 『권세양언勸世良言』을 저술한 양발梁發의 아들이다. 독실한 기독교 가정에서 자란 그는 미국인 선교사 엘리자 콜먼 브리지먼Elijah Coleman Bridgman으로부터 영어를 배웠다고 한다.

임칙서는 수집한 자료 중에서 영국인 휴 머레이Hugh Murray(중국명 모단慕端)가 저술한 『세계지리대전The Encyclopaedia of Geography』(London, 1834)을 번역하게 한 후 이를 윤색하여 『사주지四洲志』를 편찬했다. 『사주지』는 원저의 요점을 간추려서 20분의 1 분량으로 요약했다고 하는데, 임칙서가 윤색에 어느 정도 관여했는지는 명확하지 않다. 임칙서는 1841년 6월에 아편전쟁의 책임을 지고 이리伊犁로 좌천되었는데, 도중 양주揚州 근처 경구京口(강소성 진강鎭江)에서 위원을 만나 『사주지』를 비롯해 그동안 수집한 다양한 자료 등을 전해 주었다.

공양학자公羊學者이면서 일찍부터 해방海防에 관심이 높았던 위원은 임칙서가 전해 준 『사주지』 등의 자료를 토대로 1년 만인 1842년 『해국도지海國圖志』 50권본을 출간했다. 그 후 1847년에는 60권본으로 증보 개정했고, 1852년에는 방대한 분량의 100권 완간본을 출간했다. 『해국도지』는 그 서명에서도 알 수 있듯이 대륙 중심의 중국이 처음으로 해양을 통한 세계 여러 나라에 관심을 기울이게 된 기념비적인 서적이라고 할 수 있다.

위원은 『해국도지』 서문에서 이 서적의 특징에 대해 "이전 사람들의 책이 모두 중국인의 입장에서 서양을 언급한 것이라면, 이 책은 서양인의 관점에서 서양을 언급한 것이다"라고 밝히고 있다. 나아가 "서양의 힘을 빌려 서양을 공격하고(以夷攻夷), 서양의 힘을 빌려 서양과 화친하며(以夷款夷), 서양의 뛰어난 기술을 배워(爲師夷長技) 서양을 제압하기 위해서 저술한 것이다(以制夷而作)"라고 언급하고 있다. 당시 중화사상에 입각해 외국에 배운다고 하는 것에 저항감이 있었던 중국의 현실에서 위원은 서양을 제압하기 위해서는 서양의 뛰어난 기술을 배울 필요가 있다고 호소한 것이다. 근대 계몽사상가인 량치차오梁啓超는 『중국근삼백년학술사中國近三百年學術史』에서 『해국도지』에 대해 "근래 백 년 동안 중국의 민심을 지배했고, 오늘날까지 그 영향력이 적지 않을 뿐만 아니라 … 중국 사대부의 지리에 관한 지식은 모두 이 책에서 비롯되었다"라고 높게 평가하고 있다.

위원의 생애

위원魏源(1794~1857)은 청대 정치가이며 계몽사상가이다. 호남성湖南省 소양邵陽 사람으로, 자는 묵심默深, 묵생墨生, 한사漢士이며, 호는 양도良圖이다. 그의 아버지 위방로魏邦魯(1768~1831)는 강소성 가정현嘉定縣 등에서 지방관을 역임했다. 위원은 주로 강소성 지역에서 활동하면서 해방에 대해 관심이 높았는데, 이러한 해방 의식의 형성 배경에는 이 지역이 해상으로부터 피해를 입기 쉬운 곳이라는 지역적 특성이 작용한 듯하다.

위원은 유봉록劉逢祿으로부터 공양학公羊學을 전수받았다. 공양학은 『춘추공양전春秋公羊傳』에 입각하여 성인의 미언대의微言大義(간결한 언어로 심오한 대의를 논하는 것)를 연구하는 학문이다. 그는 특히 동중서董仲舒 『춘추번로春秋繁露』의 미언대의 중에서 '도道'와 '세勢'의 관계에 주목했다. 도뿐만 아니라 세를 중시하는 그의 사상은 세상을 일대 변국으로 보고 다양한 정치 개혁을 착수하는 데 밑거름이 되었던 것이다.

위원은 도광 2년(1822) 향시鄕試에 합격해 거인擧人이 되었으나 이후 거듭되는 과거 시험의 낙방으로 결국은 연납捐納을 통해 관직에 진출했다. 이후 내각중서內閣中書로 일하면서 황실 도서를 이용할 수 있게 되어 이를 바탕으로 『성무기聖武記』를 저술했다. 이 책은 위원이 10여 년의 시간을 들여 청조의 흥기에서 아편전쟁에 이르기까지 국내의 여러 반란이나 주변 민족의 평정 등에 대해 서술한 것으로 청조의 전법戰法, 군사, 재정에 대해 종합적으로 논한 것으로 평가되고 있다. 위원은 37세가 되던 1830년 임칙서 등과 함께 선남시사宣南詩社를 결성했다. 이는 문인들의 모임이지만, 아편 엄금론을 주장한 황작자黃爵滋, 고증학자로 유봉록에게서 공양학을 전수받은 공자진龔自珍 등 당시로서는 개혁적 성향을 지닌 인사들의 교류 공간이었다. 위원은 1840년 아편전쟁이 발발하자 임칙서의 추천으로 양절총독 유겸裕謙의 막료로 들어갔다. 영국 장교 앤스트러더Anstruther를 만난 것은 바로 이 시기이다. 위원은 앤스트러더에게서 영국의 제반 상황을 전해 듣고 1841년 『영길리소기英吉利小記』라는 소책자를 출간하면서 서양에 대해 본격적인 관심을 기울였다. 마침 같은 해 아편전쟁 패배의 책임을 지고 이리로 좌천되어 가던 임칙서에게서

『사주지』를 비롯해 서양 관련 자료를 전해 받았다. 위원은 "서양 오랑캐를 물리치려면 먼저 서양 오랑캐의 실정을 자세하게 파악하는 데서 시작해야 한다(欲制外夷者, 必先悉夷情始)"(『해국도지海國圖志』 권1 「주해편籌海篇」)라는 인식하에 이듬해인 1842년 마침내 『해국도지』 50권본을 편찬하게 되었다.

위원은 도광 25년(1845)에 비로소 진사가 되어 고우현高郵縣 지주知州를 지냈으나 만년에는 벼슬을 버리고 불교에 심취했다. 주요 저작으로는 『공양고미公羊古微』, 『동자춘추발미董子春秋發微』, 『춘추번로주春秋繁露注』, 『시고미詩古微』, 『서고미書古微』, 『원사신편元史新篇』, 『고미당시문집古微堂詩文集』, 『성무기』 등이 있는데, 경학經學, 사학史學, 지리학, 문학, 정치, 경제 및 군사 등 다방면의 내용을 다루고 있다.

『해국도지』의 판본

『해국도지』는 모두 3종의 판본이 있다. 50권본(1842), 60권본(1847), 100권본(1852)이 그것이다. 그 외, 후에 영 존 앨런Young John Allen에 의하여 20권본이 증보된 120권본이 있는데, 여기에서는 전자인 3종의 판본에 대해 설명한다.

1. 50권본

『해국도지』 50권본은 이 책의 「서敍」에 따르면, "도광 22년(1842), 임인년 가평월(음력 12월) 양주에서 내각중서 소양 사람 위원이 쓰다(道光二十有二載, 歲在壬寅嘉平月, 內閣中書魏源邵陽敍于揚州)"라고 되어 있다. 즉 1842년 12월 57만 자에 이르는 『해국도지』 50권본이 처음으로 세상에 모습을 드러낸 것이다. 이 책에는 23폭의 지도와 8쪽에 이르는 서양 화포 도면이 수록되어 있다. 「서」에 따르면, 임칙서의 『사주지』를 토대로 더 많은 내용을 첨가해서 "동남양·서남양은 원서(『사주지』)에 비해 10분의 8이 늘어났고, 대소서양·북양·외대양은 원서(『사주지』)보다 10분의 6이 더 늘어났다(大都東南洋·西南洋, 增于原書者十之八, 大小西洋·北洋·外大洋增于原書者十之六)"라고 기록하고 있다.

2. 60권본

『해국도지』 60권본은 이 책의 「원서原敍」에 따르면 "도광 27년(1847)에 양주에서 판각되었다(道光二十七載刻于揚州)"라고 기록하고 있다. 위원은 50권본을 출간한 이후 5년간의 노력 끝에 60여만 자로 확충해 『해국도지』 60권본을 편찬한 것이다. 이 책은 50권본에 비해 해외 각 나라의 당시 상황과 서양의 기예技藝 부분 1권을 8권으로 확충했는데, 위원에 따르면 임칙서가 번역한 서양인의 『사주지』와 중국 역대의 사지史志, 명明 이래의 도지島志 그리고 최근의 외국 지도와 외국 저술에 의거하여 편찬했다고 한다.

3. 100권본

『해국도지』 100권본은 "함풍 2년(1852)에 책 내용을 더 보태 100권본으로 만들어서 고우주에서 판각했다(咸豐二年重補成一百卷, 刊于高郵州)"고 한다. 『해국도지』 「후서後敍」에 따르면 함풍 2년 88만 자로 확충해서 100권본을 출간했다고 언급하고 있는데, 이 책에서는 지도 75폭, 서양 기예 도면도가 57쪽, 지구천문합론도식地球天文合論圖式 7폭이 보충되었다. 이후 이를 정본으로 하여 위원의 사후에도 중국 각지에서 100권본에 대한 재간행이 이루어졌다. 그중에서 위원의 후손인 위광도魏光燾가 광서光緖 2년(1876)에 『해국도지』를 재간행했는데, 이 책에는 좌종당左宗棠의 서문이 실려 있다. 최근에는 지난대학暨南大學의 천화陳華 등이 주석을 단 악록서사본岳麓書社本(1988)이 간행되어 『해국도지』를 읽어 나가는 데 유익함을 주고 있다. 본 역주 작업은 광서 2년본 『해국도지』를 저본으로 삼아 악록서사본 및 그외 판본 등을 참조하여 진행했음을 미리 밝혀 둔다.

『해국도지』의 구성 및 내용

『해국도지』의 구성은 다음과 같다.

권수	구성
권1~2	주해편籌海篇
권3~4	해국연혁각도海國沿革各圖
권5~70	동남양東南洋(동남아시아, 일본), 서남양西南洋(인도, 서·중앙아시아), 소서양小西洋(아프리카), 대서양大西洋(유럽), 북양北洋(러시아와 발틱 국가들), 외대서양外大西洋(남북아메리카)의 인문지리
권71~73	동서양 종교, 역법曆法, 기년법紀年法 비교표
권74~76	세계 자연지리 총론: 오대주와 곤륜崑崙에 대한 서양의 지도 소개
권77~80	주해총론籌海總論-중국 저명인사의 해방론에 대한 상주문과 해방 관련 글
권81~83	청대 신문 잡지에 실린 대외 관련 기사
권84~93	해방을 위한 대포, 포탄 등 무기 12종에 관한 논의와 도설圖說
권94~95	망원경 제작 방법 등 서양의 과학 기술에 대한 소개, 아편의 중국 수입 통계 등.
권96~100	지구천문합론地球天文合論, 칠정七政과 일월식日月蝕 등 14종의 지구과학적 자연 현상에 대한 해설

각 권의 요지는 다음과 같다.

권1~2 주해편은 『해국도지』를 편찬하는 목적이라고 할 수 있는 해방론을 다룬 부분이다. 여기에서 위원은 아편전쟁에서 패한 교훈을 근거로 방어와 화친에 대해 논한다. 먼저 '방어란 무엇인가? 어떻게 방어할 것인가?'라는 문제에 대해 "바다를 지키는 것은 해구海口를 지키는 것만 못하고, 해구를 지키는 것은 내륙의 하천을 지키는 것만 못하다"라는 원칙하에 해안보다는 내지 하천의 방비를 강화할 것을 주장한다. 특히 안남국과 미얀마가 영국을 무찌른 사례를 들어 중국의 지세를 활용한 방어책의 중요성을 강조하며, 나아가 군사 모집의 방법과 용병술에 대해 서술하고 있다. 내부의 방어를 견고히 한 후 외국의 공격을 막기 위해서는 적을 이용해 적을 공격하는 이른바 '이이공이以夷攻夷'를 제기한다. 당시 적국인 영국과 사이가 좋지 않은 러시아와 프랑스를 끌어들여 영국을 견제하게 하는 방안이다. 이와 함께 해상전을 위해 광동과 복건 등지에 조선소를 건설해서 군함을 비롯한 선박을 제조하고 적합한 인재를 양성해 해군력을 강화할 것을 주장한다. 화친에 대해서는 단지 열강과의 충돌이 두려워 그들의 요구를 수용(예를 들면 아편 무역을 허용)하기보다는 대체 무역을 통해 그들의 이익을 보장해 주어 화친할 것을 논하고 있다.

권3~4에서는 동남아시아와 서남아시아·아프리카·대서양 유럽 및 남북아메리카의 연혁과 함께 지도를 수록하고 있다. 역사적으로는 지도를 통해 한대부터 위진 남북조, 당대, 원대까지 역대 사서에 기록된 서역 각 나라의 연혁을 서술하여 세계 각 나라의 지리를 한눈에 볼 수 있게 했다.

권5~18의 동남양에서는 역사적으로 중국과 관계가 깊은 베트남을 필두로 해서 태국, 미얀마[이상을 연안국(海岸諸國)으로 분류], 루손, 보르네오, 자와, 수마트라, 일본[이상을 섬나라(海島諸國)로 분류] 등 각 나라의 지리, 역사, 문화 특색 및 중국을 비롯한 서양 국가들과의 대외관계를 서술하고 있다. 동남아시아의 주요 국가를 기술하면서 일본을 포함시킨 이유에 대해 바다로부터 침입을 막은 해방의 경험이 있기 때문이라고 하며, 조선과 류큐는 해방과는 거리가 멀어 언급하지 않는다고 밝히고 있다. 그리고 베트남을 제일 먼저 서술하고 있는 것에 대해 베트남이 역사상 중요한 조공국인 것도 있지만, 그보다도 지리적 여건을 이용해 여러 차례 네덜란드를 비롯한 서양 선박을 물리친 사실에서 중국이 해방을 하는 데 유의할 만한 사례라고 언급하고 있다. 나아가 베트남에서 아편을 금지한 것도 일본에서 기독교를 금지한 것과 함께 높게 평가하고 있다. 이 동남양에서는 중국에서 동남아시아 제 지역으로 가는 항로에 대해서도 상세하게 소개하고 있어 마치 독자로 하여금 직접 여행하는 기분을 느끼게 해 준다.

권19~32에서는 서남양의 인도 및 서아시아에 대해 서술하고 있다. 먼저 인도를 동인도·서인도·남인도·북인도·중인도로 나누어 이들 지역에 존재했던 왕국의 지리, 역사, 문화 등에 대해 언급하고 아울러 중국을 비롯한 서양 국가들과의 대외관계에 대해 서술하고 있다. 그리고 영국 동인도 회사의 설립과 해산 과정, 영국 속지의 지리, 역사, 문화, 종교, 인구, 풍속 등을 기술하고 있다. 또한 페르시아, 유다 왕국, 터키의 지리, 역사, 문화 및 서양과의 대외관계에 대해 기술하고 있는데, 여기에서는 특히 천주교가 중국에 어떠한 경로를 통해 전래되었는지를 보여 주는 『대진경교유행중국비大秦景教流行中國碑』 전문을 소개하고 있다. 위원은 천주교의 교리에 대해서도 많은 지면을 할애해서 소개하면서 그 교리의 문제점에 대해 비판적인 자세를 보이고 있다.

권33~36의 소서양에서는 아프리카대륙에 대한 전반적인 소개를 비롯해서 이집트, 에티오피아 등 아프리카대륙 국가들의 역사, 지리, 문화, 대외관계 등에 대해서 기술하고 있다. 특히 로마와 카르타고의 전쟁에 대해 상세하게 서술하고 있어 흥미롭다.

권37~53의 대서양에서는 유럽대륙에 대한 전반적인 소개를 하고 포르투갈을 필두로 해서 유럽 각 나라의 역사, 지리, 문화, 대외관계 등에 대해 기술하고 있다. 포르투갈 편에서는 옹정제 시기 포르투갈 국왕에 대한 하사품으로 일반적인 은상 외에 인삼, 비단, 자기 등 수십여 가지 품목을 구체적으로 기록하고 있어 서양과의 조공무역 일단을 살피는 데 유익하다. 위원은 영국에 대해 특히 많은 관심을 보여 다른 국가에 비해 많은 지면을 할애하여 영국의 역사, 지리, 문화, 정치, 경제, 사회, 대외관계 등에 대해 상세하게 소개하고 있다. 영국과의 아편전쟁이 『해국도지』 편찬에 중요한 계기가 되었음을 보여 주는 좋은 사례라 하겠다.

권54~58 북양·대서양에서는 러시아와 북유럽 국가의 역사, 지리, 민족, 언어, 정치 제도, 종교, 문화 등에 대해 상세하게 소개하고 있다. 특히 러시아 지역을 백해 부근, 백러시아, 발트해 연안, 신러시아, 시베리아 등 여러 지역으로 구분해서 각 지역의 복잡다단한 역사와 지리, 지역적 특성에 대해 고찰하고 있어 러시아에 대한 전반적인 이해를 돕는 데 유익하다. 위원이 러시아에 대해 영국과 마찬가지로 많은 지면을 할애하고 있는 것은 영국과 대립하고 있는 러시아를 이용해 영국을 견제하고자 하는 의도가 담겨 있는 것이라고 하겠다.

권59~70 외대서양에서는 콜럼버스의 아메리카대륙 발견 과정과 남북아메리카대륙의 위치와 기후, 물산의 특징에 대해 서술하고 있다. 특히 미국의 역사와 정치, 종교, 교육, 복지, 경제 및 미국인들의 인격 등에 대해서 상세하게 설명하고 있다. 보스턴 차 사건을 계기로 미국이 영국으로부터 독립을 쟁취하기까지의 과정을 상세히 살펴보면서 미국의 독립을 높게 평가하고 있다. 위원이 영국을 '영이英夷(영국 오랑캐)'라고 표기하면서도 미국을 '미이美夷'라고 표기하지 않은 것 역시 영국에 대한 적대적 감정과 함께 미국을 통해 영국을 견제하고자 하는 의도가 담겨 있는 것이라 하겠다.

권71~73 표에서는 동서양의 종교, 역법, 기년법의 차이에 대해 상세하게 서술하고 있다.

권74~76 지구총설에서는 불교 경전과 서양의 도설에 의거해 오대주와 세계의 지붕이라고 불리는 곤륜(파미르고원)의 자연지리 및 설화 등에 대해 상세한 소개를 하고 있다.

권77~80 주해총론은 당대 관료와 학자들의 변방과 해안 방어에 관한 각종 대책과 상주문을 모은 것으로 19세기 당시 중국 엘리트 지식인들의 영국, 프랑스 등 서양 각 나라에 대한 인식을 비롯해 영국을 제압하기 위한 방도 및 급변하는 시국에 적절한 인재 양성 등을 논하는 내용을 다루고 있다.

권81~83 이정비채夷情備採에서는 『오문월보澳門月報』를 비롯한 서양 신문 잡지에 실린 내용을 통해 외국의 눈에 비친 중국의 모습을 소개하고 있으며, 서양의 중국에 대한 관심 및 아편 문제, 중국 해군의 취약점 등을 상세하게 서술하고 있다.

권84~93에서는 해방을 위한 서양의 전함과 대포 및 포탄 등 병기 제조, 전술, 측량술 등을 도면과 함께 상세하게 소개하고 있다.

권94~95에서는 망원경 제작 방법 등 서양의 다양한 과학 기술을 소개하고 있으며, 아편의 중국 수입량에 대한 통계를 다루고 있다.

권96~100에서는 포르투갈 출신의 예수회 선교사 호세 마르티노 마르케스José Martinho Marques의 저술에 의거하여 칠정七政, 즉 일日·월月·화성火星·수성水星·금성金星·목성木星·토성土星을 소개하고, 이외 일월식日月蝕, 공기, 바람, 천둥과 번개, 조수 및 조류, 지진, 화산 등 다양한 자연 현상의 발생 원인과 양상에 대해 구체적으로 설명하고 있다. 나아가 일월과 조수의 관계, 절기에 따른 태양의 적위, 서양 역법의 기원에 대해서도 다루고 있다.

『해국도지』의 조선 및 일본에의 전래

전근대 중국의 세계관은 고도의 문명을 자랑하는 중국(華)을 중심으로 해서 그 주변에 아직 문명이 미치지 않은 오랑캐(夷)가 존재한다고 하는 일원적인 세계관을 전제로 했다. 화이관에 입각한 중국의 지배 질서는 황제의 덕이 미치는 정도에 따라 중앙과 지방의 이원적 구조를 뛰어넘어 표면상으로는 전 세계에 걸쳐 있었다. 이른바 '천하일통天下一統'의 관념이 존재했던 것이다. 이러한 화이사상에 근거한 중화 세계 질서는 아편전쟁 이후 서구 열강의 침략을 받게 되면서 서서히 무너져 가기 시작한다. 중국이 서구 열강을 중심으로 하는 국제 질서에 편입하게 됨에 따라 '중국'은 더 이상 세계의 중심이 아니라 많은 나라 중의 하나에 불과하며, 세계는 서로 다른 문화를 가진 각 나라가 서로 경합하는 다원적인 공간이라고 하는 인식의 변화가 일어난 것이다. 이러한 인식의 변화는 당시 중국의 엘리트 지식인들에게는 일찍이 경험해 보지 못한 미증유의 세계였다. 위원이 편찬한 『해국도지』는 중국의 지식인들이 새로운 세계에 눈을 돌릴 수 있는 계기를 제공한 것으로, 그것은 단순히 지리적 세계뿐만 아니라 정신적 세계로의 길잡이 역할을 한 것이다. 이리하여 『해국도지』는 당시 중국 지식인들이 '천하'에서 '세계'로 세계상을 전환하면서 중화사상이라는 자기중심적 세계상에서 탈출하는 힘들고 어려운 여행길에 나설 수 있게 해 주었다.

『해국도지』 50권본은 출간되자마자 조선에 전래되었다. 남경조약이 체결되고 나서 1년여가 지난 1844년 10월 26일 조선은 겸사은동지사兼謝恩冬至使를 북경에 파견했는데, 이듬해인 1845년 3월 28일 겸사은동지사의 일행 중에서 정사正使 흥완군興完君 이정응李晸應, 부사 예조판서 권대긍權大肯이 『해국도지』 50권본을 가지고 귀국한 것이다. 이 50권본은 일본에는 전해지지 않았다. 이후 많은 학자들이 북경에 다녀올 때마다 『해국도지』를 구입해 들여와서 개인 소장할 정도로 인기가 높았다고 한다. 가령 김정희金正喜(1786~1856)는 『완당선생전집阮堂先生全集』에서 "『해국도지』는 반드시 필요한 책이다(海國圖志是必需之書)"라고 했으며, 또한 허전許傳(1792~1886)의 『성재집性齋集』에 실린 「해국도지발海國圖志跋」에는 "그 대강을 초록해 놓음으로써 자세히 살피고 검토하는 데 보탬이 된다(故略抄其槩, 以資考閱云爾)"라고 언급하고 있는 것으로 보아 당시에 이미 요약본도 있었음을 알 수 있다. 나아가 최한기崔漢綺(1803~1877)는 『해국도지』 등을 참고하여 『지구전요地球典要』를 썼고, 1871년 신미양요 중에 김병학金炳學은 『해국도지』를 인용하여 국왕에게 미국의 정세를 보고했으며, 1872년 박규수는 중국에 다녀온 뒤로 당시 청년 지식인들에게 해외에 관한 관심과 이해를 강조하며 『해국도지』를 권장했다고 할 정도로 『해국도지』는 조선의 지식인들에게 외국에 대한 이해를 넓히고 새로운 세계 문명지리에 대한 지식을 갖게 해 주었다. 특히 신헌申櫶(1810~1884)은 『해국도지』에 제시된 무기도武器圖에 근거하여 새로운 무기를 만들었다고 할 정도이니 그 영향이 매우 컸음을 알 수 있다.

이러한 상황은 일본의 경우도 마찬가지이다. 『해국도지』는 1851년 처음 일본에 전해졌지만, 1854년 미일통상수교조약이 체결된 뒤에 정식으로 수입이 허가되었다. 그 뒤로 막부 말기에 가와지 도시아키라川路聖謨가 사재를 들여 스하라야 이하치須原屋伊八에게 번각翻刻 출간하게 함으로써 일반인에게도 알려졌다. 그 뒤로 메이지 원년(1868)까지 간행된 『해국도지』는 23종에 이를 정도로 널리 보급되었으며, 일본 근대화에 큰 영향을 미친 사쿠마 쇼잔佐久間象山, 요시다 쇼인吉田松陰, 사이고 다카모리西鄕隆盛 등은 이 책의 열렬한 독자였다고 전해진다.

『해국도지』 역주 작업의 경과 및 의의

『해국도지』 역주 작업은 한국연구재단 명저번역 사업의 일환으로 진행되었다. 번역진은 필자를 포함해 모두 4인으로 총 3년에 걸쳐 초벌 번역을 진행했으며, 이후 지속적이고 꼼꼼한 윤독 과정을 거치며 번역문에 대한 수정 작업에 전념했다. 위원이 『해국도지』의 서문에서 100권이라는 분량의 방대함에 너무 질리지 않았으면 좋겠다고 한 것에서 알 수 있듯이 방대한 분량으로 인해 당초 3년이라는 시간 내에 역주 작업을 마칠 수 있을까 하는 염려가 없지 않았으나, 번역진의 부단한 노력 끝에 무사히 번역 작업을 완수할 수 있게 되었다.

본 역주 작업은 광서 2년에 간행된 『해국도지』 100권을 저본으로 삼아 기존에 간행된 판본과의 비교 검토를 진행하면서 글자의 출입을 정리하는 것에서부터 시작했다. 이 작업에는 악록서사 교점본에 많은 도움을 받았다.

번역 작업은 그 자체로 험난한 여정이었다. 『해국도지』는 세계 문명지리서인만큼 외국의 수많은 국명과 지명, 인명이 한자어로 표기되어 있는데, 독자들의 가독성을 위해 가급적 원어 명칭을 찾으려고 노력했다. 유럽과 아메리카의 경우 다른 대륙에 비해 명칭 확인이 비교적 용이했지만, 지금은 사라진 국명이나 전혀 알려지지 않은 지명 등의 원어 명칭을 찾는 일은 그 자체로 수고로운 일이었다. 끊임없는 노력을 기울였음에도 원어 명칭을 찾지 못해 한자어 명칭을 그대로 표기한 것도 있는데, 이에 대해서는 독자들의 양해를 구하는 바이다.

또한 이미 언급했듯이 100권이라는 방대한 분량에 각 권의 내용도 상당히 난해하여 해석하고 주석을 다는 일 역시 쉬운 작업은 아니었다. 지금까지 『해국도지』의 중요성을 모두 인식하고 있음에도 불구하고 아직 완역본이 나오지 않은 것 역시 역주 작업의 어려움을 간접적으로 말해 주는 것이다. 이에 본서는 『해국도지』에 대한 세계 최초의 역주서라는 점에서 그 의의를 높게 살 만하지 않을까 생각한다. 게다가 본 번역진의 완역 작업을 통해 그동안 일부 전문 연구자의 전유물이었던 『해국도지』를 일반 독자에게도 제공할 수 있게 되었다는 점에 의미를 부여하고자 한다. 그럼에도 불구하고 본 역주 작업에는 번역진이 미처 인지하지 못한 번역상의 문제가 있을 수 있으니, 독자 여러분의 아낌없는 질정을 바라는 바이다.

마지막으로 어려운 출판 여건 속에서도 좋은 책을 만들기 위해 항상 애쓰시는 세창출판사 관계자 여러분께 깊은 감사를 드린다. 특히 김명희 이사님과 정조연 편집자님의 끝없는 관심과 세세한 교정 덕분에 본서의 완성도를 한층 더 높일 수 있게 되었다고 생각한다.

고황산 연구실에서 역주자를 대표해 정지호 씀

차례

해국도지
海國圖志

【八】

(권25~권28)

옮긴이의 말 5

일러두기 30

해국도지 원서 海國圖志 原敍 33

해국도지 후서 海國圖志 後敍 49

해국도지 권25 59

각 나라 이슬람교 총설 各國回敎總考 64

이슬람교 고찰 상 天方敎考上 92

이슬람교 고찰 하 天方敎考下 99

해국도지 권26 115

서남양 西南洋 117

서인도 유다 왕국 연혁 西印度之如德亞國沿革 117

『경교유행중국비』『景敎流行中國碑』 150

해국도지 권27 183

천주교 고찰 상 天主教考上 229

천주교 고찰 중 天主教考中 238

천주교 고찰 하 天主教考下 244

해국도지 권28 267

남터키 南都魯機國 269

남터키 연혁 南都魯機國沿革 289

찾아보기 318

해국도지 전체 차례

해국도지 원서海國圖志 原敍

해국도지 후서海國圖志 後敍

해국도지 권1

주해편 1 방어에 대해 논함 상 籌海篇一 議守上

주해편 2 방어에 대해 논함 하 籌海篇二 議守下

해국도지 권2

주해편 3 전쟁에 대해 논함 籌海篇三 議戰

주해편 4 화친에 대해 논함 籌海篇四 議款

해국도지 권3

해국 연혁도 서설 海國沿革圖敍

동남양 각 나라 연혁도 東南洋各國沿革圖

서남양 오인도 연혁도 西南洋五印度沿革圖

소서양 아프리카 연혁도 小西洋利未亞洲沿革圖

대서양 유럽 각 나라 연혁도 大西洋歐羅巴各國沿革圖

한·위·당대 서역 연혁도 총설 漢魏唐西域沿革圖總敍

한대 서역 연혁도 漢西域沿革圖

『북위서』 서역 연혁도 『北魏書』西域沿革圖

당대 서역 연혁도 唐西域沿革圖

원대 강역도 서설 元代疆域圖敍

원대 서북 강역 연혁도 元代西北疆域沿革圖

세계 전도 地球正背面全圖

아시아 각 나라 지도 亞細亞洲各國圖

아시아 전도 亞細亞洲全圖

조선 지도 朝鮮國圖

안남 지도 安南國圖

동남양 연안 각 나라 지도 東南洋沿海各國圖

중인도·남인도 지도 中南兩印度國合圖

동인도 지도 東印度圖

오인도 지도 五印度國圖

오인도 고지도 五印度國舊圖

서역 이슬람 지역 지도 西域各回部圖

서역 부하라·아프가니스탄·발루치스탄 3국 지도 西域押安比路治三國圖

페르시아 지도 百耳西亞國圖

아라비아 지도 亞拉比亞國圖

터키 전도 土耳其國全圖

남터키 지도 南土耳其國圖

러시아 전도 俄羅斯國全圖

아시아 내 러시아 지도 亞細亞洲內俄羅斯國圖

일본 동부 지도 日本國東界圖

일본 서부 지도 日本國西界圖

동남양 각 섬 지도 東南洋各島圖

네덜란드령 순다열도 지도 荷蘭國所屬葛留巴島圖

오스트레일리아 및 부속 도서 지도 奧大利亞及各島圖

오스트레일리아 지도 奧大利亞洲專圖

오스트레일리아 뉴사우스웨일스주 지도 奧大利亞內新瓦里士圖

태즈메이니아 지도 地面島圖

해국도지 권4

아프리카 각 나라 지도 利未亞洲各國圖

아프리카 전도 利未亞洲全圖

이집트 지도 麥西國圖

아프리카 북방 각 나라 지도 利未亞北方各國圖

영국령 아프리카 남부 지도 英吉利所屬利未亞洲南方各地圖

유럽 각 나라 지도 歐羅巴洲各國圖
유럽 전도 歐羅巴洲全圖
스페인·포르투갈 양국 지도 大呂宋葡萄亞兩國合圖
『영환지략』 스페인·포르투갈 양국 지도 『瀛環志略』 大呂宋葡萄亞合圖
프랑스 전도 佛蘭西國全圖
프랑스 지도 佛蘭西圖
네덜란드·벨기에 양국 지도 荷蘭北義兩國合圖
이탈리아 전도 意大里國全圖
스위스 지도 瑞士國圖
덴마크 지도 大尼國圖
독일·프로이센·오스트리아 3국 지도 日耳曼破路斯奧地利三國圖
프로이센 지도 普魯社國專圖
오스트리아 지도 奧地利國專圖
북터키 지도 北土耳其國圖
그리스 지도 希臘國圖
스웨덴·노르웨이 양국 지도 瑞丁那威兩國合圖
유럽 내 러시아 지도 歐羅巴洲屬俄羅斯國圖
『영환지략』 러시아 서부 지도 『瀛環志略』 俄羅斯西境圖
『이역록』 러시아 지도 『異域錄』 俄羅斯國圖
영국 지도 英吉利本國三島國合圖
『사주지』 영국 구획도 『四州志』 英吉利國分部圖
『영환지략』 영국 지도 『瀛環志略』 英吉利圖
스코틀랜드 지도 蘇各蘭圖
아일랜드 지도 伊耳蘭島圖
아메리카 각 나라 지도 亞默利加洲各國圖
북아메리카 전도 北亞默利加洲全圖
영국령 캐나다 동부 지도 英吉利所屬加拿他國東邊各部圖
미국 전도 彌利堅國全圖
멕시코 전도 麥西哥國全圖
과테말라 전도 危亞地馬拉國全圖
북아메리카 내 영국 및 러시아 식민지 지도 北默利加內英俄二國屬地圖
아메리카 각 섬 지도 亞默利加洲各島圖
남아메리카 전도 南亞默利加洲全圖
콜롬비아 전도 可倫比國全圖
브라질 지도 巴悉國圖
페루·볼리비아 양국 지도 北路破利威兩國圖
아메리카 남부 5국 지도 亞默利加洲南方五國合圖

해국도지 권5
동남양 서설 敍東南洋
동남양 1 東南洋一
아시아 총설 亞細亞洲總說
베트남 1 越南一
중집 重輯
부록 베트남 강역 고찰 越南疆域附考

해국도지 권6
동남양 2 東南洋二
베트남 2개 분국 越南分國二
베트남 분국 연혁 상 越南分國沿革上
베트남 분국 연혁 하 越南分國沿革下

해국도지 권7
동남양 3 東南洋三
태국 1 暹羅一
중집 重輯

해국도지 권8
동남양 東南洋
태국 暹羅國
태국 본국 연혁 1 暹羅本國沿革一
태국 속국 연혁 2 暹羅屬國沿革二

해국도지 권9
동남양 4 東南洋四
구 태국 동남부 속국 현 영국 조계지 싱가포르

연혁 3 暹羅東南屬國今爲英吉利新嘉坡沿革三

해국도지 권10

동남양 5 東南洋五
미얀마 緬甸
연혁 沿革
부록 미얀마로 들어가는 여정 附入緬路程
부록 『대금사강고』 附『大金沙江考』

해국도지 권11

동남양 東南洋
스페인령 섬 1 呂宋夷所屬島一

해국도지 권12

동남양 東南洋
네덜란드령 큰 섬 荷蘭所屬大島
보르네오섬·자와섬 각 나라 연혁고 婆羅爪哇大島各國沿革考
영국·네덜란드·포르투갈 3국령 티모르 등의 섬 英荷布路三夷分屬地問等島

해국도지 권13

동남양 東南洋
영국·네덜란드령 순다열도 英荷二夷所屬葛留巴島
부록 순다열도 부속 도서 附葛留巴所屬島

해국도지 권14

동남양 東南洋
순다열도 부속 도서 葛留巴所屬島
구 랑카수카 순다열도 연혁 葛留巴島舊爲狼牙修沿革
구 사파국 자와·순다열도 연혁 葛留巴島舊爲闍婆小爪哇沿革

해국도지 권15

동남양 東南洋
영국·네덜란드령 아체 및 스리비자야 英荷二夷所屬亞齊及三佛齊島
구 파리국 아체 및 팔렘방 연혁고 亞齊舊港卽古婆利沿革考
네덜란드·포르투갈령 말루쿠 荷佛二夷所屬美洛居島
영국령 피낭섬 英夷所屬新埠島

해국도지 권16

동남양 東南洋
영국령 뉴홀랜드 英夷所屬新阿蘭島
부록 부속 도서 附近此洲各島

해국도지 권17

동남양 東南洋
일본 日本島國
부록 동남양 각 섬 형세 상 附東南洋諸島形勢上

해국도지 권18

동남양 東南洋
동남양 각 섬 형세 하 東南洋諸島形勢下
부록 남양 각 섬 附南洋各島
부록 동남양 가는 경로 附東南洋道路
동양 항로 東洋鍼路

해국도지 권19

서남양 오인도 서설 西南洋五印度國志
서남양 西南洋
오인도 총설 상 五印度總述上
중집 重輯
오인도 보집 五印度補輯

해국도지 권20

서남양 西南洋

오인도 총설 하 五印度總述下

오인도 토군 번속국 五印度土君藩屬國

인도 각 토군국 印度各土君之國

해국도지 권21

서남양 西南洋

중인도 각 나라 中印度各國

동인도 각 나라 東印度各國

해국도지 권22

서남양 西南洋

북인도 각 나라 北印度各國

부록 『오문월보』 附『澳門月報』

남인도 각 나라 南印度各國

해국도지 권23

서남양 西南洋

서인도 서쪽 페르시아 西印度西巴社國

서인도 서쪽 페르시아 연혁 西印度西巴社回國沿革

해국도지 권24

서남양 西南洋

아덴 阿丹國

서인도 서쪽 아덴 연혁 西印度西阿丹國沿革

해국도지 권25

각 나라 이슬람교 총설 各國回教總考

이슬람교 고찰 상 天方教考上

이슬람교 고찰 하 天方教考下

해국도지 권26

서남양 西南洋

서인도 유다 왕국 연혁 西印度之如德亞國沿革

『경교유행중국비』 『景教流行中國碑』

해국도지 권27

천주교 고찰 상 天主教考上

천주교 고찰 중 天主教考中

천주교 고찰 하 天主教考下

해국도지 권28

남터키 南都魯機國

남터키 연혁 南都魯機國沿革

해국도지 권29

서남양 西南洋

오인도 연혁 총설 五印度沿革總考

북위 승려 혜생 『사서역기』 외 北魏僧惠生『使西域記』

원나라 유욱 『서사기』 외 元劉郁『西使記』

갠지스강 고찰 상 恒河考上

갠지스강 고찰 하 恒河考下

해국도지 권30

서남양 西南洋

중인도 연혁 中印度沿革

동인도 연혁 東印度沿革

남인도 연혁 南印度沿革

남인도양 스리랑카 연혁 南印度海中錫蘭山島國沿革

부록 포탈라카산·몰디브제도 附補落伽山及溜山

서인도 연혁 西印度沿革

북인도 연혁 北印度沿革

해국도지 권31

서남양 西南洋

부록 북인도 서북 주변부 北印度西北鄰部附錄

해국도지 권32

서남양 西南洋

북인도 밖 강역 고찰 1 北印度以外疆域考一

북인도 밖 강역 고찰 2 北印度以外疆域考二

원대 서역 원정 고찰 상 元代征西域考上

원대 서역 원정 고찰 하 元代征西域考下

부록 파미르고원 동쪽 신강 회부 고찰 상 蔥嶺以東新疆回部附考上

부록 파미르고원 동쪽 신강 회부 고찰 하 蔥嶺以東新疆回部附考下

해국도지 권33

소서양 아프리카 서설 小西洋利未亞洲各國志

소서양 小西洋

아프리카 총설 利未亞洲總說

이집트 厄日度國

중집 重輯

에티오피아 阿邁司尼國

중집 重輯

해국도지 권34

소서양 小西洋

동아프리카 東阿利未加洲

북아프리카 4국 北阿利未加洲四國

중집 重輯

남아프리카 각 나라 南阿利未加洲各國

중집 重輯

해국도지 권35

소서양 小西洋

서아프리카 각 나라 西阿利未加洲各國

세네감비아 10국 色黎安彌阿十國

감비아강 이남 벵겔라강 이북 내 14국 安彌河以南至敏維臘河以北十四國

중집 重輯

서아프리카 각 나라 보집 西洲各國補輯

해국도지 권36

소서양 小西洋

중앙아프리카 각 나라 中阿利未加洲各國

중집 重輯

아프리카 각 섬 利未亞洲各島

해국도지 권37

대서양 유럽 각 나라 총설 大西洋歐羅巴洲各國總敍

대서양 大西洋

대서양 각 나라 연혁 大西洋各國總沿革

해국도지 권38

대서양 大西洋

포르투갈 총설 布路亞國總記

포르투갈 연혁 葡萄亞國沿革

해국도지 권39

대서양 大西洋

스페인 大呂宋國

스페인 연혁 大呂宋國沿革

해국도지 권40

대서양 大西洋

네덜란드·벨기에 양국 총설 荷蘭及彌爾尼壬兩國總記

네덜란드 연혁 荷蘭國沿革

해국도지 권41

대서양 大西洋

프랑스 총설 상 佛蘭西國總記上

프랑스 연혁 佛蘭西國沿革

해국도지 권42

대서양 大西洋

프랑스 총설 하 佛蘭西國總記下

해국도지 권43

대서양 大西洋

이탈리아 총설 意大里亞國總記

이탈리아 연혁 意大里國沿革

해국도지 권44

대서양 大西洋

독일 상 耶馬尼上

독일 분국 1 耶馬尼分國一 • 독일 분국 2 耶馬尼分國二 • 독일 분국 3 耶馬尼分國三 • 독일 분국 4 耶馬尼分國四 • 독일 분국 5 耶馬尼分國五 • 독일 분국 6 耶馬尼分國六 • 독일 분국 7 耶馬尼分國七 • 독일 분국 8 耶馬尼分國八 • 독일 분국 9 耶馬尼分國九 • 독일 분국 10 耶馬尼分國十 • 독일 분국 11 耶馬尼分國十一 • 독일 분국 12 耶馬尼分國十二 • 독일 분국 13 耶馬尼分國十三 • 독일 분국 14 耶馬尼分國十四 • 독일 분국 15 耶馬尼分國十五 • 독일 분국 16 耶馬尼分國十六 • 독일 분국 17 耶馬尼分國十七 • 독일 분국 18 耶馬尼分國十八 • 독일 분국 19 耶馬尼分國十九 • 독일 분국 20 耶馬尼分國二十 • 독일 분국 21 耶馬尼分國二十一 • 독일 분국 22 耶馬尼分國二十二 • 독일 분국 23 耶馬尼分國二十三 • 독일 분국 24 耶馬尼分國二十四 • 독일 분국 25 耶馬尼分國二十五

독일 연혁 耶瑪尼國沿革

해국도지 권45

독일 하 耶馬尼下

해국도지 권46

대서양 大西洋

오스트리아 奧地里加國

부록 헝가리 寒牙里國附記

오스트리아 연혁 奧地里亞國沿革

폴란드 波蘭國

폴란드 연혁 波蘭國沿革

해국도지 권47

대서양 大西洋

스위스 瑞士國

스위스 연혁 瑞國沿革

해국도지 권48

대서양 大西洋

북터키 北土魯機國

북터키 연혁 北土魯機國沿革

해국도지 권49

그리스 希臘國

해국도지 권50

대서양 大西洋

영국 총설 英吉利國總記

직관 • 군대 • 정사 • 왕궁 세비 • 잡기

부록 영국령 스코틀랜드 英吉利所屬斯葛蘭地附記

부록 영국령 아일랜드 英吉利所屬愛倫國附記

해국도지 권51

대서양 大西洋

영국 개설 상 英吉利國廣述上

해국도지 권52

대서양 大西洋

영국 개설 중 英吉利國廣述中

해국도지 권53

대서양 大西洋

영국 개설 하 英吉利國廣述下

해국도지 권54

북양 러시아 서설 北洋俄羅斯國志

북양 北洋

러시아 총설 俄羅斯國總記

중집 重輯

동러시아 5개 지역 東俄羅斯五部

서러시아 8개 지역 西俄羅斯八部

해국도지 권55

북양 北洋

대러시아 18개 지역 大俄羅斯十八部

소러시아 3개 지역 小俄羅斯三部

남러시아 5개 지역 南俄羅斯五部

카잔 러시아 5개 지역 加匽俄羅斯五部

러시아 남부 신관할 5개 지역 俄羅斯南新藩五部

아시아 내 북양 러시아 동부 신관할 지역 洋俄羅斯東新藩在阿細亞洲內地

중집 重輯

해국도지 권56

북양 러시아 연혁 北洋俄羅斯國沿革

『국조아라사맹빙기』 『國朝俄羅斯盟聘記』

원대 북방 강역 고찰 상 元代北方疆域考上

원대 북방 강역 고찰 하 元代北方疆域考下

해국도지 권57

북양 北洋

프로이센 서설 普魯社國記

프로이센 연혁 普魯社國沿革

해국도지 권58

대서양 大西洋

덴마크 嗹國

덴마크 연혁 嗹國沿革

스웨덴·노르웨이 총설 瑞丁國那威國總記

스웨덴 연혁 瑞丁國沿革

해국도지 권59

외대서양 아메리카 총설 外大西洋墨利加洲總敍

외대서양 外大西洋

아메리카 연혁 총설 墨利加洲沿革總說

미국 총설 상 彌利堅總記上

해국도지 권60

외대서양 外大西洋

미국, 즉 미합중국 총설 彌利堅國卽育奈士迭國總記

보집 補輯

해국도지 권61

외대서양 外大西洋

미국 총설 하 彌利堅國總記下

카리브해제도 南北亞墨利加海灣群島

해국도지 권62

외대서양 外大西洋

미국 동부 20개 주 彌利堅國東路二十部

해국도지 권63

외대서양 外大西洋

미국 서부 11개 주 彌利堅國西路十一部

테네시주 地尼西部

미국 변경 지역 4개 원주민 부락 彌利堅國邊地土番四部

미국 4개 인디언 원주민 부락 彌利堅國因底阿土番四部

해국도지 권64

외대서양 外大西洋

북아메리카 멕시코 北墨利加洲內墨是可國

북아메리카 서남부 4국 北墨利加洲西南四國

북아메리카 서부 3국 北墨利加西方三國

북아메리카 서북부 원주민 부락 北墨利加洲西北諸蠻方

해국도지 권65

외대서양 外大西洋

북아메리카 내 영국·러시아 식민지 北墨利加洲內英俄各國屬地

해국도지 권66

외대서양 外大西洋

북아메리카 남부 텍사스·과테말라 北亞墨利加南境德沙國危地馬拉國

해국도지 권67

외대서양 外大西洋

남아메리카 남부 파타고니아 南墨利加洲南智加國

남아메리카 카스티야 델 오로 南墨利加洲內金加西蠟國

남아메리카 페루 南墨利加洲內孛魯國

해국도지 권68

외대서양 外大西洋

남아메리카 아르헨티나 南墨利加洲內巴拉大河國

남아메리카 브라질 南墨利加洲內伯西爾國

해국도지 권69

외대서양 外大西洋

남아메리카 칠레 南墨利加洲內智利國

남아메리카 각 나라 식민지 南墨利加洲內各國兼攝地

아메리카 최남단 원주민 부락 墨利加洲極南方土番部落

해국도지 권70

외대서양 外大西洋

남아메리카 제도 南墨利加諸島

서해 제도 西海諸島

부록 남극 미개척지 南極未開新地附錄

해국도지 권71

표 1 表一

남양·서양 각 나라 종교 표 南洋西洋各國教門表

동남양 연안국 • 동남양 섬나라 • 서남양 오인도 각 나라 • 소서양 아프리카 각 나라 • 대서양 유럽 각 나라 • 북양 러시아 각 주 • 외대서양 아메리카 각 나라

해국도지 권72

표 2 表二

중국·서양 역법 대조표 中國西洋曆法異同表

부록 인도 『회회력법』 고찰 附天竺『回回曆法』考

해국도지 권73

표 3 表三

중국·서양 연표 中國西洋紀年通表

부록 이슬람교 교주 사망 시기 고찰 附回國教主辭世年月考

부록 부처 생멸 시기 고찰 附佛生滅年歲

해국도지 권74

지구총설 상 國地總論上

오대륙 해석 釋五大洲

곤륜 해석 상 釋崑崙上

곤륜 해석 하 釋崑崙下

해국도지 권75

지구총설 중 國地總論中

마테오 리치 지도설 利瑪竇地圖說
알레니 오대륙 지도 총설 艾儒略五大洲總圖略度解
알레니 사해 총설 艾儒略四海總說

해국도지 권76

지구총설 하 國地總論下
페르비스트 『곤여도설』 南懷仁『坤輿圖說』
천하명천 天下名河
  아시아 • 유럽 • 아프리카 • 북아메리카 • 남아메리카 • 페르비스트 『곤여도설』
마르케스 『지리비고』 서설 西洋人瑪吉士『地理備考』敍
마르케스 『지구총론』 瑪吉士『地球總論』
『지구추방도설』 『地球推方圖說』

해국도지 권77

주해총론 1 籌海總論一
진륜형 『천하연해형세록』 陳倫炯『天下沿海形勢錄』
장여림 『오문기략』 「형세편」
영국 조공 관련 문서 英夷入貢舊案
  건륭 58년에 먼저 보낸 칙유 한 통 • 건륭 58년에 나중에 보낸 칙유 한 통 • 공물과 표문을 올린 영국을 대신하여 올리는 상주문 • 건륭 60년에 중국어로 번역한 영국 표문 • 가경 9년에 중국어로 번역한 영국 표문 • 양광총독 왜십포와 월관차 연풍의 상주문 편고 • 양광총독 나언성과 월관차 연풍의 복주

해국도지 권78

주해총론 2 籌海總論二
광동시박론 粵東市舶論
광동상주 1 粵東章奏一
영국의 화친 요구를 대신하여 올린 미국의 상주 奏彌利堅代英夷請款疏

해국도지 권79

주해총론 3 籌海總論三
각 나라의 사정을 복주하여 올린 상주 覆奏各國夷情疏
프랑스의 사정을 올린 상주 奏佛蘭西國夷情疏
각 나라의 사정을 복주하여 올린 상주 覆奏各國夷情疏
인도의 사정을 복주하여 올린 상주 覆奏印度夷情疏
영국의 사정을 복주하여 올린 상주 覆奏英夷情形疏
베트남의 알선 정황을 복주하여 올린 상주 覆奏越南軋船情形疏
베트남의 알선 정황을 재주하여 올린 상주 再奏越南軋船情形疏

해국도지 권80

주해총론 4 籌海總論四
오랑캐 토벌군 약법 7조 剿夷兵勇約法七條
장군 혁산의 광동성 방어 6조에 대한 회답 答奕將軍防禦粵省六條
오랑캐 선박 제압 방법 보고 稟夷船克制之法
천진의 오랑캐 방어 상황 상주 陳天津禦夷情形疏
문무과시 확대를 청하는 상주 請推廣文武科試疏

해국도지 권81

이정비채 1 夷情備採一
『오문월보』 1 『澳門月報』一
『오문월보』 2 『澳門月報』二
『오문월보』 3 『澳門月報』三

해국도지 권82

이정비채 2 夷情備採二
『오문월보』 4 『澳門月報』四
『오문월보』 5 『澳門月報』五

해국도지 권83

이정비채 3 夷情備採三

『화사이언』 요지 『華事夷言』錄要

『무역통지』 『貿易通志』

바텔 『국제법』 滑達爾『各國律例』

제37장 • 제292조 • 법률의 원리와 정의가 실려 있는 제39조 法律本性正理所載第三十九條 • 제172조 一百七十二條 • 제292조 二百九十二條

해국도지 권84

전함 건조 요청 상주 請造戰船疏

서양식 병선을 모방해 건조할 것을 복주하여 올린 상주 覆奏倣造夷式兵船疏

대포 제작 인건비가 규정 가격에 부합하기 어렵다는 상주 造砲工價難符例價疏

수군이 작은 배로 공격하는 정황을 올린 상주 水勇小舟攻擊情形疏

바다로 나가는 전함 제조에 대한 상주 製造出洋戰船疏

안남국 전함에 대한 해설 安南戰船說

해국도지 권85

화륜선 도설 火輪船圖說

화륜주와 화륜차 도설 火輪舟車圖說

화륜선에 대한 해설 火輪船說

해국도지 권86

화포 주조 쇠 거푸집 모형 도설 鑄砲鐵模圖說

쇠 거푸집 제작 방법 製鐵模法

쇠 거푸집 화포 주조법 鐵模鑄砲法

쇠 거푸집의 이점 鐵模利效

양포 주조 도설 鑄造洋砲圖說

포탄 주조법 鑄砲彈法

해국도지 권87

대포 주조에 대한 해설 鑄砲說

부록 작포법 附炸砲法

포탄·비포·경포에 대한 해설 炸彈飛砲輕砲說

신형 마반포가 도설 樞機砲架新式圖說

대포에 필요한 활차교가 도설 大砲須用滑車絞架圖說

거중대활차교가 도설 擧重大滑車絞架圖說

회전활동포가 도설 旋轉活動砲架圖說

차가거중 등급론 論車架擧重等第

해국도지 권88

서양의 대포 측량법에 대한 해설 西洋用砲測量說

포권 도설 砲圈圖說

불랑기 자모포의 가늠쇠 설치 佛郎機子母砲安表式

중국과 서양의 대포 사용론 中西用砲論

화약 사용법 用火藥法

포탄 사용법 用砲彈法

사정거리와 낙하 수치 經試墜數

정조준해도 명중하지 못할 때가 있음을 논함 測準亦有不中論

중국의 대포 조작법 中華用砲變通轉移法

서양인의 대포 주조와 대포 사용법 西人鑄砲用砲法

대포 사정권에 대한 해명 用砲遠近釋疑

대포 사용 적요 用砲摘要

해국도지 권89

상한의 도식

부록 상한의 제작 치수

상한의로 대포 발사 시 고저 측량법 用象限儀測量放砲高低法

대포 발사 시 숙지해야 할 중선 준칙론 演砲須知中線準則論

구고 계산법 도설 勾股相求算法圖說

대포 머리와 꼬리 부분 지름의 빠른 계산법

量砲頭尾徑捷便法
『연포도설』 진상 상주 進呈『演砲圖說』疏

해국도지 권90

서양 西洋
서양의 후미가 낮은 곡절 포대 도설 西洋低後曲折砲臺圖說
서양 원형 포대 도설 西洋圓形砲臺圖說
윤토 포대 도설 潤土砲臺圖說
포대 부근 다중 안전장치 해설 砲臺旁設重險說
지뢰 도설 地雷圖說
지뢰 사용법 공문 詳覆用地雷法

해국도지 권91

서양 자동화기 제조법 西洋自來火銃製法
화약 제조법 造藥方
서양 화약 제조법 모방 요청 상주 請倣西洋製造火藥疏
서양 화약 제조법 西洋製火藥法
서양인 화약 제조법과 활용법 西人製藥用藥法

해국도지 권92

선박 공격용 수뢰 도설 상 攻船水雷圖說上

해국도지 권93

선박 공격용 수뢰 도설 하 攻船水雷圖說下

해국도지 권94

서양 기예 잡술 西洋器藝雜述
중국 반입 아편 통계 鴉片來中國統計若干列

해국도지 권95

망원경 제작법 약술 作遠鏡法說略

해국도지 권96

지구천문합론 1 地球天文合論一
칠정 七政

해국도지 권97

지구천문합론 2 地球天文合論二

해국도지 권98

지구천문합론 3 地球天文合論三
마르케스 『지리비고』 瑪吉士『地理備考』

해국도지 권99

지구천문합론 4 地球天文合論四
위도·경도에 대한 논의 緯經二度論
지구시각도론 地球時刻道論
지구시각표 地球時刻表
사계 한서 변론 辨四季寒暑論

해국도지 권100

지구천문합론 5 地球天文合論五
『평안통서』 천지론 『平安通書』論天地
부록 대소원근 비유 附大小遠近喻
「일구도」 해설 「日晷圖」說
부록 「월도도」 해설 附「月道圖」說
「일월식도」 해설 「日月蝕圖」說
「사시절기도」 해설 「四時節氣圖」說
시각론 時刻論
「조신수일월도」 해설 「潮汛隨日月圖」說
부록 진해 한사리 附鎭海潮汛
절기에 따른 태양 적위표 節氣日離赤道表
서양 역법 기원 西洋曆法緣起

일러두기

1. 본 번역은 『해국도지海國圖志』 광서光緖 2년본(平慶涇固道署重刊), 『해국도지』 도광본道光本과 천화陳華 등이 교점한 『해국도지』(岳麓書社, 1998)(이하 '악록서사본'으로 약칭) 등 『해국도지』 관련 여러 판본을 참고, 교감하여 진행했다.

2. 『해국도지』는 다음 원칙에 준해 번역한다.

① 본 번역은 광서 2년본에 의거하되, 글자의 출입이나 내용상의 오류가 발견될 경우 악록서사본 등을 참고하여 글자를 고쳐 번역하고 주석으로 밝혀 둔다.

예) 태국은 미얀마의 동남東南[1]쪽에서 위태롭게 버텨 오다가 건륭 36년(1771)에 미얀마에게 멸망되었다.
暹羅國踦長, 居緬東南, 緬于乾隆三十六年滅之.
1) 동남쪽: 원문은 '동남東南'이다. 광서 2년본에는 '서남西南'으로 되어 있으나, 악록서사본에 따라 고쳐 번역한다.

② 본 번역은 가능한 한 직역을 위주로 하고 직역으로 문맥이 통하지 않을 경우에는 본뜻에 벗어나지 않는 범위 내에서 의역하며, 문맥의 이해를 돕기 위해 필요시 [ ] 부분을 삽입해 번역한다.

③ 본 번역에서 언급되는 중국의 국명, 지명, 인명, 서명의 경우, 한국식 독음으로 표기하며, 조목마다 처음에만 한자어를 병기한다. 다만 홍콩, 마카오와 같이 한국인에게 널리 알려진 지명의 경우는 그대로 사용하며, 지금의 지명으로 설명이 필요한 경우는 중국 현대어 발음으로 표기한다.

④ 중국을 제외한 외국의 국명, 지명, 인명, 서명의 경우, 외래어 표기법에 의거하여 해당 국가의 현대식 표기법을 따르고, 조목마다 처음에만 해당 지역의 영문 표기를 병기한다. 나머지 필요한 상황은 주석으로 처리한다. 외국의 국명, 지명, 인명 등에 대한 음역의 경우, 이해를 돕기 위해 두음법칙을 적용하지 않았다.

예) 캘리컷Calicut[1)]

1) 캘리컷Calicut: 원문은 '고리古里'로, 인도 서남부의 캘리컷을 가리킨다. 지금의 명칭은 코지코드Kozhikode이다.

⑤ 외국 지명은 현대식 표기법을 따를 때 역사적 사건과 사실이 잘 드러나지 않는 경우가 있다. 안남安南의 경우, 오늘날의 베트남을 지칭하지만, 역사적으로 보면 베트남의 한 왕국 이름이다. 따라서 이 경우에는 부득이하게 한자음을 그대로 따르고 처음 나올 때 이를 주석에 명기한다.

예) 안남安南[1)]

1) 안남安南: 지금의 베트남을 가리키는 말로, 당대에 이곳에 설치된 안남도호부安南都護府에서 유래되었다. 청대에는 베트남을 안남국, 교지국 등으로 구분하여 불렀다. 또한 안남국은 꽝남국을 가리키기도 한다.

⑥ '안案', '안按', '원안源案' 및 부가 설명은 번역문과 원문에 그대로 노출시킨다. 본문 안의 안과 부가 설명은 본문보다 작게 표기하고 안은 본문보다 연하게 다른 서체로 표기한다. 다만 본문 가장 뒤에 나오는 '안'과 '원안'의 경우는 번역문과 원문 모두 진하게 표기하고 본문 안의 안과 같은 서체로 표기해 구분한다.

예1) 이에 스페인 사람들은 소가죽을 찢어 몇천 길의 길이로 고리처럼 엮어 필리핀의 땅을 두르고는 약속대로 해 달라고 했다. 살펴보건대 마닐라 땅을 [소가죽 끈으로] 두르고 약속대로 해 달라고 했다고 해야 한다.

其人乃裂牛皮, 聯屬至數千丈, 圍呂宋地, 乞如約. 案: 當云圍蠻里喇地, 乞如約.

예2) **영국·네덜란드령 아체와 스리비자야**

단, 3국은 같은 섬으로, 당唐나라 이전에는 파리주婆利洲 땅이었다.

수마트라의 현재 이름이 아체이다. 스리비자야의 현재 이름이 팔렘방Palembang이다.

英荷二夷所屬亞齊及三佛齊島

三國同島, 卽唐以前婆利洲地. 蘇門答剌, 今名亞齊. 三佛齊, 今名舊港.

예3) 위원이 살펴보건대 베트남의 서도는 후에에 있으니 곧 참파의 옛 땅이다. 여기에서 별도로 본저국을 가리켜 참파라고 하는데, 옳지 않다. 본저국은 캄보디아, 즉 옛 첸라국이다. 『해록』이 상인과 수군의 입에서 나온 책이기 때문에 보고 들은 것은 비록 진실에 속할지 모르지만, 고대의 역사사실을 고찰함에 있어 오류가 많다. 이에 특별히 부록을 달아 바로잡는다. 참파의 동남쪽 바다에 있는 빈동룽국은 바로 『송사』에서 말하는 빈다라賓陀羅로, 빈다라는 참파와 서로 이어져 있고 지금도 나란히 꽝남 경내에 속해 있는 것으로 보아 아마도 용내의 땅인 것 같다. 명나라 왕기王圻가 편찬한 『속통고續通考』에는 『불경』의 사위성舍衛城이라고 잘못 가리키고 있는데, 이에 대해서는 말루쿠제도Maluku 뒤에서 바로잡는다.

源案: 越南之西都, 在順化港, 卽占城舊地也. 此別指本底爲占城, 非是. 本底爲柬埔寨, 卽古眞臘國. 『海錄』出於賈客舟師之口, 故見聞雖眞, 而考古多謬. 特附錄而辯之. 至占城東南瀕海, 尙有賓童龍國, 卽『宋史』所謂賓陀羅者, 與占城相連, 今竝入廣南境內, 疑卽龍奈之地. 明王圻『續通考』謬指爲『佛經』之舍衛城, 辯見美洛居島國後.

⑦ 주석 번호는 편별로 시작한다.

⑧ 본서에서 언급하고 있는 '원본'은 임칙서林則徐의 『사주지四洲志』이다.

예) 원본에는 없으나, 지금 보충한다.

해국도지 원서[1]

『해국도지』 60권은 무엇에 의거했는가? 첫째로 전 양광총독兩廣總督이자 병부상서兵部尙書였던 임칙서林則徐[2]가 서양인[3]의 저서를 번역한 『사주지四洲志』[4]에 의거했다. 둘째로 역대 사지史志[5] 및 명대明代 이래의 도지島志,[6] 그리고 최근의 외국 지도[7]·외국어 저술[8]에 의거했다. 철저하게 조사·고찰하고 일목요연하게 정리하여 새로운 길을 열고자 한다. 대체로 동남양東南洋,[9] 서남양西南洋[10]은 원본에 비해 10분의 8 정도를 증보했고, 대서양大西洋·소서양小西洋,[11] 북양北洋,[12] 외대서양外大西洋[13] 역시 10분의 6 정도를 증보했다. 또한 지도와 표를 날줄과 씨줄로 하고 다양한 사람들의 논점을 폭넓게 참고하여 논의를 진행했다.

[이 책이] 이전 사람들의 해도海圖에 관한 서적과 다른 점은 무엇인가? 이전 사람들의 책이 모두 중국인의 입장에서 서양[14]을 언급한 것이라면, 이 책은 서양인의 관점에서 서양을 언급했다는 것이다.[15]

이 책을 저술한 이유는 무엇인가? 서양의 힘을 빌려 서양을 공격하고

(以夷攻夷), 서양의 힘을 빌려 서양과 화친하며(以夷款夷), 서양의 뛰어난 기술을 배워(爲師夷長技) 서양을 제압하기 위해서 저술한 것이다(以制夷而作).

『주역周易』에 다음과 같은 기록이 있다.

"사랑과 증오가 서로 충돌함에 따라 길흉吉凶을 낳고, 장래의 이익과 눈앞의 이익을 취함에 따라 회린悔吝을 낳으며, 진실과 거짓이 서로 감응함에 따라 이해利害를 낳는다."[16] 그러므로 똑같이 적을 방어한다고 해도 그 상황을 아는 것과 모르는 것은 손익 면에서 아주 큰 차이가 난다. 마찬가지로 적과 화친한다고 해도 그 사정을 아는 것과 모르는 것은 손익 면에서 커다란 차이가 있다. 과거 주변 오랑캐[17]를 제압한 경우에, 적의 상황을 물어보면 자기 집 가구를 대하듯이 잘 알고 있었으며, 적의 사정을 물어보면 일상다반사와 같이 잘 알고 있었다.

그렇다면 이 서적만 있으면 서양을 제압할 수 있다는 것인가? 그렇다고 할 수도 있지만, 아닐 수도 있다. 이것은 군사적 전략은 될 수 있지만, 근본적인 대책은 아니다. 유형의 전략이지 무형의 전략은 아니다. 명대 관료는 말하길 "해상의 왜환倭患을 평정하고자 한다면 우선 사람들의 마음속에 쌓인 우환을 다스려야 한다"라고 했다. 사람들의 마음속에 쌓인 우환이란 무엇인가? [이것은] 물도 아니고 불도 아니며 칼도 아니고 돈도 아니다. 연해의 간민奸民도 아니고 아편을 흡입하거나 판매하는 악인도 아니다. 그러므로 군자는 [무공을 칭송한] 「상무常武」와 「강한江漢」[18]의 시를 읽기 전에 [인정을 칭송한] 「운한雲漢」과 「거공車攻」[19]을 읽으면서 『시경詩經』의 「대아大雅」와 「소아小雅」 시인들이 발분한 원인을 깨달았다. 그리고 『주역』 괘사卦辭와 효사爻辭[20]의 내괘內卦(하괘), 외괘外卦(상괘), 소식괘消息卦[21]를 음미하면서 『주역』을 지은 자가 근심한[22] 원인을 알았다. 이 발분과 우환이야말로 하늘의 도(天道)가 부否를 다해서 태泰로 움직이게 하는 것[23]이고 사람들의 마음(人心)이 몽매함을 벗어나 각성하게 하는 것이며 사람들의 재주(人才)가 허虛를 고쳐서 실實로 옮겨 가게 하는 것이다.

예전 강희康熙·옹정雍正 시기에 세력을 떨쳤던 준가르도 건륭乾隆 중기 순식간에 일소되어 버렸다.[24] 오랑캐의 아편[25]이 끼친 해로움은 그 해악이 준가르보다 더 크다. 지금 폐하[26]의 어짊과 근면함은 위로는 열조列祖[27]에 부합하고 있다. 하늘의 운행과 사람의 일에 길흉화복[28]은 언제나 번갈아 가며 변하는 것이니 어찌 [서양을] 무찔러 버릴 기회가 없음을 근심하는가? 어찌 무위武威를 떨칠 시기가 없음을 근심하는가? 지금이야말로 혈기 있는 자는 마땅히 분발해야 할 때이며, 식견을 가진 자는 마땅히 원대한 계획을 세워야 할 때이다.

첫째로, 허위虛僞와 허식을 버리고 재난에 대한 두려움을 버리며, 중병을 키우지 말고 자신의 안위만을 추구하지 않는다면 사람들의 우매한 병폐는 제거될 것이다.

둘째로, 실제의 일을 가지고 실제의 성과를 평가하고, 실제의 성과를 가지고 실제의 일을 평가해야 한다. 쑥은 삼 년간 묵혀서 쌓아 두고[29] 그물은 연못에 가서 엮고,[30] 맨몸으로 황하를 건너지 말며,[31] 그림의 떡을 바라지 않는다면,[32] 인재가 부족하다는 근심은 사라질 것이다.

우매함이 제거되면 태양이 밝게 빛나고, 인재가 부족하다는 근심이 사라지면 우레가 칠 것이다. 『전』에 이르기를 "누가 집안을 어지럽게 하고서 나라를 다스릴 수 있겠는가? 천하가 안정되니 월상越裳[33]도 신하 되기를 청하네"라고 한다.[34]

『해국도지』의 내용은 다음과 같다.

첫 번째, 「주해편籌海篇」[35]에서는 방어를 통해 공격하고 방어를 통해 화친하며, 오랑캐를 이용해서 오랑캐를 제압하는 열쇠를 쥐고 있는 것은 누구인가에 대해 서술한다.

두 번째, 「각 나라 연혁도各國沿革圖」에서는 3천 년의 시간과 9만 리의 공간을 씨실과 날실로 삼으면서, 지도와 역사적 사실을 아울러 서술한다.

세 번째, 「동남양 연안 각 나라東南洋海岸各國」에서는 기독교[36]와 아편을 영내에 들어오지 못하게 하면 우리의 속국[37]도 또한 적개심을 불태울 수 있다는 것에 대해 서술한다.

네 번째, 「동남양 각 섬東南洋各島」에서는 필리핀[38]과 자와는 일본과 같은 섬나라이지만, 한쪽(필리핀과 자와)은 병합되고 한쪽(일본)은 강성함을 자랑하는 것은 교훈으로 삼을 만하다[39]는 것에 대해 서술한다.

다섯 번째, 「서남양 오인도西南洋五印度」에서는 종교가 세 차례나 변하고,[40] 국토는 오인도[41]로 분할되어 까치집(인도)에 비둘기(영국)가 거주하는 것과 같은 형국이니, 이는 중국[42]에게도 재앙이 되고 있는 것에 대해 서술한다.

여섯 번째, 「소서양 아프리카小西洋利未亞」에서는 백인[43]과 흑인[44]은 거주하는 영역이 멀리 떨어져 있는데도 불구하고 흑인이 부림을 당하고 내몰리고 있는데, 이에 대해서는 해외에서 온 외국인[45]에게 자문한 것을 서술한다.

일곱 번째, 「대서양 유럽 각 나라大西洋歐羅巴各國」에서는 대진大秦[46]과 해서海西[47]에는 다양한 오랑캐[48]가 살고 있는데, 이익과 권위로 반림泮林의 올빼미[49]와 같이 감화시킬 수 있다는 것에 대해 서술한다.

여덟 번째, 「북양 러시아北洋俄羅斯國」에서는 동서양에 걸쳐 있고 북쪽은 북극해에 접해 있으니, 근교원공近交遠攻 정책을 취할 시에 육상전에 도움이 되는 우리 이웃 국가에 대해 서술한다.

아홉 번째, 「외대양 미국外大洋彌利堅」에서는 영국의 침략에 대해서는 맹렬히 저항했지만, 중국에 대해서는 예의를 다하니 원교근공遠郊近攻 정책을 취할 시에 해상전에 도움이 되는 나라에 대해 서술한다.

열 번째, 「서양 각 나라 종교 표西洋各國教門表」에서는 사람은 모두 하늘을 근본으로 하고 가르침은 성인에 의해 세워져 있으니, 이합집산을 되풀이하면서도 조리를 가지고 문란하지 않은 것에 대해 서술한다.

열한 번째, 「중국·서양 연표中國西洋紀年表」에서는 1만 리 영토의 기년紀年이 하나로 통일되어 있는 점에서 중화에는 미치지 못하지만, 단절되면서도 연속되어 있는 아랍[50]과 유럽[51]의 기년에 대해 서술한다.

열두 번째, 「중국·서양 역법 대조표中國西曆異同表」에서는 중국력은 서양력의 바탕이 되지만, 서양력은 중국력과 차이가 있으며, 사람들에게 농사짓는 시기를 알려 주는 것에 있어서는 중국력이 근간을 이루고 있다는 것에 대해 서술한다.

열세 번째, 「지구총설國地總論」에서는 전쟁은 지세의 이점을 우선하는데, 어찌 먼 변방이라고 해서 경시하겠는가! 쌀이나 모래로 지형을 구축해서 지세를 파악한다면[52] 조정은 전쟁에서 승리할 수 있다는 것에 대해 서술한다.

열네 번째, 「주이장조籌夷章條」에서는 지세의 이점도 사람들의 화합에는 미치지 못하며, 기공법奇攻法과 정공법正攻法을 병용한다면 작은 노력으로도 커다란 성과를 거둘 수 있다는 것에 대해 서술한다.

열다섯 번째, 「이정비채夷情備採」에서는 적을 알고 나를 알면 화친할 수도 있고 싸울 수도 있으니, 병의 증상을 알지 못하면 어찌 처방할 것이며, 누가 어지럽고 눈앞이 캄캄한 증상을 치료할 수 있겠는가에 대해 서술한다.

열여섯 번째, 「전함조의戰艦條議」에서는 해양국이 선박에 의지하는 것은 내륙국이 성벽에 의지하는 것과 같으니, 뛰어난 기술을 배우지는 않고 풍파를 두려워하는 것은 누구인가에 대해 서술한다.

열일곱 번째, 「화기화공조의火器火攻條議」에서는 오행이 상극하여 금金과 화火[53]가 가장 맹렬하니, 우레가 지축을 흔들듯이 공격과 수비도 같은 이치라는 것에 대해 서술한다.

열여덟 번째, 「기예화폐器藝貨幣」에서는 차궤와 문자[54]는 다르지만, 화폐의 기능은 같으니, 이 신기한 것을 유용하게 활용하기 위해서 어찌 지혜를 다하지 않겠는가에 대해 서술한다.

도광 22년(1842) 임인년 12월, 내각중서 소양 사람 위원이 양주에서 쓴다.

海國圖志原敍

『海國圖志』六十卷何所據? 一據前兩廣總督林尙書所譯西夷之『四洲志』. 再據歷代史志及明以來島志, 及近日夷圖·夷語. 鉤稽貫串, 創榛闢莽, 前驅先路. 大都東南洋·西南洋, 增於原書者十之八, 大·小西洋·北洋·外大西洋增於原書者十之六. 又圖以經之, 表以緯之, 博參群議以發揮之.

何以異於昔人海圖之書? 曰彼皆以中土人譚西洋, 此則以西洋人譚西洋也.

是書何以作? 曰爲以夷攻夷而作, 爲以夷款夷而作, 爲師夷長技以制夷而作. 『易』曰: "愛惡相攻而吉兇生, 遠近相取而悔吝生, 情僞相感而利害生." 故同一禦敵, 而知其形與不知其形, 利害相百焉. 同一款敵, 而知其情與不知其情, 利害相百焉. 古之馭外夷者, 諏以敵形, 形同几席, 諏以敵情, 情同寢饋.

然則執此書卽可馭外夷乎? 曰: 唯唯, 否否. 此兵機也, 非兵本也. 有形之兵也, 非無形之兵也. 明臣有言: "欲平海上之倭患, 先平人心之積患." 人心之積患如之何? 非水, 非火, 非刃, 非金. 非沿海之奸民, 非吸煙販煙之莠民. 故君子讀「雲漢」·「車攻」, 先於「常武」·「江漢」, 而知二雅詩人之所發憤. 玩卦爻內外消息, 而知大『易』作者之所憂患. 憤與憂, 天道所以傾否而之泰也, 人心所以違寐而之覺也, 人才所以革虛而之實也.

昔準噶爾跳踉於康熙·雍正之兩朝, 而電埽於乾隆之中葉. 夷煙流毒, 罪萬準夷. 吾皇仁勤, 上符列祖. 天時人事, 倚伏相乘, 何患攘剔之無期? 何患奮武之無會? 此凡有血氣者所宜憤悱, 凡有耳目心知者所宜講畫也.

去僞, 去飾, 去畏難, 去養癰, 去營窟, 則人心之寐患袪, 其一. 以實事程實功, 以實功程實事. 艾三年而蓄之, 網臨淵而結之, 毋馮河, 毋畫餅, 則人材之虛患袪, 其二. 寐患去而天日昌, 虛患去而風雷行. 『傳』曰: "孰荒於門, 孰治於田? 四海既均, 越裳是臣." 敍『海國圖志』.

以守爲攻, 以守爲款, 用夷制夷, 疇司厥楗, 述「籌海篇」第一.

縱三千年, 圜九萬里, 經之緯之, 左圖右史, 述「各國沿革圖」第二.

夷教夷煙, 毋能入界, 嗟我屬藩, 尙堪敵愾, 志「東南洋海岸各國」第三.

呂宋·爪哇, 嶼埒日本, 或噬或駾, 前車不遠, 志「東南洋各島」第四.

教閱三更, 地割五竺, 鵲巢鳩居, 爲震旦毒, 述「西南洋五印度」第五.

維皙與黔, 地遼疆閡, 役使前驅, 疇諏海客, 述「小西洋利未亞」第六.

大秦海西, 諸戎所巢, 維利維威, 實懷泮鴞, 述「大西洋歐羅巴各國」第七.

尾東首西, 北盡冰溟, 近交遠攻, 陸戰之鄰, 述「北洋俄羅斯國」第八.

勁悍英寇, 恪拱中原, 遠交近攻, 水戰之援, 述「外大洋彌利堅」第九.

人各本天, 教綱於聖, 離合紛紜, 有條不紊, 述「西洋各國教門表」第十.

萬里一朔, 莫如中華, 不聯之聯, 大食·歐巴, 述「中國西洋紀年表」第十一.

中曆資西, 西曆異中, 民時所授, 我握其宗, 述「中國西曆異同表」第十二.

兵先地利, 豈間遐荒! 聚米畫沙, 戰勝廟堂, 述「國地總論」第十三.

雖有地利, 不如人和, 奇正正奇, 力少謀多, 述「籌夷章條」第十四.

知己知彼, 可款可戰, 匪證奚方, 孰醫瞑眩, 述「夷情備採」第十五.

水國恃舟, 猶陸恃堞, 長技不師, 風濤誰讐, 述「戰艦條議」第十六.

五行相克, 金火斯烈, 雷奮地中, 攻守一轍, 述「火器火攻條議」第十七.

軌文匪同, 貨幣斯同, 神奇利用, 盍殫明聰, 述「器藝貨幣」第十八.

道光二十有二載, 歲在壬寅嘉平月, 內閣中書邵陽魏源敍於揚州.

주석

1 원서: 이 서문은 원래 『해국도지』 50권본의 서문이다. 악록서사본에 따르면 이는 도광 22년 12월(1843년 1월)에 서술되어 도광 27년(1847) 『해국도지』 60권본을 출판할 때, 단지 50권본의 '5' 자를 '6' 자로 바꾸고 '서敍'를 '원서原敍'로 수정했다. 나머지 내용은 전부 50권본 그대로이다.

2 임칙서林則徐: 임칙서(1785~1850)는 청나라 말기의 정치가로 복건성 복주 출신이다. 자는 소목少穆, 호는 문충文忠이다. 1837년 호광총독湖廣總督으로 재임 중 황작자黃爵滋의 금연 정책에 호응해서 아편 엄금 정책을 주장했다. 호북湖北·호남湖南에서 금연 정책의 성공을 인정받아 흠차대신으로 등용되어 광동에서의 아편 무역을 단속하게 된다. 1839년 광동에 부임하여 국내의 아편 판매 및 흡연을 엄중히 단속하고 외국 상인이 소유하던 아편을 몰수했으며, 아편 상인을 추방하여 아편 무역을 근절하고자 했다. 그러나 이에 항의한 영국이 함대를 파견하자 이에 대한 책임을 지고 면직되어 신강성新疆省에 유배되었다.

3 서양인: 원문은 '서이西夷'이다.

4 『사주지四洲志』: 임칙서가 휴 머레이Hugh Murray 『세계지리대전*The Encyclopædia of Geography*』의 일부를 양진덕梁進德 등에게 번역시킨 후, 직접 원고의 일부분을 수정해서 펴낸 책이다. 이하 본서에서 언급하고 있는 원본은 바로 『사주지』를 가리킨다.

5 사지史志: 『해국도지』에 인용되어 있는 24사를 비롯해 『통전通典』, 『문헌통고文獻通考』, 『속문헌통고續文獻通考』, 『황조문헌통고皇朝文獻通考』, 『통지通志』, 『수경주水經注』, 『책부원귀冊府元龜』, 『대청일통지大淸一統志』, 『광동통지廣東通志』, 『무역통지貿易通志』 등의 서적을 가리킨다.

6 도지島志: 『해국도지』에 인용되어 있는 주달관周達觀의 『진랍풍토기眞臘風土記』, 왕대연汪大淵의 『도이지략島夷志略』, 사청고謝淸高의 『해록海

錄』, 장섭張燮의 『동서양고東西洋考』, 황충黃衷의 『해어海語』, 황가수黃可垂의 『여송기략呂宋紀略』, 왕대해汪大海의 『해도일지海島逸志』, 장여림張汝霖의 『오문기략澳門紀略』, 진륜형陳倫炯의 『해국문견록海國聞見錄』, 줄리오 알레니Giulio Aleni의 『직방외기職方外紀』, 페르디난트 페르비스트Ferdinand Verbiest의 『곤여도설坤輿圖說』 등의 서적을 가리킨다.

7 외국 지도: 원문은 '이도夷圖'이다. 서양에서 제작된 지도를 가리킨다.

8 외국어 저술: 원문은 '이어夷語'이다. 서양인이 저술한 서적을 가리킨다.

9 동남양東南洋: 위원이 말하는 동남양은 동남아시아Southeast Asia 해역, 한국Korea·일본Japan 해역 및 오세아니아Oceania 해역 등을 가리킨다.

10 서남양西南洋: 위원이 말하는 서남양은 아라비아해Arabian Sea 동부에 있는 남아시아South Asia 해역 및 서남아시아 동쪽의 아라비아해 서부 등의 해역을 포괄해서 가리킨다.

11 대서양大西洋·소서양小西洋: 위원이 말하는 대서양은 서유럽West Europe 및 스페인Spain·포르투갈Portugal의 서쪽 해역, 즉 대서양Atlantic Ocean에 인접해 있는 여러 국가 및 북해North Sea의 남부와 서부를 가리킨다. 위원이 말하는 소서양은 인도양Indian Ocean과 대서양에 인접해 있는 아프리카 Africa 지역을 가리킨다.

12 북양北洋: 위원이 말하는 북양은 북극해Arctic Ocean 및 그 남쪽의 각 바다에 인접해 있는 유럽Europe과 아시아Asia 두 대륙 일부, 일부 발트해 연안 국가의 해역, 덴마크Denmark 서쪽의 북해 동부 및 북아메리카North America의 그린란드Greenland 주위 해역, 즉 노르웨이Norway·러시아·스웨덴 Sweden·덴마크·프로이센Preussen 5개국의 해역 및 크름반도 주변 해역을 가리킨다.

13 외대서양外大西洋: 위원이 말하는 외대서양은 대서양에 인접해 있는 남북아메리카 일대를 가리킨다.

14 서양: 대서양 양안의 구미 각 나라를 가리킨다.

15 이 책은 … 언급했다는 것이다: 도광 27년(1847)의 60권본의 5, 7, 13, 14, 16, 20~23, 25~33, 36~38, 40~43권은 유럽인 원찬(歐羅巴人原撰), 후관 임

칙서 역侯官林則徐譯, 소양 위원 중집邵陽魏源重輯이라고 기록하고 있는데, 이 부분은 『사주지』를 원본으로 하고 다른 서적을 참고해서 증보한 것이다.

16 사랑과 증오가 … 낳는다: 『주역』 제12장 「계사전繫辭傳」 하에 보인다. 길吉은 좋은 것, 흉凶은 나쁜 것이다. 회悔는 후회하는 것이고, 린吝은 개선하려고 하지 않는 것이다. 흉과 길이 이미 벌어진 일이라면 회와 린은 일종의 전조와 같은 것으로 회는 길할 전조, 린은 흉할 전조가 된다.

17 주변 오랑캐: 원문은 '외이外夷'이다.

18 「상무常武」와 「강한江漢」: 모두 『시경』 「대아」의 편명이다. 주나라 선왕宣王이 회북淮北의 오랑캐를 정벌하여 무공을 떨친 것을 기리기 위해 지은 것이다.

19 「운한雲漢」과 「거공車攻」: 「운한」은 『시경』 「대아」의 편명이고 「거공」은 「소아」의 편명이다. 주나라 선왕이 재해를 다스리고 제도를 정비한 것 등 내정을 충실히 한 것을 기리기 위해 지은 것이다.

20 괘사卦辭와 효사爻辭: 『주역』은 본래 양(—)과 음(--)의 결합에 의해 64괘로 이루어져 있다. 이 64괘에 대한 설명을 괘사라고 한다. 그리고 괘를 구성하고 있는 (—)과 (--)을 효라고 하는데, 이에 대한 의미를 설명한 것을 효사라고 한다. 1괘당 6개의 효가 있어 효사는 모두 384개로 이루어져 있다.

21 내괘內卦(하괘), 외괘外卦(상괘), 소식괘消息卦: 원문은 '내외소식內外消息'이다. 모두 『주역』의 용어로서 끊임없는 변화를 의미한다.

22 『주역』을 지은 자가 근심한: 『주역』 「계사전」 하에 의하면 "『주역』이 흥기한 것은 중고 시대일 것이다. 『주역』을 지은 자는 근심을 품고 있을 것이다(『易』之興也, 其於中古乎. 作『易』者其有憂患乎)"라고 언급하고 있다.

23 부否를 다해서 태泰로 움직이게 하는 것: '부'와 '태'는 모두 『주역』 64괘의 하나이다. '부'는 막혀 있는 상태, '태'는 형통하고 있는 상태로서 양자는 정반대의 위치에 있다. '부'가 지극해지면 '태'로 변화하는데, 이는 분노와 우환이 막혀 있는 상태에서 형통하는 상태로 변화하는 것을 의

미한다.

24 준가르도 … 일소되어 버렸다: 준가르는 17세기 초에서 18세기 중엽에 걸쳐 세력을 떨친 서북 몽골의 오이라트계 몽골족이다. 17세기 말경 종종 중국의 서북 변경에 침입했으나 1755년 청나라군의 공격을 받아 준가르가 붕괴되고 나아가 1758년 완전히 멸망되었다.

25 오랑캐의 아편: 원문은 '이연夷烟'이다.

26 폐하: 도광제道光帝(재위 1820~1850)를 가리킨다.

27 열조列祖: 청조의 역대 제왕을 가리킨다.

28 길흉화복: 원문은 '의복倚伏'이다. 노자老子 『도덕경道德經』의 "화란 것은 복이 의지하는 곳이고, 복은 화가 숨어 있는 곳이다(禍兮福之所倚, 福兮禍之所伏)"라는 말에서 유래한다.

29 쑥은 삼 년간 묵혀서 쌓아 두고: 원문은 '애삼년이축지艾三年而蓄之'이다. 『맹자孟子』「이루離婁」 하편에 "7년의 병을 치료하기 위해서는 삼 년간 숙성된 쑥이 필요하다(七年之病救三年之艾)"는 말이 있다.

30 그물은 연못에 가서 엮고: 원문은 '망임연이결지網臨淵而結之'이다. 『한서漢書』「동중서전董仲舒傳」에 "연못에 임해서 고기를 탐하는 것은 물러나 그물을 만드는 것보다 못하다(臨淵羨魚, 不如退而結網)"라는 말이 있다.

31 맨몸으로 황하를 건너지 말며: 원문은 '무풍하毋馮河'이다. 『논어論語』「술이述而」편에 "맨손으로 호랑이를 잡고 맨몸으로 황하를 건너다가 죽어도 후회가 없다는 사람과는 나는 함께하지 않을 것이다(暴虎馮河, 死而無悔者, 吾不與也)"라는 말이 있다.

32 그림의 떡을 바라지 않는다면: 원문은 '무화병毋畫餠'이다.

33 월상越裳: 서주 초기의 '월상'은 막연하게 중국 남쪽의 아주 먼 나라를 가리키기 때문에 정확한 지역은 알 수 없다. 삼국 시대 이후에 등장하는 '월상'은 대체로 베트남 중부의 월상현越裳縣을 가리키며, 지금의 하띤성Ha Tinh 일대에 해당한다. 또한 라오스Laos나 캄보디아Cambodia를 가리키기도 한다.

34 『전』에 … 한다: 『후한서後漢書』「남만전南蠻傳」에 의하면 월상은 베트

남의 남쪽에 있던 나라로 주공周公 시기 여러 번이나 통역을 거쳐서 입조해서 흰 꿩을 바쳤다는 일화가 등장하는데, "누가 집안을 … 신하 되기를 청하네"는 한유韓愈의 시 「월상조越裳操」에서 인용한 것이다.

35 「주해편籌海篇」: '의수議守', '의전議戰', '의관議款' 세 항목으로 구성되어 있다.

36 기독교: 원문은 '이교夷教'이다.

37 속국: 원문은 '속번屬藩'이다.

38 필리핀: 원문은 '여송呂宋'이다.

39 교훈으로 삼을 만하다: 원문은 '전거불원前車不遠'이다. 이 말은 앞 수레가 넘어지면 뒤 수레의 경계가 된다는 의미의 '전거복철前車覆轍'과 은나라가 망한 것을 거울로 삼아야 할 것은 멀리 있지 않다는 의미의 '은감불원殷鑑不遠'의 앞뒤 두 글자를 따온 것이다.

40 종교가 세 차례나 변하고: 원문은 '교열삼경教閱三更'이다. '종교의 나라'로 불리는 인도는 힌두교와 불교의 탄생지이며, 10세기경에는 이슬람군이 인도의 델리 지방을 점거하면서 이슬람교가 전파되기 시작했다.

41 오인도: 원문은 '오축五竺'으로, 동인도·남인도·서인도·북인도·중인도를 가리킨다. 악록서사본에 따르면 오인도는 다음과 같이 구분되고 있다. 동인도Pracys는 지금의 인도 아삼주Assam 서부, 서벵골주West Bengal의 중부와 남부, 오디샤Odisha의 북부와 중부 및 현 방글라데시Bangladesh의 중부와 남부이다. 북인도Udicya는 현 카슈미르주Kashmir, 인도의 펀자브주Punjab, 하리아나주Haryana, 파키스탄의 서북 변경, 펀자브주 및 아프가니스탄의 카불강Kabul River 남쪽 양측 강변 지역이다. 서인도Aparanta는 현 파키스탄 중부와 남부, 인도 구자라트주Gujarat의 북부와 동부, 마디아프라데시주Madhya Pradesh의 북부와 서부, 라자스탄주Rajasthan의 남부이다. 『대당서역기大唐西域記』에는 '인도국'이 아니라고 명확히 밝히고 있다. 중인도Madhyadesa는 현 방글라데시 북부, 인도의 서벵골주 북부, 라자스탄주 북부, 우타르프라데시주Uttar Pradesh이다. 네팔Nepal을 중인도에 넣고 있는데, 이는 옳지 않다. 선학들도 이미 논한 바 있다. 남인도Daksinapatha는 인도차이나반도상의 오디샤주의 남부, 중앙주의 동남부,

마하라슈트라주Maharashtra와 위에서 서술한 세 곳 이남의 인도 각주 및 서북쪽으로 면한 카티아와르반도Kathiawar Peninsular이다. 『대당서역기』에는 '인도국'이 아니라고 명확히 밝히고 있다. 위원이 『해국도지』를 편찬할 때 무굴 제국Mughal Empire은 이미 멸망하여 잘 알지 못했기 때문에 『직방외기』에서 언급한 동·북·중·서인도가 무굴 제국에 병합되었다고 하는 설의 영향을 크게 받았다. 확실하게 영국의 동인도 회사가 직접 통치하는 벵골(현 방글라데시와 인도의 서벵골주 지역)을 동인도로 하고 카슈미르를 북인도라 한 것을 제외하고는 예전 중·서인도 및 동·북인도의 나머지 지역을 '중인도'라고 했다. 또한 지금 이란의 아라비아반도에 이르는 일대를 '서인도'라고도 했다.

42 중국: 원문은 '진단震旦'으로, 지나支那와 같이 중국을 달리 부르는 말이다.

43 백인: 원문은 '석晳'이다.

44 흑인: 원문은 '검黔'이다.

45 해외에서 온 외국인: 원문은 '해객海客'이다.

46 대진大秦: 고대 로마 제국Roman Empire, 또는 동로마 제국Byzantium Empire을 가리킨다.

47 해서海西: 고대 로마 제국, 또는 동로마 제국을 가리킨다.

48 오랑캐: 원문은 '융戎'이다. 고대 중국은 주변 민족을 동이東夷, 서융西戎, 남만南蠻, 북적北狄으로 불렀다. 여기에서 융은 중국의 서쪽에 있는 이민족을 가리킨다.

49 반림泮林의 올빼미: 원문은 '반효泮鴞'이다. 『시경』 「노송魯頌·반수泮水」편에 "훨훨 날아다니는 올빼미가 반궁 숲에 내려앉았네. 우리 뽕나무의 오디를 먹고서는 나에게 듣기 좋은 소리로 노래해 주네(翩彼飛鴞, 集于泮林, 食我桑黮, 懷我好音)"라고 하는데, 이는 훨훨 나는 올빼미가 오디를 먹고 감화되었다는 것을 의미한다.

50 아랍: 원문은 '대식大食'이다. 대식은 원래 이란의 한 부족명이었는데, 후에 페르시아인은 이를 아랍인의 국가로 보았다. 중국은 당조唐朝 이후 대식을 아랍 국가의 명칭으로 사용하고 있다.

51 유럽: 원문은 '구파歐巴'이다.

52 쌀이나 모래로 … 파악한다면: 원문은 '취미화사聚米畫沙'이다. 『후한서』 권24 「마원열전馬援列傳」에 의하면, 후한 광무제가 농서隴西의 외효隗囂를 치기 위하여 친정했을 때, 농서 출신 복파장군伏波將軍 마원이 쌀을 모아서 산과 골짜기 등 지형을 그림처럼 만들어 보여 주자 광무제가 오랑캐가 내 눈앞에 들어왔다고 기뻐했다는 고사가 전해진다.

53 금金과 화火: 금과 화는 음양오행설의 목·화·토·금·수의 순서에 따라 상극(상승) 관계에 있다. 동시에 여기에서는 무기, 화기를 나타낸다. 『주역』에 "우레가 지축을 흔든다(雷奮地中)"라는 말이 있다.

54 차궤와 문자: 『예기禮記』 「중용中庸」편에 "지금 천하의 수레는 차궤를 같이하고, 서적은 문자를 같이하며, 행실은 윤리를 같이한다(今天下車同軌, 書同文, 行同倫)"라고 한다. 여기에서 차궤, 문자, 행실은 넓은 의미에서 인류 사회의 문명을 의미한다.

해국도지 후서

서양의 지리에 대해 이야기할 경우에는 명대 만력萬曆[1] 연간 서양[2]인 마테오 리치Matteo Ricci[3]의 『곤여도설坤輿圖說』[4]과 줄리오 알레니Giulio Aleni[5]의 『직방외기職方外紀』[6]에서부터 시작해야 한다. 이들 책이 처음 중국에 소개되었을 때, 중국인들은 대체로 추연鄒衍[7]이 천하를 논하는 것과 같다고 생각했다.[8] 청조[9] 시기에 이르러 광동에서 통상무역[10]이 활발해지면서 중국어와 산스크리트어가 두루 번역됨에 따라 지리에 관한 많은 서적이 중국어로 번역·간행되었다. 예를 들면, 북경 흠천감欽天監[11]에서 근무하던 페르디난트 페르비스트Ferdinand Verbiest[12]와 미셸 베누아Michel Benoist[13]의 『지구전도地球全圖』가 있다. 광동에서 번역 출간된 것으로서 초본鈔本[14]인 『사주지四洲志』·『외국사략外國史略』[15]이 있고, 간행본으로는 『만국지리전도집萬國地理全圖集』[16]·『평안통서平安通書』[17]·『매월통기전每月統紀傳』[18]이 있는데, 하늘의 별처럼 선명하고 손금을 보는 것처럼 명료했다. 이에 비로소 해도海圖와 해지海志를 펼쳐 보지 않았으면 우주의 창대함과 남북극의 상하가 둥

클다는 것을 몰랐다는 사실조차 몰랐을 것이다. 다만, 이 발행물들은 대부분 서양 상인들이 발행한 것으로 섬 해안가 토산물의 다양함, 항구도시 화물 선박의 수, 더위와 추위 등 하늘의 운행에 따른 절기에 대해서는 상세하다. 그리고 각 나라 연혁의 전모나 행정 구역의 역사로 보아 각 나라 사서史書에 9만 리를 종횡하고 수천 년을 이어져 온 산천 지리를 기록할 수 있을 것 같은데, [이들 책에서는] 유감스럽게도 아직 들어 보지 못했다.

다만 최근에 나온 포르투갈[19]인 호세 마르티노 마르케스José Martinho Marques[20]의 『지리비고地理備考』,[21] 미국[22]인 엘리자 콜먼 브리지먼Elijah Coleman Bridgman[23]의 『미리가합성국지략美理哥合省國志略』[24]은 모두 그 나라의 문인들이 고대 전적典籍[25]을 세세하게 살펴 [집필하여] 문장의 조리가 매우 분명해 이해하기가 쉽다. 그리고 『지리비고』의 「구라파주총기歐羅巴洲總記」 상하 2편[26]은 더욱 걸작으로, 바로 오랫동안 막혀 있던 마음을 확 트이게 해 주었다. 북아메리카[27]에서는 부락이 군장을 대신하고[28] 그 정관이 대대로 이어지는데도 폐단이 없고, 남아메리카[29] 페루국[30]의 금은은 세계에서 제일 풍부하지만, 모두 역대로 들은 바가 없다. 이미 [『해국도지』는] 100권을 완성해 앞에 총론을 제시해서 독자들로 하여금 그 대강을 파악한 후에 그 조목을 상세하게 알게 해 두었으니 분량의 방대함에 질려 탄식하지 않기를 바란다.

또한 예전 지도는 단지 앞면과 뒷면 2개의 전도全圖만 있고, 또한 각 나라가 모두 실려 있지 않아 좌우에 지도와 역사서를 모두 갖추는 바람을 채우지 못했다. 그런데 지금 광동과 홍콩에서 간행된 화첩畫帖[31] 지도를 보면 각각 지도는 일국의 산수와 성읍의 위치를 구륵鉤勒, 즉 동그라미로 표시하고 색칠해 두었으며 경도[32]와 위도[33]를 계산하는 데 조금도 어긋나지 않았다. 이에 고대부터 중국과 교류가 없었던 지역임에도 산천을 펼쳐 보면 마치 『일통지一統志』의 지도를 보는 것 같았고 풍토를 살펴보면 마치 중국 17개 성省의 지방지를 읽는 것 같았다. 천지 기운의 운행이 서북쪽에서 동남쪽으로 해서 장차 중외가 일가를 이루려고 하는 것인가!

무릇 그 형세를 자세하게 알면 다스리는 방법이 틀림없이 「주해편」에 들어 있다는 것을 알게 될 것이다. 「주해편」은 작게 쓰면 작은 효용이, 크게 쓰면 큰 효용이 있을 것이니 이로써 중국의 명성과 위엄을 떨칠 수 있다면 이는 밤낮으로 매우 원하던 바이다.

마르케스의 『천문지구합론天文地球合論』과 최근 수전에서 사용되었던 화공과 선박, 기기의 도면을 함께 뒤쪽에 부록으로 실어 두었으니, 지식을 넓히는 데 보탬이 되고, 유익하게 활용하는 데 도움이 되기를 바란다.

함풍咸豐 2년(1852), 소양 사람 위원이 고우주高郵州에서 쓴다.

海國圖志後敍

譚西洋輿地者, 始於明萬曆中泰西人利馬竇之『坤輿圖說』, 艾儒略之『職方外紀』. 初入中國, 人多謂鄒衍之談天. 及國朝而粵東互市大開, 華梵通譯, 多以漢字刊成圖說. 其在京師欽天監供職者, 則有南懷仁·蔣友仁之『地球全圖』. 在粵東譯出者, 則有鈔本之『四洲志』·『外國史略』, 刊本之『萬國地理全圖集』·『平安通書』·『每月統紀傳』, 爛若星羅, 瞭如指掌. 始知不披海圖海志, 不知宇宙之大, 南北極上下之渾圓也. 惟是諸志多出洋商, 或詳於島岸土產之繁, 埠市貨船之數, 天時寒暑之節. 而各國沿革之始末·建置之永促, 能以各國史書誌富媼山川縱橫九萬里·上下數千年者, 惜乎未之聞焉.

近惟得布路國人瑪吉士之『地理備考』與美里哥國人高理文之『合省國志』, 皆以彼國文人留心丘索, 綱擧目張. 而『地理備考』之『歐羅巴洲總記』上下二篇尤爲雄偉, 直可擴萬古之心胸. 至墨利加北洲之以部落代君長, 其章程可垂奕世而無弊, 以及南洲孛露國之金銀富甲四海, 皆曠代所未聞. 旣彙成百卷, 故提其總要於前, 俾觀者得其綱而後詳其目, 庶不致以卷帙之繁, 望洋生歎焉.

又舊圖止有正面背面二總圖, 而未能各國皆有, 無以慊左圖右史之願. 今則用廣東香港冊頁之圖, 每圖一國, 山水城邑, 鉤勒位置, 開方里差, 距極度數, 不爽毫髮. 於是從古不通中國之地, 披其山川, 如閱『一統志』之圖, 覽其風土, 如讀中國十七省之志. 豈天地氣運, 自西北而東南, 將中外一家歟!

夫悉其形勢, 則知其控馭必有於「籌海」之篇. 小用小效, 大用大效, 以震疊中國之聲靈者焉, 斯則夙夜所厚幸也. 夫至瑪吉士之『天文地球合論』與夫近日水戰火攻船械之圖, 均附於後, 以資博識, 備利用.

咸豐二年, 邵陽魏源敍於高郵州.

주석

1 만력萬曆: 명나라 제13대 황제 신종神宗 주익균朱翊鈞의 연호(1573~1620)이다.

2 서양: 원문은 '태서泰西'이다. 널리 서방 국가를 가리키는데, 일반적으로 서유럽과 미국을 의미한다.

3 마테오 리치Mateo Ricci: 원문은 '이마두利馬竇'이다. 마테오 리치(1552~1610)는 이탈리아 마체라타Macerata 출신으로 1583년에는 광동에 중국 최초의 천주교 성당을 건립해 그리스도교를 전파했다. 그는 유학에도 상당히 조예가 깊었으며, 철저한 중국화를 위해 스스로 유학자의 옷을 입었다. 그리고 조상 숭배도 인정하는 융통성을 보여 유학자들로부터 '서양의 유학자(泰西之儒士)'라고 불리었다. 대표적인 저작으로 자신과의 대화 형식을 빌려 천주교 교리를 설명한 『천주실의天主實義』가 있다.

4 『곤여도설坤輿圖說』: 청대 초기 흠천감을 맡고 있던 페르비스트(1623~1688)는 천문역법뿐만 아니라 세계 지리와 지도, 천주교 등 다양한 유럽 문화를 소개했는데, 그중 세계 지리서로 간행한 것이 바로 『곤여도설』이다. 이 책은 상하 2권 1책으로 구성되어 있다. 여기에서 마테오 리치의 저술이라고 한 것은 오류이다. 마테오 리치는 1601년 『만국도지萬國圖志』를 그려서 만력제에게 선물했으며, 세계 지도 위에 지리학과 천문학적인 설명을 덧붙여 놓은 『곤여만국전도坤輿萬國全圖』를 번역하기도 했다. 본문에서 『곤여도설』은 『곤여만국전도』의 오류가 아닌가 생각한다.

5 줄리오 알레니Giulio Aleni: 원문은 '애유락艾儒略'이다. 알레니(1582~1649)는 이탈리아 출신의 예수회 소속 선교사이다. 중국의 복장과 예절을 받아들여 '서양의 공자'라고 일컬어졌다.

6 『직방외기職方外紀』: 알레니가 한문으로 저술한 세계지리도지世界地理圖

志이다. 마테오 리치의 『만국도지』를 바탕으로 증보했으며, 아시아, 유럽, 아프리카, 아메리카 및 해양에 관한 내용을 적고 있다. 『주례周禮』에 기록된 관제 중에 직방씨職方氏가 있는데, 천하의 땅을 관장하기 위해 지도를 맡아 관리했다. 이에 따르면 천하는 중국과 주위의 사이四夷, 팔만八蠻, 칠민七閩, 구맥九貊, 오융五戎, 육적六狄으로 구성되어 있다. 이에 알레니는 중국 사람들에게 천하에는 이들 이외에 중국에 조공하지 않는 많은 나라가 있음을 이 책을 통해 알려 주려고 한 것이다.

7 추연鄒衍: 추연(기원전 305~기원전 240)은 중국 전국 시대戰國時代 제齊나라 사람으로 제자백가 중 음양가陰陽家의 대표적 인물이다. 오행사상五行思想과 음양이원론陰陽二元論을 결합하여 음양오행사상을 구축했다.

8 천하를 논하는 것과 같다고 생각했다: 여기에서 천문은 추연의 대구주설大九州說을 말하는 것이다. 『사기史記』에 따르면, "중국을 이름 붙이기를 적현신주赤縣神州라고 했다. 적현신주의 안에 구주九州라는 것이 있는데, 우禹임금이 정한 구주가 바로 이것이나, 대구주는 아니다. 중국의 밖에는 적현신주 같은 것이 9개가 있는데, 이것이 구주인 것이다"라고 되어 있다. 즉 추연은 우공의 구주 전체를 적현신주라 하고 이와 똑같은 것이 8개가 더 합쳐져서 전 세계가 하나의 주를 구성하고 있다고 보았다. 추연의 대구주설은 처음에는 이단으로 받아들여졌으나, 서양의 세계 지도가 중국에 전래되면서 관심을 끌게 되었다고 한다.

9 청조: 원문은 '국조國朝'이다.

10 통상무역: 원문은 '호시互市'이다. 본래 중국의 역대 왕조가 국경 지대에 설치한 대외무역소를 가리키는데, 명청 시대에는 책봉 관계를 체결하지 않은 외국과의 대외무역 체제를 의미한다.

11 흠천감欽天監: 명청 시대 천문·역법 등에 관한 일을 담당하던 기관으로 서양 선교사들이 황실의 천문을 살펴 주고 그 사업을 주도했다.

12 페르디난트 페르비스트Ferdinand Verbiest: 원문은 '남회인南懷仁'이다. 벨기에 출신으로 1659년 중국에 와서 전도에 일생을 바쳤다. 당초 예수회 수사 아담 샬Adam Schall을 도와 흠천감에서 근무했는데, 이는 서양의 천

문학과 수학에 통달했기 때문이었다. 강희 원년(1662) 양광선楊光先을 중심으로 하는 보수파의 반대 운동에 부딪혀 아담 샬과 함께 북경 감옥에 갇혔다. 이어 보수파가 실각하자 다시 흠천감의 일을 맡게 되었으며, 궁정의 분수 등을 만들어 강희제의 신임을 받아 공부시랑工部侍郎의 직위를 하사받았다. 또한 서양풍의 천문기기를 주조하고 그것을 해설한 『영대의상지靈臺儀象志』(1674) 16권을 출판했으며, 같은 해에 『곤여도설坤輿圖說』이라는 세계 지도를 펴냈다.

13 미셸 베누아Michel Benoist: 원문은 '장우인蔣友仁'이다. 미셸 베누아(1715~1774)는 프랑스 출신의 예수회 선교사, 천문학자이다.

14 초본鈔本: 인쇄 기술에 의존하지 않고 손으로 직접 글을 써서 제작한 도서나 출판물을 가리킨다. 필사본이라고도 한다.

15 『외국사략外國史略』: 영국인 선교사 로버트 모리슨Robert Morrison의 작품으로 『해국도지』에 커다란 영향을 미쳤다.

16 『만국지리전도집萬國地理全圖集』: 광서 2년본에는 '『만국도서집萬國圖書集』'으로 되어 있으나, 악록서사본에 따라 고쳐 번역한다.

17 『평안통서平安通書』: 미국 선교사 디비 베튠 매카티Divie Bethune McCartee의 저서로, 기독교 교의와 과학 지식, 천문天文·기상氣象 관련 상식들을 소개하고 있다.

18 『매월통기전每月統紀傳』: 원명은 『동서양고매월통기전東西洋考每月統記傳』으로, 카를 귀츨라프Karl Gützlaff가 1833년에 광주廣州에서 창간한 중국어 월간지이다.

19 포르투갈: 원문은 '포로국布路國'이다.

20 호세 마르티노 마르케스José Martinho Marques: 원문은 '마길사瑪吉士'이다. 마규사馬圭斯, 혹은 마귀사馬貴斯라고도 한다. 마르케스(1810~1867)는 어려서부터 마카오의 성요셉 수도원에서 한학을 배웠다. 1833년 23세 때 통역사 자격을 취득한 후 마카오 의사회에서 통번역 일을 했으며, 1848년부터는 프랑스 외교사절의 통역에 종사했다.

21 『지리비고地理備考』: 전 10권으로 구성되어 있다. 제1권은 지리학, 천문학

과 기상학, 제2권은 지진, 화산 등 각종 자연 현상, 제3권은 포르투갈의 정치 무역을 비롯해 각 나라의 기원과 역사에 대해, 제4권에서 제10권은 지구총론, 유럽, 아시아, 아프리카, 아메리카, 오세아니아주의 정치, 지리, 경제 현상에 대해 서술하고 있다.

22 미국: 원문은 '미리가국美里哥國'이다.

23 엘리자 콜먼 브리지먼Elijah Coleman Bridgman: 원문은 '고리문高理文'이나, 비치문裨治文으로 표기하는 것이 일반적이다. 브리지먼(1801~1861)은 중국에 파견된 최초의 미국 프로테스탄트 선교사이다. 성서 번역 외에 영어판 월간지 *Chinese Repository*를 창간했다. 또한 싱가포르에서 한문으로 미국을 소개한 『미리가합성국지략』을 간행했는데, 이 책은 위원의 『해국도지』에서 미국 부분을 서술하는 데 중요한 참고자료가 되었다.

24 『미리가합성국지략美理哥合省國志略』: 원문은 '『합성국지合省國志』'이다. 혹자는 이 말을 오해해서 『합성국지』가 『해국도지』 100권본에 이르러 비로소 인용되었다고 하지만, 악록서사본에 따르면 이미 『해국도지』 50권본에서 이 책을 인용하고 있다고 한다.

25 고대 전적典籍: 원문은 '구색索丘'이다. 『팔색八索』과 『구구九丘』를 아울러 칭한 것으로 일반적으로 고대의 모든 전적을 가리킨다.

26 『지리비고地理備考』의 「구라파주총기歐羅巴洲總記」 상하 2편: 위원은 『지리비고』의 「방국법도원유정치무역근본총론邦國法度原由政治貿易根本總論」의 전문을 각색해서 「구라파주총기」 상하 두 편으로 표제를 수정했다.

27 북아메리카: 원문은 '묵리가북주墨利加北洲'이다.

28 부락이 군장을 대신하고: 원문은 '이부락대군장以部落代君長'으로, 미국의 연방제를 가리키는 것으로 보인다.

29 남아메리카: 원문은 '남주南洲'이다.

30 페루국: 원문은 '패로국孛露國'이다.

31 화첩畵帖: 원문은 '책혈冊頁'이며, 화책畵冊이라고도 한다.

32 경도: 원문은 '개방리차開方里差'이다. 오늘날 시간대를 나타내는 이차의 원리는 원나라 이후 널리 알려져 절기와 시각, 일식과 월식을 예측하는

데 널리 적용됐다.

33 위도: 원문은 '거극도수距極度數'이다.

海國圖志
卷二十五

해국도지
권25

소양邵陽 위원魏源 편집

본권에서는 서남아시아에서의 이슬람교 형성 과정과 교리, 경전, 풍속, 문화적 특색 및 이슬람교가 중국에 전파된 과정 등을 기술하고 있다. 특히 광동의 이슬람교 문화를 예로 들어 중국에서의 유행과 특징을 자세히 설명하고 있다. 여기에서는 먼저 『경교속고景敎續考』, 『매월통기전每月統紀傳』, 『광동통지廣東通志』, 『서역도지西域圖志』, 『서역문견록西域聞見錄』 등의 기록을 인용, 소개하고 나서 이슬람교 고찰 상·하를 두어 위원의 이슬람교에 대한 독창적인 견해와 비평을 함께 싣고 있다.

살펴보건대, 지금 천산天山 남쪽과 옥문玉門 서쪽의 이슬람교는 파미르고원Pamir Plat[1]의 동서남북을 둘러싸고 아랄해Aral Sea[2]와 카스피해Caspian Sea[3] 좌우까지 이어지며 아시아대륙의 반을 차지하는데, 중국 내지의 각 부府·청廳·주州·현縣에까지 퍼져서 청진사淸眞寺·예배사禮拜寺가 없는 곳이 없다. 중국의 사대부 중에 우매한 자들은 간혹 이를 따른다. 그들은 음흉하고 염치가 없어서 기꺼이 다른 사람의 아래에 거하지만, 속마음은 헤아리기 어려운데, 스스로 일족을 이룬다. 천하가 태평하면 큰 근심이 되지 않지만, 그 흉악하고 맹렬한 기운은 진실로 교화하기 어렵다. 이슬람교를 고찰한다.

案: 今天山以南, 玉門以西, 環蔥嶺東西南北, 延及鹹海·裏海之左右, 分亞細亞洲之半, 蔓延及於內地各府廳州縣, 無不有清眞寺·禮拜寺者. 中土士大夫之無識者或從之. 其人率陰騭, 寡廉恥, 甘居人下, 而中懷叵測, 自爲一族. 海宇承平, 可無大患, 然其凶很猛烈之氣固難化也. 考回回教.

주석

1 파미르고원Pamir Plat: 원문은 '총령蔥嶺'이다.

2 아랄해Aral Sea: 원문은 '함해鹹海'로, 중앙아시아에 위치한 염호이다.

3 카스피해Caspian Sea: 원문은 '리해裏海'이다.

각 나라 이슬람교 총설

살펴보건대, 아덴Aden[1]과 메디나Medina[2]는 모두 아라비아이나, 『명사明史』에 세 개의 전으로 나뉘어 있으니, 아마도 흥성했을 때는 페르시아 등 나라가 모두 아라비아에 병합되었다가 후에 여러 나라로 나뉘었던 것 같다. 이슬람교는 여전히 하나의 종교이지만, 한 나라가 이슬람교만 모두 믿는 것도 아니고, 이슬람교도 오로지 한 나라에만 속하지는 않기 때문에 뒤에서 별도로 총괄 고찰한다.

항세준杭世駿[3]의 『경교속고景教續考』[4]에 다음 기록이 있다.

서역에는 세 가지 종교가 있는데, 경교[5]·이슬람교[6]·마니교[7]이다. 경교는 범엽范曄[8]의 『후한서後漢書』에 이미 전傳이 있고, 마니교는 이슬람교를 따라서 중국에 들어왔다. 유독 이슬람교의 종파가 널리 퍼져 사대부 중에서도 흠모해 따르는 자가 있었다. 당대唐代 역사서에는 무슬림들이 사사로이 건물이나 사원을 지어 간혹 그곳에 군사를 매복시켰다가, 여러 차례 중위교中渭橋[9]로 나와 군사들과 싸움을 벌여 함광문含光門[10]을 탈취하고는 부신符信[11]을 가지고 성 밖으로 도망갔다는 기록이 있다. 또한 마니교가 도성에 전해진 후로 해마다 서역과 왕래했는데, 상인들이 자못 그들과 결탁해 간교를 부렸다는 기록도 있다. 이덕유李德裕[12] 역시 그들이 간사하게 미혹시켜 세상을 물들인다고 했다. 이에 막아야 할 이유가 비단 우리 종족뿐만이 아니기에 『경교속고』를 쓴다. 이슬람교의 창시자는 바로 메디나[13]의 국왕 무함마드Muhammad[14] 『사역관고四譯館考』에는 이한맥덕二罕驀德으로 되어 있다. 로, 나면서부터 신령스러워 서역 여러 나라를 복속시키고 파이감바르Paighambar[15]라고 칭해졌는데, 중국어로 천사天使라는 의미이다. 아라비아[16]의 옛 역사에는 아담ʾĀdam[17]이 하느님의 밝은 가르침을 받들어 명분과 제도를 정하여 후세에 전했으며, 천년 후에 홍수가 범람하여 성인 누흐Nūḥ[18]가 세상을 구하라는 명을 받고 그 무리에게 사방에서 치수하게 하니, 이에 사람이 있게 되었다고 한다. 당시는 아담이 세상에 내려온 뒤 대략 2천여 년이 지난 해이다. 후에 청진교清眞教를 믿는 사람이 그 이야기를 더욱 부연해서 다음과 같이 말했다. 아담이 이드리스ʾIdrīs[19]에게, 이드리스가 누흐에게, 누흐가 이브라힘ʾIbrāhīm[20]에게, 이브라힘이 이스마일ʾIsmāʿīl[21]에게 이스마일이 무사Mūsā[22]에게, 무사가 다우드Dāūd[23]에게, 다우드가 이사ʿĪsā[24]에게 전수했으나, 이사는 전수자를 찾지 못했다. 600년 후에 무함마드가 태어나 '합청哈聽'이라는 명을 받았는데, 봉인封印과 같은 말이다. 이는 모두 아라비아 역사에 보인다. 또한 말했다. 나라에는 경전 30장藏이 있는데 아담에서 이사까지 무릇 114부部이다. 예를 들어, 『타우라Tawrat』[25] 무사에게 내려 준 경전명이다. · 『자부르Zabūr』[26] 다우드에게 내려 준 경전명이다. · 『인질Injil』[27] 이사에게 내려 준 경전명이다. 로, 모두 가장 위대한 경전들이다. 무함마드가 경전 6,666장章을 쓰고 『쿠란Quṙān』[28]이라 했다. 이 외에 오늘날 청진교에서 암송하는 경전으로는 또한 『쿠란』(『보명진경寶命眞經』), 『타프시르 알카디Tafsīr al-Qāḍī』(『갈최진경噶最眞經』), 『타프시르 이 자히디Tafsīr i Zahidi』(『찰희덕진경咱希德眞經』), 『타프시르 이 바사이르 이 야미니Tafsir i Basa'ir i Yaminī』(『대관진경大觀眞經』), 『미르사드 알이바드Mirsad al-'ibad』(『도행추원경道行推原經』), 『라와이흐Lawa'ih』(『소미경昭微經』), 『타프시르Tafsīr』(『대관경大觀經』)[29]가 있는데, 오랑캐의 몽매한 경전으로, 따져 볼 필요가 없다. 또한 사역관四驛館[30]에 속한 자 중에서 무슬림을 특별히 팔관八官[31]의 우두머리로 삼았는데, 그들에게 물어보니 글자는 전서篆書, 해서楷書, 초서草書를 겸해서 쓴다고 하면서 투르판Turfan[32]·메카Mecca[33]·사마르칸트Samarkand[34]·참파Champa[35]·일본日本·첸라Chenla[36]·자와Jawa[37]·믈라카Melaka[38] 같은 서양의 여러 나라도 모두 이렇게 쓴다고 했다. 지금 이슬람교가 중국에 들어온 시기를 고찰해 보면, 수隋나라 개황開皇[39] 연간 그 나라 사람 대종사大宗師[40] 사드 이븐 아비 와카스Sa'd ibn Abī Waqqās[41]가 들어왔기 때문에, 명초에 사용된 회회력回回曆의 역법 역시 개황 연간부터 시작됐다. 당唐나라 원화元和[42] 연간 초에 회흘回紇이 다시 조공하게 되면서 비로소 마니교가 들어왔다. 그 계율은 해가 진 후에야 식사를 하는데, 물을 마시고 고기를 먹으며 치즈는 멀리했다. 『신당서新唐書』「회흘전回紇傳」에 보인다. 원화 2년(807) 정월 경자일에 하남부河南府와 태원부太原府에 마니사摩尼寺를 세울 것을 청하니 허락했다. 『구당서舊唐書』「헌종기憲宗紀」에 보인다. 명나라 홍무洪武[43] 연간에 대장군이 연경燕京으로 들어와 은밀히 소장되어 있던 수천 권의 책을 얻고는 서북쪽[44] 성인의 책이라고 일컬었지만, 중국에는 그 글을 아는 사람이 없었다. 이에 태조가 한림원편수翰林院編修 셰이크 무함마드Shaikh Muhammad[45]와 무함마드Muhammad[46]에게 번역하게 했다. 그러나 이슬람교는 중국에 자리 잡기는 했지만, 더 이상 뻗어 나가지 못했다. 메카는 고대 헤자즈Hejaz[47]의 땅으로, 천당天堂이라고도 하며, 본래 페르시아[48]와 이웃하고 있는데, 명나라 선덕宣德[49] 연간에 처음으로 조공했다. 지금은 결국 청진 예배사로 하나로 합쳐졌는데, 예배하고 재계하며 참배하는 일[50]을 달마다 하루도 거르지 않았다. 이상한 말을 하고 기이한 복장을 한 채 이리저리 저잣거리를 돌아다녀도 태연하게 괴이하다 여기지 않았으니, 그들 또한 미개한 백성일 뿐이도다. 『도고당문집道古堂文集』.

『매월통기전每月統紀傳』에 다음 기록이 있다.

아프리카Africa[51] 동북쪽 맞은편에 홍해를 사이에 두고 아라비아[52]라는 긴 땅이 있는데, 삼면이 바다로 둘러싸여 있고 종횡으로 대단히 넓다. 황량한 사막에 날씨가 매우 더워 모래와 돌만 굴러다닌다. 원주민은 유목을 하고, 농사일은 알지 못하며, 치즈를 먹고 여행객을 노략질한다. 땅의 남쪽은 비옥하여 오곡이 잘 자라고 과일이 많이 열린다. 옛날부터 주민들은 태양과 별자리를 숭배해 이를 신명하다고 여겼다. 유대인도 이곳으로 옮겨 와 나라를 세웠다. 예수의 무리가 널리 포교했지만, 교리가 바로 세워지지 않아, 처음에는 터럭만큼의 차이였으나 나중에는 천 리 차이로 어그러졌다. 진陳나라 선제宣帝 태건太建[53] 원년(568)에 무함마드가 그 땅에서 태어나 이슬람의 기반을 닦은 선조가 되었는데, 생김새가 준수하고 풍채가 좋았다. 젊었을 때는 집이 가난하여 장사하러 멀리 다니면서 두루 다른 나라 사람들과 사귀어 견식을 넓혔다. 인간과 사물의 본성을 세심히 살피고 밤낮을 가리지 않고 교리를 탐구하며, 심산유곡 사람이 없는 곳에 여러 번 들어가 본토에서 숭배하는 교파를 천만번 사색하여 근원을 조용히 찾아내, 결국 바람과 그림자를 잡고, 물속에서 달을 건지듯이 새로운 종교를 세웠다. 아내와 가족들은 그를 숭배하며 성인으로 받들었다. 그가 스스로 하느님의 명을 받아 천하를 교화시킨다고 하며 하느님은 유일신이고 자신은 바로 사도使徒라고 하자 사람들은 믿고 따랐다. 개·돼지·술·감주를 금하고 우상을 숭배하지 않으며 천지의 주인을 숭배했다. 각 사람은 이슬람교를 믿게 될 때 반드시 할례 의식[54]을 표식으로 삼았다. 하늘의 복을 누리고자 하면 반드시 몸을 청결히 씻고 매일 3번 경전을 외며, 빈민을 구제하고 1년에 한 차례는 며칠 동안 재계해야만 했다. 집안에 재력이 있는 사람은 일생에 한 번은 반드시 무함마드의 묘에 가서 알라신께 참배했다. 이슬람교를 믿지 않는 사람이 있으면 즉시 공격해 주살했다. 교리를 힘써 따르는 자나 이슬람교를 위해 해악을 제거하는 데 목숨을 바치는 사람은 죽은 후에 천당에 올라 하늘의 복을 누렸다. 나라 사람 중에 이슬람교를 믿지 않으며 조롱하고 비방하는 자가 있었다. 무함마드는 동굴 속으로 몸을 숨겨서 짐짓 천사를 만나 하늘의 계시를 받았다고 하며 사람들을 선동했다. 당唐 고조高祖 무덕武德[55] 4년(621)에 계략이 발각되자 성안의 사람들은 피로 맹세하며 그를 죽이려고 했다. 무함마드는 동굴에 몰래 숨었고, 원수들은 샅샅이 찾아다니며 동굴까지 왔으나, 거미줄로 입구가 막힌 것을 보고 결국 돌아갔다. 무함마드는 고난을 피한 뒤 더욱 자부하게 되었고, 성으로 들어가 다시 이슬람교를 전파하자 사람들이 점차 믿고 따랐는데, 얼마 후에 결국 성인으로 존숭되었다. 적국에서 둘러싸고 공격하면서 수많은 사람을 거느리고 그 성을 포위했다. 무함마드는 울타리를 세우고 겹겹이 성을 쌓으며 참호를 깊게 파고 수비를 매우 삼엄하게 했다. 적이 진지를 철수하고 퇴각하자, 무함마드는 군대를 이끌고 나가 종횡무진 하며 적을 모두 사로잡았다. 위세가 홍해[56]에 자자했고 원근에서 모두 존경하며 신처럼 여겼다. [이에 무함마드는] 나날이 오만해졌고 안일함에 빠져 양아들의 처를 빼앗고는 하늘의 계시를 받았다고 핑계를 대면서 반박하는 자들은 즉시 참수하여 경계로 삼았다. 군대를 일으켜 유다국Judah[57] 사람들을 굴복시켰으며, 군사 1,400명을 거느리고 거짓으로 마을의 사당을 참배한다고 하며 기회를 틈타 유세하니, 마을 사람들은 그를 믿고 따랐다. 후에 사람들을 데리고 와 그 마을을 차지하고는 우상을 모두 파괴해서 검은 돌만을 남기고 사람들에게 이곳에서 신을 숭배하게 했다. 군대가 강성해지고 나라가 부유해지자 서쪽과 동쪽을 토벌했고, 널리 포교하여 결국 아라비아 전 지역을 빼앗아 유목지로 삼았다. 당시 멀리 떨어진 동로마 제국[58]의 영토가 광대해서 아라비아[59]와 경계를 접하게 되었다. 무함마드는 군대를 일으켜 빈틈을 타고 동로마 제국의 땅으로 들어갔다가 더 이상 싸우고 싶지 않아 물러났다. 목숨이 경각에 달려 있음을 스스로 알고는 무리에게 이슬람교를 고수하고 바꾸지 말 것을 당부했다. 살펴보건대, 서양인은 예수를 숭배하고 이슬람교를 배척한다. 그러므로 모두 이슬람교를 헐뜯는 내용인데, 지금은 심한 것은 빼고 그 대강의 내용만 남겨 둔다. 다만 무함마드가 진나라 선제 태건 원년에 태어났다는 내용은 여러 책에 실려 있지 않아 보충할 만하다.

『광동통지廣東通志』에 다음 기록이 있다.

녓남Nhật Nam[60] 국경 밖의 참파[61]에서 서역의 메디나에 이르기까지, 그들의 종교는 오로지 하늘을 섬기는 것을 근본으로 삼고 우상을 세우지 않는다. 그 경전은 13장藏이 있으며 무릇 3,600여 권이다. 그 서체는 가로로 쓰고, 전서, 초서, 해서 세 서법이 있으며, 지금 서양의 여러 나라도 모두 이 서법을 사용한다. 또한 음양과 역법 등이 있다. 그 땅은 비록 인도[62]와 접하지만 불교와는 풍속이 다르며, 희생은 같은 종류를 쓰지 않고, 함부로 죽인 것은 먹지 않으며, 개와 돼지고기 및 비늘이 없는 생선은 먹지 않는데, 이들을 이슬람 교파라고 했다. 지금 회성사懷聖寺[63]에는 탑이 있는데, 당대唐代에 축조된 것으로, 높이[64] 우뚝 솟아 16길 5자나 되며, 매일 무슬림이 예배하는 곳이다. 그러나 또한 참파 등 여러 나라 사람들도 그 사이에 섞여 있다. 송宋나라 악가岳珂[65]의 『정사程史』[66]에 다음 기록이 있다. "광동성 번우현番禺縣에는 해상海商들이 섞여 사는데, 그중 가장 호걸은 포씨蒲氏로, 본래 참파의 귀인貴人이었다. 배를 타고 와서 풍랑을 만나서 다시 돌아가기를 꺼려, 광동의 관리에게 청해 중국에 머물면서 교역하는 재화를 유통하기를 바랐다. 세월이 오래되자 성안에 정착해 살았다. 가옥이 점차 사치스러워 법령을 어기게 되었지만, 관리는 그를 불러와 국고를 채우게 하면서, 그가 우리 사람이 아니므로 [사치하는 것에 대해서는] 따지지 않았다. 그래서 그의 집은 웅장하고 화려하며 더욱 넓고 커져 당시 최고 부자가 되었다. 소희紹熙[67] 연간 임자년(1192)에 선친[68]께서 광동을 다스릴 때 나는 막 10세였는데, 일찍이 그곳에 놀러 간 적이 있어 지금도 여전히 예전 그 장소를 기억한다. 층층 누각은 웅장했고 휘황찬란하게 연이어 있어 일일이 셀 수 없을 정도였다. 무슬림은 귀신을 숭상하고 청결함을 좋아하며, 평소에는 온종일 함께 엎드려 절하면서 기도했다. 제사를 지낸다[69]는 명분으로 사당을 두었으며, 중국의 부처와 같았으나 사실 신상神像은 없고 알라Allah[70]라고 불렀는데, 어떤 신인지는 알 수 없었다. 사당 안에는 높이가 몇 길이나 되는 비석이 있고, 비석 위에는 전서篆書 같은 특이한 글자가 새겨져 있었으며, 이를 우상으로 삼아 예배하는 사람들은 모두 비석을 향해 꿇어앉았다. 아침이면 모여서 식사하는데, 수저는 놓지 않고, 금과 은으로 큰 통을 만들어, 생선 요리·구운 고기·기장·쌀을 하나로 합치고 장미 추출액을 넣은 뒤 빙뇌冰腦[71]를 뿌렸다. 식사하는 사람들은 모두 오른손은 자리 아래에 두고 사용하지 않으면서 음식이 오른손에 닿으면 더러워질 뿐이라고 말했다. 사람들은 왼손으로 집어먹으면서 배가 부르면 손을 씻고는 다시 사당으로 들어가 감사를 드렸다. 거처에는 화장실[72]이 없고 백여 자 높이의 누각이 있어 내려다보면 물이 흐르고 있는데, 참배자가 그곳에 올라 보면 금속으로 된 판으로 장치를 만들어 아래를 막아 놓아서 볼일을 보면 쨍그랑 소리가 났다. 누각 위에는 금과 벽옥으로 장식해 놓았는데, 뭐라 형용할 수 없이 화려했다. 정자가 딸린 연못이 있는데, 연못은 너비가 사방 몇 길이며, 또한 금속으로 된 벽돌로 갑옷미늘처럼 만들어, 지금 주군州郡의 공식 연회에서 사용하는 음식 상자보다 더 크게 늘어놓았으며, 금속 덩어리 수만 개가 사용되었다. 중당에는 기둥이 4개 있는데, 모두 침수향沈水香으로 높이 용마루를 관통하고 있으며, 내실內室이나 다락에도 사용됐다. 일찍이 4개의 기둥을 조정보다 높게 하려고 했으나, 제거시박사提擧市舶司는 종래 이런 일이 없었음을 알고 나중에 되돌릴 수 없을까 두려워하여 허락하지 않았다. 나는 그 저택에서 잤다. 뒤에는 스투파Stupa[73]가 구름을 뚫을 듯 높이 솟아 있어 그 법식이 집에 있는 탑에 비할 바가 아니었다. 벽돌로 둘러싸 큰 터를 만들고, 그 위에 계속 쌓아 높이고는 바깥 둘레를 석회로 장식해, 멀리서 보면 은으로 만든 붓 같았다. 아래에는 문 하나가 있고 계단으로 올라가는데, 나선형으로 돌며 갈 수 있었으나 바깥에서는 그 계단이 보이지 않았다. 몇 개의 계단을 올라갈 때마다 하나의 구멍이 나 있는데, 해마다 4~5월에 배가 들어올 때면 무슬림들이 탑으로 들어가 구멍으로 나와서는 시끄럽게 소리치며 남풍南風이 불기를 기도하면 또한 효험이 있었다. 꼭대기에는 매우 큰 금계가 있어 상륜相輪[74]을 대신했으나, 지금은 닭발 하나가 없어졌다. 어느 날 군郡에서 연중행사로 위로잔치를 열었는데, 대접을 매우 성대히 했다. 가족들은 장막 안에서 봤고 나도 그 자리에 있었다. 금을 되비처럼 쓰고 노비가 빠짐없이 배치되었으며, 진주, 구슬, 향료, 돈이 자리에 낭자하여 매우 사치스러웠다. 장막에 있던 사람이 말했다. '이는 일상적인 일입니다.' 3일 후에 다시 함께 술자리를 열어 양고기 구이로 사례했다. 용연향龍涎香과 사향麝香이 코를 찔렀고, 이름을 알 수 없는 특이한 음식들은 모두 먹을 만했으며, 통에 섞어 먹던 옛 모습과는 완전히 달랐다. 양고기 또한 껍질이 황금색으로 구워져 맛있었고, 술도 진하고 달아 낭떠러지에서 채취한 꿀[75]과 진배없었다. 나는 유독 배탈이 자주 났는데, 예민하고 찬 체질이었기 때문이리라. 나는 나중에 북쪽으로 돌아갔다가 등주태수藤州太守 왕흥옹王興翁 등을 만났는데 포씨의 부유함은 이미 예전만 못하고 연못과 화장실도 모두 황폐해졌다고 했다."

『서역도지西域圖志』에 다음 기록이 있다.

무슬림은 조물주를 공경하여 하늘 섬김을 예로 여기며 성마다 예배사禮拜寺를 두었다. 처음 생긴 교주教主를 천주天主라 하고, 천주가 세상에 다시 왔을 때는 파이감바르[76]라 했다. 매일 마주하고 이슬람 경전을 다섯 차례 암송했는데, 첫 번째는 인시寅時[오전 3~오전 5시], 두 번째는 미시未時[오후 1~오후 3시], 세 번째는 신시申時[오후 3~오후 5시], 네 번째는 유시酉時[오후 5~오후 7시], 다섯 번째는 술시戌時[오후 7~오후 9시]에 했다.[77] 예배가 끝나면 그 교리를 선양했다. 대략 말하길, "지극히 존귀하고 지극히 위대하시며, 처음도 없고 끝도 없으시며, 무극무상無極無象, 무비무륜無比無倫, 무형무영無形無影 하시니, 천지조화를 일으키신 주인이시다"라고 했다. 성직자나 진심으로 교리를 따르는 사람 중에 이렇게 하지 않는 자가 없었다. 매번 7일째에는 예배사로 가서 한 차례 경전을 암송하는데, 네 명이 모여서 함께 암송하며 빈부귀천을 따지지 않고 모두 그렇게 했다. 무슬림 중에 경전에 능통한 자를 아훈드Akhund[78]라고 하며, 사람들을 위해 경전을 암송해서 재앙을 물리치고 복을 불러온다. 매년 대년大年,[79] 소년小年[80] 상세한 것은 세시歲時 조를 참조하라. 이 되면 아훈드는 『아이특마납사경阿伊特瑪納斯經』을 암송하여 사람들의 복을 기원하는데, 사람들은 의관衣冠 한 벌씩을 바친다. 풀이 자랄 때가 되면 가축을 기르는 집에서는 매번 양 10마리 중 한 마리, 소 30마리 중 한 마리를 아훈드에게 보내 하늘에 제사를 지낸다. 아훈드는 사람들을 대신해 경전을 암송하면서 가축이 잘 번식하길 기도한다. 만약 남은 소와 양이 있으면 가난한 사람들에게 나누어 주고 사사로이 쓰지 않았다. 1년 중 부귀한 집에 크고 중요한 일이 있으면 아훈드에게 크게 보시했다. 천금 가치의 물건부터 수천 금에 이르기까지 일정하지는 않았지만, 파이감바르 앞에서 『합제밀이소이경哈提密爾蘇爾經』을 한 차례 암송하는 것을 대보시라고 하면서 남은 물건 역시 가난한 사람들에게 나누어 주었다. 선善을 좋아하고 하늘을 공경하는 사람이라면 언제든지 아훈드에게 예를 다하면서 경전 암송을 부탁했다. 파이감바르가 세상에 와서 먼저 사당을 세우고는 향불을 살랐는데, 그 사원을 마자르Mazar[81]라고 했다. 매년 두 차례 사람들이 마자르로 가서 예배하고 경전을 암송했는데, 나무에 등불을 켜놓고 밤새도록 잠자지 않았다. 마자르에는 향화전香火田[82]이 있어 제사에 필요한 물품을 제공했다. 또 이슬람 국가에는 이전에 득도한 사람들이 있었는데, 합파체哈帕體 호자Khwāja[83]·포초이합이布楚爾哈爾 호자 등 모두 7명이다. 사람들은 매월 4차례 아훈드에게 예물을 보내고, 호자 7명의 신상 앞에서 예배하고 경전을 암송했으며, 빈부귀천 없이 모두 그렇게 했다. 먼 길을 가는 경우, 아훈드에게 예물을 바치고 대신 경전을 암송해 질병에 걸리지 않게 했다. 다른 소원을 빌 때도 역시 이렇게 했다. 회부回部의 서쪽에 있는 메카[84]와 메디나[85]는 이슬람의 종주국으로, 무슬림은 일생 동안 반드시 한 번은 직접 예배하러 가서 크나큰 보살핌에 보답했다. 식량과 행장을 꾸리고 갔다 오는 데 3년이 걸렸다. 오직 부자들만 그 바람을 이룰 수 있었고, 가난하여 힘이 없는 자는 할 수 없었지만, 또한 향불값만을 내고 부자들의 도움을 받아 함께 가는 경우도 있었다.

『서역문견록西域聞見錄』에 다음 기록이 있다.

이슬람 지역에서 이슬람교를 창시한 사람은 무함마드[86]로, 무슬림은 그를 우루크Uruk[87] 크다는 뜻이다. ·파이감바르[88] 성현이라는 뜻이다. 라고 부르며, 지금 건륭 37년(1772)에서 1,170여 년 전의 일이라고 한다. 『쿠란』[89]이라는 경전 한 권이 전해지며 30편이다. 경전에서는 모두 사람에게 하늘을 공경하고, 복을 쌓고 선을 행하며, 붉은 의복은 전쟁을 불러오기 때문에 금지하고, 남자는 흰색 옷을, 여자는 검은색 옷을 입도록 하는데, 이는 화火가 금金을 이기고 수水가 화火를 이기기 때문이라고 한다. 이슬람교를 믿는 사람은 새벽에 예배를 마치면 높은 곳에 올라 사람들을 소리쳐 깨워서 일하게 하고, 저녁이면 높은 곳에 올라 음악을 연주하며 서쪽으로 지는 해를 전송한다. 우상은 세우지 않는다. 교리를 받들고 전수하는 자를 아훈드라 부르는데, 관직도 받지 않고 전쟁도 하지 않으며, 음주도 하지 않고 흡연도 하지 않으며 경전을 암송해서 감화시키니, 무슬림은 모두 그를 존경한다. 360일을 12개월로 나누며, 12지支는 있으나 천간天干은 없다. 매월 초 초승달이 뜬 다음 날을 초하루로, 홀수 달을 큰달,[90] 짝수 달을 작은달[91]로 삼고, 윤달은 없으며, 12월이 끝난 후에 다시 6일을 더해 작은달의 수를 보충했는데, 일식과 월식의 추산법은 알지 못했다. 그 경문은 불교의 경문과 비슷하여 인과因果, 성명性命의 뜻을 말했다. 아훈드도 단지 대의의 대강만 말할 수 있었고 그 깊고 오묘한 뜻은 알 수 없었다. 그 경문에서는 천지일월이 만물을 싣고 덮어 순환하니 마땅히 상제上祭를 지내고, 산천수토山川水土는 만물을 배양하여 사람을 이롭게 하니 마땅히 중제中祭를 지내며, 집과 무덤은 사람의 근본이니 마땅히 하제下祭를 지낸다고 한다. 집마다 문밖에 흙을 쌓아 제단을 만들었는데, 서쪽을 등지고 동쪽을 향했으며 이를 마자르[92]라고 했다. 이곳은 천지일월에 기도하고 예배할 뿐만 아니라 서쪽을 향해 경문을 암송하는 장소로, 이것이 바로 상제이다. 카슈가르Kashgar[93] 북쪽 8천 리 되는 곳에는 무스탁아타Mustag Ata[94]라는 설산이 있는데, 높고 험준해 올라갈 수 있는 길이 없고 오직 가파른 돌길 하나뿐이다. 빙 돌아 7~8리를 가면 그 위에 평평한 언덕이 있는데, 둘레는 30여 리로 파릇파릇한 풀과 푸른 물이 있고, 경치가 신령스럽고 빼어나며 사면이 깎아지른 듯 가파른 절벽이어서, 바라볼 수는 있지만 다가갈 수는 없다. 멀리 그 서쪽을 바라보면 무스타Musta[95]라는 큰 동굴이 있는데, 원주민들이 말하길 이 동굴은 바로 파이감바르의 큰 제자 나하만제羅賀滿梯가 들어와 마음을 닦고 도를 배워 승천한 곳으로, 사람들이 경건한 마음을 가지고 와서 절을 하면 실체를 드러내기도 하며 일찍이 본 사람이 있다고 했다. 이에 이슬람 군주 부라니둔Buranidun[96]은 신년 첫 번째 날마다 반드시 직접 가서 예배했다. 지금까지 무슬림들이 항상 산을 바라보며 머리 숙여 절하는 이유는 산속에 곰·호랑이·뱀·벌레가 많아 감히 깊이 들어갈 수 없어서이다. 또한 산의 눈은 겨울이면 쌓이고, 여름이면 녹아 물이 되어, 성인으로 인해 이 땅은 비의 혜택을 받지 않아도 된다. 성인의 자취가 깃든 신성한 산은 사람들이 밟기를 두려워해서 항상 녹지 않은 눈이 존재해 생령生靈이 길러진다고 여겼다. 무슬림은 매번 추수 후에 곡식과 떡을 준비해 망제望祭[97]를 드리는데, 이것이 산과 물에 보답하는 중제이다. 매일 세 끼를 먹으며 매번 식사하기 전에 반드시 사당으로 가서 조상에게 절하는데, 이것을 하제라고 한다.

무슬림은 성씨姓氏가 없고, 3대 안은 가까운 친척이라 하며, 형제의 자녀끼리도 서로 혼인한다. 3대 이후로는 순서가 없어 오직 장유長幼로 좌석의 차례를 구분해서, 나이가 많으면 높고 나이가 적으면 낮다. 한 해가 끝나기 전 한 달은 라마단Ramadan[98]으로, 『패한파이경牌罕巴爾經』에 따르면 이 한 달은 바로 성인과 사람들이 재난을 피했던 달이다. 사람들은 그날에 맞춰 라마단 의식을 하고 밤이 되면 경문을 읽으며, 일출 전에 이른 식사를 하고 달이 뜬 이후에 늦은 식사를 한다. 한 달간 이렇게 하면 성인은 재난을 벗어날 수 있고, 각 사람의 죽은 선조의 넋도 모두 재난을 벗어날 수 있으며, 의식을 지킨 사람들도 성인의 힘을 빌려 재난에서 벗어날 수 있다. 또 고이판아의특庫爾板阿依特이라는 날이 있는데, 경전에서 말하길, 이날에 경문을 읽고 예배하면 재앙을 물리치고 복을 맞이한다고 한다. 또 아슈라Ashura[99]라는 날이 있는데, 파이감바르의 외손자 이맘 후세인 이븐 알리Husayn ibn 'Ali[100] 등이 적에게 살해당한 날이다. 파이감바르가 이날에 음악을 연주하며 경문을 외면서 죽은 넋을 제도했기 때문에 무슬림은 규율에 따라 또한 이날에 경문을 외면서 부모님을 제도하여 천계에서 빨리 태어나길 바란다. 또 도와都瓦라는 날이 있는데, 파이감바르가 모든 원혼과 나쁜 귀신을 제도하여 무덤으로 돌려보내 각각 제삿밥을 먹게 하는 날이기 때문에 무슬림은 이날 각자 무덤으로 가서 곡제哭祭를 지낸다. 또 바라트Barat[101]라는 날이 있는데, 하늘에서 사람의 잘못을 감찰하는 날과 관련 있기 때문에 모두 경전을 외면서 잘못을 속죄한다.

카라치Karachi[102] 동쪽으로 약 5리 남짓 가면 무덤이 있는데, 원주민들은 이곳을 마자르[103]라고 부른다. 바로 이슬람 군주 부라니둔 등의 선조 무함마드 알리 진나Muhammad Ali Jinnah[104]의 무덤이다. 그 안에는 빈 정자가 하나 있는데, 꼭대기는 둥글고 뾰족하며 가운데 나무 하나가 있어 무슬림은 신처럼 신봉한다. 이슬람 문자로 의약서, 점복서, 풍수지리서, 각 시대를 기술한 책, 각 나라의 산천과 풍토를 적은 책이 있다. 그 말에 따르면 하늘은 높아 나를 덮고, 땅은 두터워 나를 실으며, 일월은 밝게 나를 비추니, 모두 예배 드림이 마땅하다고 한다. 탐음貪淫함과 간사함을 경계하고, 공경함과 돈후함을 마땅히 여기며, 바른 사람의 기는 죽어도 흩어지지 않아 신령이 된다고 한다. 그 성명청정性命清淨의 이치 중 큰 것은 불교를 근본으로 했지만, 쓸모없는 부분만을 받아들였다. 또한 지극한 이치가 없는 것은 아니나, 아훈드만한 사람은 없고 비루한 사람이 많으며 통달한 사람도 적다. 중국 내지의 진부하고 부패한 자들처럼 다만 어리석음에 미혹되고 재물만 탐할 뿐이니, 탄식할 만하구나.

各國回教總考

案: 阿丹·默德那皆天方也, 而『明史』分三傳,
蓋方其盛時, 則巴社等國亦皆竝於天方, 其後分爲數國.
而教仍一教, 是一國不足以該回教,
回教亦不專屬一國, 故別爲總考於後.

杭世駿『景教續考』曰: 西域三教, 曰大秦, 曰回回, 曰末尼. 大秦則范蔚宗已爲立傳, 末尼因回回以入中國. 獨回回之教種派蔓衍, 士大夫且有慕而從之者. 其在唐時, 史固稱私創邸第·佛祠, 或伏甲其間, 數出中渭橋與軍人格鬪, 奪含光門, 魚契走城外. 而摩尼至京師, 歲往來西域, 商賈頗與囊橐爲姦. 李文饒亦稱其挾邪作蠱, 浸淫宇內. 則其可絶者, 匪特非我族類而已, 作『景教續考』. 回回之先, 卽默得那國國王穆罕默德, 『四譯館考』作二罕驀德. 生而靈異, 臣服西域諸國, 尊爲別諳拔爾, 華言天使也. 而天方古史稱阿丹, 奉眞宰明諭, 定分定制, 傳及後世, 千載後, 洪水泛濫, 有大聖努海受命治世, 使其徒衆四方治水, 因有人焉. 此去阿丹降世之初, 蓋二千餘歲. 後世習清眞教者, 乃更衍其說, 曰: 阿丹傳施師, 師傳努海, 海傳易卜剌欣, 欣傳易司馬儀, 儀傳母撒, 撒傳達五德, 德傳爾撒, 爾撒不得其傳. 六百年而後, 穆罕默德生, 命曰哈聽, 猶言封印云. 具見天方古史. 又言國中有佛經三十藏, 自阿丹至爾撒, 凡得百十有四部. 如『討剌特』降與母撒之經名.·『則逋爾』降與達五德之經名.·『引支納』, 降

與爾撒之經名. 皆經之最大者. 自穆罕默德按經六千六百六十六章, 名曰『甫爾加尼』. 此外爲今淸眞所誦習者, 又有古爾阿尼之『寶命眞經』, 特福西爾噶最之『噶最眞經』, 特福西爾咱吸堤之『咱希德眞經』, 特福西爾白索義爾之『大觀眞經』, 密邇索德之『道行推原經』, 勒瓦一合之『昭微經』, 特卜綏爾之『大觀經』, 侏昧任, 不可窮詰. 而其隸在四驛館者, 回回特爲八館之首, 問之則云書兼篆楷草, 西洋若土魯番·天方·撒馬爾罕·占城·日本·眞臘·瓜哇·滿剌加諸國皆用之. 今考其教之入中國者, 自隋開皇中, 國人撒哈八撒阿的斡思葛始, 故明初用『回回曆』, 其法亦起自開皇. 至唐元和初, 回紇再朝獻, 始以摩尼至. 其法日晏食, 飮水茹葷, 屛湩酪 見『新唐書』「回紇傳」. 二年正月庚子, 請於河南府·太原府置摩尼寺, 許之. 見『舊唐書』「憲宗紀」. 明洪武時, 大將入燕都, 得秘藏之書數十百冊, 稱乾方先聖之書, 中國無解其文者. 太祖敕翰林編修馬沙亦黑·馬哈麻譯之. 而回回之教遂盤亘於中土而不可復遣矣. 至於天方, 則古筠沖地, 亦名天堂, 本與回回爲隣, 明宣德間始入貢. 而今之淸眞禮拜寺遂合而一之, 念禮·齋拜·朝互之類, 月無虛夕. 異言奇服, 招搖過市而恬然不以爲怪, 其亦可謂不齒之民也已. 『道古堂文集』.

『每月統紀傳』曰: 亞非哩加東北對面, 隔紅海, 有長地稱爲亞剌伯, 三邊及海, 縱橫遼闊. 荒蕪沙漠, 天氣甚熱, 飛沙走石. 土民遊牧, 不知農務, 乳酪爲食, 擄掠行旅. 其南方肥茂, 宜五穀, 多果實. 古時居民崇太陽·星辰, 以爲神明. 猶太民亦遷移立國. 耶穌之徒廣布教, 然道理不正經, 初差毫厘, 後謬千里. 陳宣帝太建元年, 有穆罕默德生其地, 爲回回開基之祖, 儀容俊偉. 少時家貧, 服賈遠遊, 徧交異國人, 廣擴見識. 體察人物之性, 不舍晝夜推窮義理, 累入深幽無人之處, 將本地所崇教門千思百索, 默尋根原, 竟捕風捉影, 水中撈月, 立新教. 其妻竝家人拜服, 視之若聖. 言己奉上帝之命教化天下, 上帝獨一位, 而穆乃其聖差, 衆人信服. 戒犬·豕·酒·醴, 不崇偶像, 而拜天地之主. 各人進教, 宜割元陽之皮爲號. 欲享天樂, 必須洗身清潔, 每日三次念經, 施濟貧民, 每年一次連日守齋. 家有力者, 一生必一赴穆之墓行禮拜神. 有不遵教者, 立攻伐戮殺. 凜循法度者, 爲教除害不顧生死者, 身後升天堂享天樂. 國人有不信其教, 戲笑譏訕者. 穆潛身穴內, 假與神使對晤, 奉天命以聳衆. 唐高祖武德四年, 密計露出, 城中人歃血欲殺之. 穆潛竄山洞, 其讎遍訪至洞, 但見蛛網塞口, 遂返. 穆旣免難, 益自負, 入城復宣前教, 衆漸信從, 久遂尊爲聖人. 敵國環而攻之, 領萬衆圍其城. 穆立排柵, 築重城, 深壕塹, 守禦甚嚴. 敵拔寨退兵, 穆引軍而出, 左衝右突, 盡虜敵人. 威振西海, 遠近皆敬之如神. 日增倨傲, 性耽安逸, 奪其繼子之妻, 托言奉天之命, 辯駁者立斬示儆. 起兵強服猶太國人, 率兵千四百名, 佯稱拜神於本邑之廟, 乘機誘說, 鄉人信從. 後率衆取其邑, 盡壞偶像, 獨留黑石, 令人於此處拜神. 兵強國富, 西征東討, 廣布教化, 遂奪亞剌伯全地爲遊牧之處. 其時隔地之羅馬國地廣大, 與亞喇伯交界. 穆發兵乘虛入羅馬境, 不復戀戰而退. 自覺死在旦夕, 勸其黨羽固執其教無改. 案: 西洋人崇耶穌, 闢回教. 故語皆詆斥, 今去其已甚, 存其大概. 惟言穆罕默德生於陳宣帝太建元年, 足補諸書所未備.

『廣東通志』: 日南徼外占城以至西域默德那國, 其教專以事天爲本, 而無像設. 其經有十三藏, 凡三千六百餘卷. 其書體旁行, 有篆草楷三法, 今西洋諸國皆用之. 又有陰陽·星曆之類. 其地雖接天竺, 而與佛異俗, 牲非同類, 殺者不食, 不食犬·豕肉·無鱗魚, 謂之回回色目教門. 今懷聖寺有番塔, 創自唐時, 輪囷直上, 凡十六丈五尺, 每日禮拜者是也. 然亦有占城諸國人雜其間. 宋岳珂『程史』云: "番禺有海獠雜居, 其最豪者蒲姓, 本占城之貴人也. 旣浮海而遇風濤, 憚于反復, 乃請于其主, 願留中國, 以通往來之貨. 歲益久, 定居城中. 屋室少侈靡逾禁, 使者方務招徠, 以阜國計, 且以其非吾人, 不之問. 故其宏麗奇偉, 益張而大, 富盛甲一時. 紹熙壬子, 先君帥廣, 余年甫十歲, 嘗遊焉, 今尙識其故處. 層樓傑觀, 晃蕩緜亘, 不能悉擧矣. 番性尙鬼而好潔, 平居終日相與膜拜祈福. 有堂焉以祀名, 如中國之佛, 而實無像設, 稱謂牙, 不知何神也. 堂中有碑, 高袤數丈, 上皆刻異書如篆籒, 是爲像主, 拜者皆跪向之. 旦輒會食, 不置匕箸, 用金銀爲巨槽, 合鮭·炙·粱·米爲一, 灑以薔露, 散以冰腦. 坐者皆置右手於褥下不用, 曰此爲觸手, 惟以溷而已. 群以左手攫取, 飽而滌之, 復入于堂以謝. 居無溲匽, 有樓高百餘尺, 下瞰通流, 謁者登之, 以中金爲版, 施機蔽其下, 奏廁鏗然有聲. 樓上雕鏤金碧, 莫可名狀. 有池亭, 池方廣數丈, 亦以中金通甃制爲甲葉而鱗次, 全類今州郡公宴燎箱之爲而大之, 凡用鏗錠數萬. 中堂有四柱, 皆沈水香, 高貫于棟, 曲房便榭不論. 常有四柱欲狃于朝, 舶司以其非嘗有, 恐後莫致, 不之許. 亦臥廡下. 後有窣堵波, 高雲表, 式度不比宅塔. 環以甓爲大址, 累而增之, 外圜而加灰飾, 望之如銀筆. 下有一門, 拾級以上, 由其中而圜轉焉, 如旋螺, 外不復見其梯磴. 每數拾級啓一竇, 歲四五月舶將來, 群番入于塔, 出于竇, 啁哳號呼以祈南風, 亦輒有驗. 絶頂有金雞, 甚巨, 以代相輪, 今亡其一足. 他日郡以歲事勞晏之, 迎導甚設. 家人帷觀, 余亦在. 見其揮金如糞土, 輿皁無遺, 珠璣香貝, 狼籍坐上, 以示侈. 帷人曰: '此其常也.' 後三日, 以合薦酒饌, 燒羊以謝. 龍麝撲鼻, 奇味不知名, 皆可食, 迥無同槽故態. 羊亦珍, 皮色如黃金, 酒醇而甘, 幾與崖蜜無辨. 獨好作河魚疾, 以腦多而性寒故也. 余後北歸, 見藤守王君興翁諸郎, 言其富已不如曩日, 池匽皆廢云."

『西域圖志』: 回人尊敬造化之主, 以拜天爲禮, 每城設禮拜寺. 始生敎主曰天主也, 天主再世號曰派噶木巴爾. 每日對之誦回經五次, 初次寅時, 二次未時, 三次申時, 四次酉時, 五次戌時. 拜畢則宣贊其義. 略云, "至尊至大, 起無初, 了無盡, 無極無象, 無比無倫, 無形無影, 大造化天地主兒." 凡有職之人與夫誠心守教法者, 莫不如是. 每七日赴禮拜寺誦經一次, 務集四人合誦, 不論貴賤貧富皆然. 回人通經典者, 曰阿渾, 爲人誦經, 以禳災迎福. 每遇大年小年, 詳見歲時條. 阿渾誦『阿伊特瑪納斯經』, 爲衆祈佑, 衆人醵贈衣帽一襲. 遇青草當生時, 有牲畜之家, 每十羊出一羣, 三十牛出一頭, 送阿渾爲敬天禮. 阿渾浼代衆誦經祈佑牲畜蕃滋. 儻有贏餘牛羊, 卽以之濟給貧乏, 不自私也. 一歲之中, 富貴者有大事則大饋阿渾. 自千金值物至數千金不等, 於派噶木巴爾前, 誦『哈提密爾蘇爾經』一次, 謂之大布施, 餘物亦以濟給貧乏. 其好善敬天之人, 隨時致禮阿渾, 浼其誦經. 派噶木巴爾來世先立祠堂, 奉香火, 名曰瑪咱爾. 每年兩次衆人赴瑪咱爾, 禮拜誦經, 張燈於樹, 通宵不寐. 瑪咱爾有香火田畝, 以供祭祀之需. 又回國前有得道者, 如哈帕體和卓·布楚爾哈爾和卓輩, 共有七人. 每月四次, 衆人饋送阿渾, 向七和卓像禮拜誦經, 貧富貴賤皆然. 遠行則致禮物於阿渾, 令其誦經保佑疾病. 其所禱請亦如之. 回部西有默克·默德納, 爲回回祖國, 回人凡終身必親往禮拜一次, 以答鴻庥. 辦裝裹糧, 往還期以三年. 惟富者能酬其願, 貧無力者不能也, 亦有附香火之資於富室以偕往者.

『西域聞見錄』: 回地之始立教者曰嗎哈木纛, 回人稱之曰烏魯克 大也. ·牌罕帕爾, 聖賢也. 謂去今時乾隆三十七年凡一千一百七十餘年. 所傳經一卷, 曰『闊爾罕』, 凡三十篇. 經內皆教人敬天, 積福行善, 禁服紅赤, 謂招兵劫之患, 男服白, 女服黑, 謂火勝金, 水克火也. 其行教者, 淸晨禮拜畢卽登高喚醒衆人爲工作役, 晚則登高作樂, 向西送日. 無畫像設. 奉教傳法者, 曰阿渾, 不受職, 不戰陣, 不飮酒, 不吸烟, 其講誦勸化, 回人咸尊敬之. 以三百六十日分十二月, 有十二支, 無天干. 每月以初見新月之次日爲朔, 單月爲大建, 雙月爲小建, 無閏月, 每十二月畢再加六日, 以補足小建之數, 不知推算日月交食也. 其經類佛說咒語, 談因果性命之旨. 阿渾僅能粗講大意, 其深微亦莫能曉也. 其經云, 天地日月乃覆載循環, 當爲上祭, 山川水土乃資養萬物, 利于人者, 當爲中祭, 家堂墳墓乃人之根本, 爲下祭. 每家門外築土爲壇, 坐西向東, 名曰瑪雜木爾. 爲禱祝禮拜天地日月及向西誦經之所, 此其上祭也. 喀什噶爾之北八千里有雪山, 名圖書克塔克, 高峻無路可上, 惟石觥一徑. 盤旋七八里, 其上有平岡, 周三十餘里, 草肥水碧, 境界靈秀, 四面懸崖, 可望而不可卽. 遙望其西, 有大孔穴曰圖書克洞, 土人言此洞乃牌罕帕爾之大弟子羅賀滿梯入其中修心學道升天之處, 人若虔心往拜, 尙能現形, 曾有見者. 故回酋布拉尼墩每新年第一日必親往禮拜. 至今回人常往望山叩拜, 以山中多熊·虎·蛇·蟲, 故不敢深入也. 又山雪冬積夏融, 乃先聖人因其地無雨澤. 且聖蹟神山恐人踐蹈, 故常存不化之冰雪, 滋育生靈. 回人每秋收後備糧作餠餌望祭, 此酬山酬水之中祭也. 每日三餐, 每未食之先, 必往家堂望叩先祖, 是謂下祭.

回人無姓氏, 三世之內曰近族, 兄弟之子女, 互相婚配. 三世而外, 則無倫序, 惟以長幼分坐次, 年長者爲尊, 年幼者爲卑. 每年終前一月卽把齋, 據『牌罕巴爾經』云, 此一月乃先聖人等避難之月. 大衆應日則把齋, 夜則念經, 日出之前早食, 月出以後晚食. 如此一月, 則聖人之難可脫, 各人先祖亡魂盡可出離災難, 其持齋衆人亦假聖人之力而脫災難. 又一日曰庫爾板阿依特, 經云是日當念經禮拜, 迎禧送祟. 又一日曰鄂舒爾, 係牌罕帕爾之外孫依瑪木哈散等被賊殺害之日. 牌罕帕爾于是日作樂誦經, 超度亡魂, 故回人依制亦于是日誦經, 以超度父母, 早生天界. 又一日曰都瓦, 係牌罕帕爾超度一切冤魂孽鬼歸塋各享煙火之日, 故回人于此日各上墳哭祭. 又一日曰巴拉特, 係上天鑒察人過惡之日, 故俱誦經贖過.

喀城東約五里餘有墳園, 土人名曰瑪雜爾. 乃回酋布拉尼墩等先祖瑪哈木窋敏之墳. 內有空亭一座, 高圓而尖, 中植一木, 回人敬奉如神. 回人文字有醫藥之書, 有占卜之書, 有堪輿之書, 有各代紀載之書, 有各國山川風土之書. 其說以天高覆我, 地厚載我, 日月明照臨我, 皆當禮拜. 戒貪淫奸詐, 當敬謹敦厚, 正人之氣死而不散爲神靈. 其性命清淨之理, 大者宗諸釋氏而得其糟粕. 亦非無至理, 無如阿渾, 陋者多通者少. 如內地之冬烘腐爛, 徒以惑愚誘財, 可太息也.

주석

1 아덴Aden: 원문은 '아단阿丹'으로, 지금의 예멘 공화국에 위치한다.

2 메디나Medina: 원문은 '묵덕나默德那'로, 지금의 사우디아라비아 서부에 있는 이슬람교 성지이다.

3 항세준杭世駿: 항세준(1696~1773)은 청대 절강浙江 인화仁和 사람으로, 자는 대종大宗 또는 근보堇甫이고, 호는 태정노민秦亭老民 또는 아준阿駿이다. 옹정 2년(1724)에 거인이 되었고, 건륭 원년(1736)에 한림원편수翰林院編修가 되었다. 만년에는 광동 월수서원粵秀書院과 양주 안정서원安定書院의 주강主講을 지냈다. 저서에는 『속예기집설續禮記集說』, 『석경고이石經考異』, 『예경질의禮經質疑』, 『예례禮例』, 『경사질의經史質疑』, 『독방언讀方言』, 『사기고증史記考證』, 『경교속고』 등이 있다.

4 『경교속고景教續考』: 항세준의 『도고당문집』 권25에 수록되어 있으며, 경교·이슬람교·마니교에 대해 간략히 적은 문장이다.

5 경교: 원문은 '대진大秦'으로, 네스토리우스교를 말한다.

6 이슬람교: 원문은 '회회回回'이다.

7 마니교: 원문은 '말니末尼'이다.

8 범엽范曄: 원문은 '범울종范蔚宗'으로, 울종은 범엽의 자이다.

9 중위교中渭橋: 위수渭水에는 동위교東渭橋, 중위교, 서위교西渭橋라는 세 다리가 있었는데, 중위교는 당대 장안長安에서 위북渭北 지방으로 나가는 요충지였다.

10 함광문含光門: 당대 장안성 남쪽의 편서문偏西門이다.

11 부신符信: 원문은 '어계魚契'로, 물고기 모양의 부신, 부절, 신표를 말한다.

12 이덕유李德裕: 원문은 '이문요李文饒'로, 문요는 이덕유의 자이다. 이덕유(787~850)는 하북성河北省 찬황贊皇 사람이며, 당나라 후기 대표적 정치인이자 문학가이다.

13 메디나: 원문은 '묵득나국默得那國'이다.

14 무함마드Muhammad: 원문은 '목한묵덕穆罕默德'으로, 마합묵馬哈墨, 마합밀麻哈密, 마합맥摩哈麥, 마합마馬哈麻, 모한맥덕謨罕驀德이라고도 한다. 무함마드(570~632)는 이슬람교의 창시자이다.

15 파이감바르Paighambar: 원문은 '별암발이別諳拔爾'로, 이슬람교의 선각자, 성인을 말한다. 중국의 이슬람교 저작에서는 이 용어로 무함마드를 지칭한다.

16 아라비아: 원문은 '천방天方'이다.

17 아담'Ādam: 원문은 '아단阿丹'이다.

18 누흐Nūḥ: 원문은 '노해努海'로, 이슬람교에서 노아Noah를 일컫는 명칭이다. 노아의 방주 이야기로 유명하다.

19 이드리스'Idrīs: 원문은 '시사施師'로, 이슬람교에서 에녹Enoch을 일컫는 명칭이다.

20 이브라힘'Ibrāhīm: 원문은 '이복랄흔易卜剌欣'으로, 이슬람교에서 아브라함Abraham을 일컫는 명칭이다.

21 이스마일'Ismā'īl: 원문은 '이사마의易司馬儀'로, 이슬람교에서 이스마엘Ishmael을 일컫는 명칭이다.

22 무사Mūsā: 원문은 '모살母撒'로, 이슬람교에서 모세Moses를 일컫는 명칭이다.

23 다우드Dāūd: 원문은 '달오덕達五德'으로, 이슬람교에서 다윗David을 일컫는 명칭이다.

24 이사'Īsā: 원문은 '이살爾撒'로, 이슬람교에서 예수Jesus를 일컫는 명칭이다.

25 『타우라Tawrat』: 원문은 '『토랄특討刺特』'으로, 구약성서 중 『모세 5경』을 말한다.

26 『자부르Zabūr』: 원문은 '『칙포이則逋爾』'로, 다윗의 시편을 말한다.

27 『인질Injil』: 원문은 '『인지납引支納』'으로, 신약성서를 말한다.

28 『쿠란Qur'ān』: 원문은 '『보이가니甫爾加尼』'이다.

29 『쿠란』(『보명진경寶命眞經』) … 『타프시르Tafsīr』(『대관경大觀經』): 원문에는 '『고이아니』지『보명진경』『古爾阿尼』之『寶命眞經』' 등으로 되어 있는데, 『고이

아니』는 아랍어 경전명이고 『보문진경』은 해당 경전의 중국어 경전명이다. 따라서 여기에서는 가독성을 위해 『원서명』(『중국어명』) 형식으로 고쳐 번역한다. 이들 경전은 모두 『쿠란』의 다른 판본으로 추정된다.

30 사역관四譯館: 명나라 초에 설치된 번역 기구로, 처음에는 사이관四夷館이라 칭했다가 청대에 사역관으로 개칭했다. 건륭 13년(1748)에는 회통관會通館과 통합해 회통사역관會通四譯館이라 불렀으며, 번역이나 통역을 가르쳤다.

31 팔관八官: 광서 2년본에는 '입관入官'으로 되어 있으나, 악록서사본에 따라 고쳐 번역한다. 『명사』「직관지」에 의하면 명나라 영락 5년에 변경의 이민족의 언어를 번역하는 기구로 팔관을 설치했다고 한다.

32 투르판Turfan: 원문은 '토로번土魯番'이다.

33 메카Mecca: 원문은 '천방天方'이다.

34 사마르칸트Samarkand: 원문은 '살마이한撒馬爾罕'이다.

35 참파Champa: 원문은 '점성占城'이다.

36 첸라Chenla: 원문은 '진랍眞臘'이다.

37 자와Jawa: 원문은 '과왜瓜哇'이나 '조왜爪哇'로 고쳐 번역한다. 이하 동일하다.

38 믈라카Melaka: 원문은 '만랄가滿剌加'이다.

39 개황開皇: 수나라 문제 양견楊堅의 첫 번째 연호(581~600)이다.

40 대종사大宗師: 원문은 '살합팔撒哈八'이다.

41 사드 이븐 아비 와카스Sa'd ibn Abī Waqqās: 원문은 '살합팔살아적간사갈撒哈八撒阿的幹思葛'이다.

42 원화元和: 당나라 헌종 이순李純의 연호(806~821)이다.

43 홍무洪武: 명나라 태조 주원장朱元璋의 연호(1368~1398)이다.

44 서북쪽: 원문은 '건방乾方'으로, 건괘乾卦의 방위이다.

45 셰이크 무함마드Shaikh Muhammad: 원문은 '마사역흑馬沙亦黑'으로, 명대의 천문학자이다. 천문학자이자 이슬람 교리에 정통한 마샤이헤이Mashayhei의 첫째 아들로, 홍무 2년(1369)에 아버지와 함께 중국에 들어왔다.

46 무함마드Muhammad: 원문은 '마합마馬哈麻'이다. 마샤이헤이의 둘째 아들

로, 역시 이슬람의 천문학자이다.

47 헤자즈Hejaz: 원문은 '균충筠沖'이다. 헤자즈는 본래 아라비아반도의 옛 국명으로, 지금의 사우디아라비아 서쪽에 위치한다.

48 페르시아: 원문은 '회회回回'이다. 회회는 일반적으로 이슬람을 가리키는데, 여기에서는 문맥상 페르시아로 번역한다.

49 선덕宣德: 명나라 선종 주첨기朱瞻基의 연호(1426~1435)이다.

50 예배하고 … 참배하는 일: 원문은 '염례재배조호지류念禮齋拜朝互之類'로, 이슬람교의 다섯 기둥인 샤하다(신앙고백), 살라트(기도), 자카트(자선), 사움(단식), 하즈(성지 순례)를 말한다.

51 아프리카Africa: 원문은 '아비리가亞非哩加'이다.

52 아라비아: 원문은 '아랄백亞剌伯'이다.

53 태건太建: 남조 진나라 선제 진욱陳頊의 연호(569~583)이다.

54 할례 의식: 원문은 '할원양지피割元陽之皮'이다. 남자의 포피를 잘라 내는 것으로, 고대부터 무슬림들은 할례를 신성한 종교 의식으로 시행했다.

55 무덕武德: 당나라 고조 이연李淵의 연호(618~626)이다.

56 홍해: 원문은 '서해西海'이다.

57 유다국Judah: 원문은 '유태국猶太國'이다.

58 동로마 제국: 원문은 '라마국羅馬國'으로, 동로마 제국, 즉 비잔틴 제국 Byzantine Empire을 가리킨다.

59 아라비아: 원문은 '아라백亞喇伯'이다.

60 녓남Nhật Nam: 원문은 '일남日南'이다.

61 참파: 원문은 '점성占城'이다.

62 인도: 원문은 '천축天竺'이다.

63 회성사懷聖寺: 광동에 세워진 대표적인 이슬람 사원이다.

64 높이: 원문은 '윤균輪囷'이다. 『예기禮記』 「단궁하檀弓下」의 정현鄭玄 주에서 "윤輪은 윤균輪囷으로, 높고 큼을 말한다(輪, 輪囷, 言高大)"라고 했다.

65 악가岳珂: 악가(1183~1243)의 자는 숙지肅之, 호는 역재亦齋로, 남송의 문학가이며 악비岳飛의 손자이다.

66 『정사程史』: 남송의 대표적 필기로, 15권 140여 조로 구성되어 있다. 남송과 금의 전쟁을 비롯한 옛 사적을 기록하고 있다.

67 소희紹熙: 송나라 광종 조순趙惇의 연호(1190~1194)이다.

68 선친: 악가岳珂의 아버지인 악림岳霖(1130~1192)을 말한다. 악림은 자가 급시及时, 호가 상경商卿으로, 악비岳飛의 아들이다. 악림은 악비가 남긴 사적을 널리 수집하여 악가와 함께 『악국금타졸편鄂國金佗稡編』(전 28권)과 『악국금타졸편속편』(전 30권)을 편찬했다.

69 제사를 지낸다: 원문은 '기記'로 되어 있으나, 『정사』에 의거해 '사祀'로 고쳐 번역한다.

70 알라Allah: 원문은 '오아鼇牙'이다.

71 빙뇌冰腦: 용뇌龍腦, 용뇌향龍腦香, 빙편氷片, 매화뇌梅花腦, 매편梅片, 미뇌米腦라고도 한다. 이것은 수마트라와 보르네오 등 남중국해 군도와 인도 등지에서 나는 용뇌향수龍腦香樹에 포함된 유지油脂를 결정結晶해서 만든다. 강심제強心劑, 청량제清凉劑 등의 의약품으로 사용되고, 방충제나 방부제로도 사용된다.

72 화장실: 원문은 '수언溲匽'으로, 언수匽溲라고도 한다.

73 스투파Stupa: 원문은 '솔도파窣堵波'이다.

74 상륜相輪: 불탑 꼭대기에 있는 원기둥 모양의 장식을 말한다.

75 낭떠러지에서 채취한 꿀: 원문은 '애밀崖蜜'이다. 광서 2년본에는 '애밀厓密'로 되어 있으나 『정사』에 의거해 고쳐 번역한다.

76 파이감바르: 원문은 '파갈목파이派噶木巴爾'이다.

77 매일 마주하고 … 했다: 무슬림은 하루에 다섯 차례 기도를 드리는데 이를 파즈르Fajr, 주흐르Zuhr, 아스르Asr, 마그립Magrib, 이샤Isha라고 한다.

78 아훈드Akhund: 원문은 '아혼阿渾'이다.

79 대년大年: 음력 12월이 30일인 해를 말한다.

80 소년小年: 음력 12월이 29일인 해를 말한다.

81 마자르Mazar: 원문은 '마찰이瑪咱爾'이다.

82 향화전香火田: 사원에서 제사를 지내는 데 필요한 물품을 공양하기 위한

토지를 가리킨다.

83 호자Khwāja: 원문은 '화탁和卓'으로, 곽가霍加, 화자火者, 화자華者, 화철華哲, 호자虎者, 화가和加, 호가呼加, 곽사霍査라고도 한다. 사회적으로 존경받는 사람을 가리키는 페르시아어이다.

84 메카: 원문은 '묵극默克'이다.

85 메디나: 원문은 '묵덕납默德納'이다.

86 무함마드: 원문은 '마합목시嗎哈木啻'이다.

87 우루크Uruk: 원문은 '오로극烏魯克'이다.

88 파이감바르: 원문은 '패한파이牌罕帕爾'이다.

89 『쿠란』: 원문은 '『활이한闊爾罕』'이다.

90 큰달: 원문은 '대건大建'으로, 한 달이 30일인 달을 말한다.

91 작은달: 원문은 '소건小建'으로, 한 달이 29일인 달을 말한다.

92 마자르: 원문은 '마잡목이瑪雜木爾'이다.

93 카슈가르Kashgar: 원문은 '객십갈이喀什噶爾'로, 신강 위구르 자치구 타림 분지 북서쪽에 위치한 도시이다.

94 무스탁아타Mustag Ata: 원문은 '도서극탑극圖書克塔克'이다.

95 무스타Musta: 원문은 '도서극동圖書克洞'이다.

96 부라니둔Buranidun: 원문은 '포랍니돈布拉尼墩'으로, 박라니도博羅尼都, 대화탁목大和卓木이라고도 한다. 청대 위구르족의 수장으로, 준가르부에 의해 이리伊犁에 구금되어 있다가 건륭 25년(1760)에 청나라 군대가 이리를 정복하자 풀려나 야르칸드로 돌아가 옛 부족을 다스렸다. 얼마 지나지 않아 동생 호지잔Hojijan이 이리에서 돌아오자 함께 거병하여 반란을 일으켰다. 후에 청나라 군대에게 패해 바다흐샨으로 달아났다가 그 수장에게 잡혀 살해당했다.

97 망제望祭: 지역에 있는 산천山川의 신을 멀리 바라보며 제사 지내는 것을 말한다.

98 라마단Ramadan: 원문은 '파재把齋'로, 봉제封齋라고도 한다. 이슬람력의 9월 한 달, 즉 라마단 기간에는 일출부터 일몰 전까지 금식한다.

99 아슈라Ashura: 원문은 '악서이鄂舒爾'이다. 이슬람력의 무하람Muharram으로, 매년 1월 10일에 행해지는 이슬람 시아파Shiah의 최대 종교 행사이다.

100 후세인 이븐 알리Husayn ibn 'Ali: 원문은 '목합산木哈散'이다.

101 바라트Barat: 원문은 '파랍특巴拉特'이다.

102 카라치Karachi: 원문은 '객성喀城'이다. 지금의 파키스탄 남부 아라비아해에 위치한다.

103 마자르: 원문은 '마잡이瑪雜爾'이다.

104 무함마드 알리 진나Muhammad Ali Jinnah: 원문은 '마합목시민瑪哈木啻敏'이다.

이슬람교 고찰 상

위원

태초에는 만물이 아직 형성되지 않아 정해진 것도 없고 비슷한 것도 없었다. 천지가 개벽하여 공기·불·물·흙 4원소의 정기가 모여 인간의 선조 아담을 메카의 들에서 창조하셨다. 메카는 곤륜산崑崙山 남쪽에 있고 두 대륙의 가장 중간에 위치하여 성현이 처음 출현한 땅이다. 『천방여지경天方輿地經』에서 말하길, 땅은 둥근 모양으로 물과 흙이 서로 만나 이루어져 있는데, 흙이 수면의 4분의 1을 차지한다고 한다. 땅의 절반은 동토東土·서토西土·중토中土 셋으로 나뉜다. 동쪽에서 서쪽으로 가로선을 긋고 남쪽에서 북쪽으로 세로선을 그으면 두 선이 서로 교차되어 십자十字 모양이 된다. 메카는 그 십자가 만나는 곳이어서 천지의 중심축이기 때문에 모든 곳이 메카를 둘러싸 향하고 있다. 아담이 자손들을 낳고 길러서 성스러움이 서로 계승되어, 그 도를 닦고 가르침을 세우는 교리는 모두 아담이 하느님의 밝은 가르침을 받든 것이다. 제도를 정하고 후세에 전하니, 모두 순리에 따른 것이었다. 아담이 태어난 지 천여 년 후에 홍수가 범람하여 사람들이 물에 잠겼다. 3개월 후에 홍수가 물러나자 성인 누흐가 치수하라는 명을 받고 그 무리를 사방으로 나누어 보내니, 아담이 세상에 태어난 지 대략 2천여 년이 되었다. 사방 땅의 기운이 고르지 않고 사람들이 사방에 흩어져 사는 까닭에 언어·문자·풍속이 일치하지 않았다. 옛날과 가까운 시기에는 그 종교가 아직 존재했지만, 옛날과 멀어진 시기에는 그 종교를 결국 잃어버려 사방의 종교가 대부분 옛 종교가 아니었으나, 메카만이 상고의 진실한 전수를 이어받았다. 아담이 하느님의 명을 받아 이드리스에게 전했고, 이드리스는 누흐에게, 누흐는 이브라힘에게, 이브라힘은 이스마일에게, 이스마일은 무사에게, 무사는 다우드에게, 다우드는 이사에게 전수했으나, 이사가 죽은 후로 그 전수자를 찾지 못해 기강이 타락하고 이단이 벌떼처럼 일어났다. 또 600년 후에 무함마드가 태어났는데, 메카 황제의 후예로 태어나면서부터 신령스러워 큰 덕으로 천하의 왕이 되니, 서역의 여러 나라는 모두 존호를 올려 배앙백이倍昻伯爾 바로 파이감바르이다. 라고 했다. 무릇 메카에서 명을 받고 가르침을 행하여 성인의 반열에 오른 이로는 4등급이 있다. 가르침을 행하고 다소 미래를 예견할 수 있는 자는 성인이라 하니, 예를 들면 루트Lūṭ[1]가 있다. 가르침을 행하고 미래를 예견할 수 있으며 경전의 뜻을 알린 이를 흠성欽聖이라 하니, 예를 들면 이드리스와 야쿠브Ya'qūb[2]·술라이만Sulaimān[3]이 있다. 가르침을 행하고 경전의 뜻을 알렸으나 시대에 맞게 변화하여 성인의 가르침을 증감한 이를 대성大聖이라 하니, 예를 들면 누흐·이브라힘·무사·다우드·이사가 있다. 명을 받아 가르침을 행하고 특히 큰 법전을 받아서 이전 성인의 경전을 다 혁파해 버리고 천하 만세를 이끌 지표를 만든 이를 지성至聖이라 하니, 오직 무함마드 한 사람만이 있다. 그가 아직 태어나지 않았을 때는 부친의 이마에 구슬 모양이 있었다. 그가 태어났을 때는 가슴에 천사의 문양이 있었으며, 장성하여 산에 들어가서는 원석元石의 상서로움을 얻었으니, 그의 평생 신비한 재주와 행적은 이루 다 말할 수 없다. 그중에 가장 큰 공은 경전을 혁파한 것이다. 경전이란 바로 하느님이 이전 성인들에게 내려 준 것으로, 모두 114부가 있는데, 예를 들면 『타우라』 무사에게 내려 준 경전명이다.·『자부르』 다우드에게 내려 준 경전명이다.·『인질』 이사에게 내려 준 경전명이다. 로 모두 가장 오래된 경전들이다. 무함마드가 태어나 하느님의 명령을 재단해서 이에 『쿠란』 6,666장, 총 30책을 전수하니, 그 안에는 이전 경문이 포함되어 있다. 『쿠란』은 중국어로 『보명진경』이다. 이사 사후 6백 년 동안 이단이 어지럽히고 옛 경전이 그릇되자, 이 때문에 성인이 명을 받들어 정리해서 진실된 내용은 놔두고 거짓된 내용은 없애며 복잡한 내용은 간단하게 돌려놓으니, 이후 치우침이 없이 공평해져 만고의 진리가 되었다. 두 번째 공은 제도를 정한 것이다. 예를 들어 예배·혼상례·법도·도량형 등 크게는 사당에 제사 드리는 일부터 작게는 음식과 일상생활까지, 천지天地·산해山海·예악禮樂·문장文章·의약·점복占卜 등에 있어 모두 이전 성인의 정미精微함을 총괄하여 집대성했다. 예를 들면 하루 5번 예배 보는 일[4]의 경우, 새벽 예배는 아담이, 정오 예배는 이브라힘이, 오후 예배는 유누스Yunus[5]가, 저녁 예배는 이사가, 밤 예배는 무사가 시작했는데, 무함마드에 와서야 하나로 합쳐졌다. 하루 5번 예배 보고, 7일에 한 번 모이며,[6] 1년에 두 번 행사 하나는 재계 행사(齋會)이고, 다른 하나는 제사 행사(祀會)이다. 를 한다. 새벽 예배는 4번, 정오 예배는 10번, 오후 예배는 4번, 저녁 예배는 5번, 밤 예배는 9번 절하고, 모임 예배에서는 10번, 행사 예배에서는 2번 절한다. 다만 성인 남자는 명례明禮·야공夜功·예친례禮親禮가 있는데, 예친례에서는 2번 절하고, 명례와 야공에서는 정해진 횟수가 없다. 무함마드가 이슬람교를 자손과 제자에게 전하니, 각기 나뉘어 다른 지역으로 가서 널리 교화를 펼쳤다. 이슬람교는 마음속으로 하느님을 받아들이는 것(默識主宰)을 근본으로 삼고, 삼가 하느님을 위해 일하는 것(敬事主一)을 직무로 여기며, 하느님에게 귀의하고 그 명을 따르는 것(歸根復命)을 귀착점으로 여긴다. 다섯 기둥을 공경히 따르면 하늘의 도리를 다 깨달을 수 있고, 5전五典을 성실히 숭상하면 인간의 도리를 다 깨달을 수 있다. 5전은 유교의 도리와 같고, 다섯 기둥은 샤하다Shahadah,[7] 살라트Salat,[8] 사움Sawm,[9] 자카트Zakat,[10] 하즈Hajj[11]를 말한다. 때때로 하느님을 외우고, 입으로 외우는 방법(口念)과 마음으로 외우는 방법(心念)이 있다. 5차례 예배를 드리며, 개별로 드리는 예배(散禮)와 모여서 드리는 예배(聚禮)가 있다. 해마다 한 달 동안 재개하고, 냄새나는 채소와 고기를 모두 끊는다. 해마다 세금과 재산을 기부하며, 예배당에 시주하는 것을 말한다. 일생에 한 번은 천궐天闕을 방문한다. 천궐은 바로 메카로, 무릇 이슬람교를 신봉하는 사람은 어느 나라를 막론하고 일생 동안 반드시 메카에 가서 무함마드의 묘에 예배를 드리고 직접 원석을 만지며 귀의하여 공경함을 보여야만 하는데, 이것은 유형의 참배를 통해 무형의 참배에 기탁하는 것이다.

天方教考上

—

魏源

維初太始, 萬物未形, 無方無似. 天地旣闢, 乃集氣·火·水·土四行之精, 造化人祖阿丹于天方之野. 天方居崑崙之陽, 處二洲之極中, 爲聖賢首出之地. 『天方輿地經』曰, 地爲圜體, 乃水土相合而成, 土居水面四分之一. 地之半面分爲三, 東土·西土·中土. 自東至西作一直線, 自南至北作一橫線, 兩線相交爲十字形. 天方當其十字交處, 爲天地之樞紐, 故萬方環向焉. 阿丹生育子孫, 聖聖相承, 其修道立教之規, 皆阿丹奉眞宰明諭. 定制傳世, 無一出于肊造. 阿丹千餘載後, 洪水泛濫, 人民漂沒. 三月而洪水退, 有大聖努海受命治水, 使其徒衆分往四方, 去阿丹降世之初蓋二千餘歲矣. 四方地氣不齊, 故人之散處四方者, 語言·文字·風俗不能一致. 去古近者, 其教猶存, 去古遠者, 其教遂失, 故四方之教多非古教, 惟天方得上古眞傳. 阿丹受眞宰命, 傳與施師, 師傳努海, 海傳易卜剌欣, 欣傳易司馬儀, 儀傳母撒, 撒傳達五德, 德傳爾撒, 撒死不得其傳, 綱紀墜落, 異端鋒起. 又六百年而後, 穆罕默德生, 以天方帝胄生而神靈, 以大德王天下, 西域諸國共上尊號曰倍昂伯爾. 卽派罕巴爾. 凡天方受命行教, 同是聖人而有四等. 行敎而微有徵兆者曰聖人, 如脫魯持郁實父是也. 行敎有征兆而敕之以經旨曰欽聖, 如施師·葉爾孤白·素來馬尼是也. 行敎敕以經旨而能因時制宜, 損益先聖之典者謂之大聖, 如努海·易卜剌欣·母撒·達五德·爾撒是也. 其受命行敎, 特受大典, 總革前聖之經, 爲天下萬世率由之準者, 謂之至聖, 惟穆罕默德一人而已. 其未生也, 父額有珠丸之相. 旣生而胸有天使之文, 及長, 入山得元石之瑞, 其生平靈異材藝, 不可殫述. 其功之大者一曰刪經. 經卽眞宰降與前聖, 凡百十有四部, 如『討剌特經』, 降與母撒之經名. 『則逋爾經』, 降與達五德之經名. 『引支勒經』, 降與爾撒之經名. 皆經之最古者. 自穆罕默德出, 眞宰悉命裁革, 乃授之以『甫爾加尼經』六千六百六十六章, 共三十冊, 包括前古經文于其中. 『甫爾加尼』者, 華言『寶命眞經』也. 蓋自爾撒去世六百年, 異端紛擾, 古經訛謬, 是以聖人奉命刪定, 存眞去僞, 由博返約, 而後蕩蕩平平, 萬古不易. 二曰定制. 如齋拜·婚喪·律度·權衡, 大而朝廟禋祀, 小而飮食起居, 以及天地山海·禮樂文章·醫卜術數之類, 皆總前聖之精微而集其大成. 如一日五禮, 晨禮始于阿丹, 晌禮始于易卜剌欣, 晡禮始于郁納息, 昏禮始于爾撒, 宵禮始于母撒, 至穆罕默德始兼而用之. 一日五禮, 七日一聚, 一年二會. 一齋會, 一祀會. 晨禮四拜, 晌禮十拜, 晡禮四拜, 昏禮五拜, 宵禮九拜, 聚禮十拜, 會禮二拜. 惟大人有明禮, 有夜功, 有禮親之禮, 禮親二拜, 明禮·夜功無數. 穆罕默德以其敎傳子孫, 傳弟子, 分適殊域, 廣行敎化. 其爲敎也, 以默識主宰爲宗, 以敬事主一爲功, 以歸根復命爲究竟. 敬服五功, 天道盡矣, 敦崇五典, 人道盡矣. 五典同儒, 五功者一念眞, 二禮眞, 三齋戒, 四捐課, 五朝覲天闕也. 時念眞宰, 有口念, 有心念. 日禮五時, 有散禮, 有聚禮. 歲齋一月, 盡絶葷肉. 歲捐課財, 謂施舍于寺中. 終身一覲天闕. 天闕卽天方, 凡修敎之人, 無論何國, 終身必往天方瞻禮聖墓, 親撫元石, 以示歸敬, 是謂借有形之朝覲, 以寓無形之朝覲.

주석

1 루트Lūṭ: 원문은 '탈로지욱실보脫魯持郁實父'이다. 이슬람교에서 롯Lot을 일컫는 명칭이다.

2 야쿠브Ya'qūb: 원문은 '엽이고백葉爾孤白'이다. 아브라함의 손자이자 이삭의 작은 아들로, 이스라엘 백성의 조상으로 불린다. 이슬람교에서 야곱Jacob을 일컫는 명칭이다.

3 술라이만Sulaimān: 원문은 '소래마니素來馬尼'이다. 이슬람교에서 솔로몬Solomon을 일컫는 명칭이다.

4 하루 5번 예배 보는 일: 원문은 '일일오례一日五禮'로, 살라트Salat라고 한다. 이슬람교에서는 새벽 예배를 파즈르Fajr, 정오 예배를 주흐르Zuhr, 오후 예배를 아스르Asr, 저녁 예배를 마그립Maghrib, 밤 예배를 이샤Isha라고 한다.

5 유누스Yunus: 원문은 '욱납식郁納息'이다. 이슬람교에서 요나Jonah를 일컫는 명칭이다.

6 7일에 한 번 모이고: 원문은 '칠일일취七日一聚'로, 주마Jumu'ah라고 한다. 이슬람력으로 금요일 정오에 하는 특별 예배이다.

7 샤하다Shahadah: 원문은 '염진念眞'으로, 알라신에 대한 신앙고백을 의미한다.

8 살라트Salat: 원문은 '예진禮眞'으로, 알라신에 대한 기도를 의미한다.

9 사움Sawm: 원문은 '재계齋戒'로, 금식을 의미한다.

10 자카트Zakat: 원문은 '연과捐課'로 자선을 의미한다.

11 하즈Hajj: 원문은 '조근천궐朝覲天闕'로, 성도 메카를 순례하는 것을 의미한다.

이슬람교 고찰 하

이슬람교의 경전으로는 『쿠란』이 가장 위대하다. 여러 대제자가 이를 설명한 경전으로는 『갈최진경』·『찰희덕진경』·『대관진경』·『소미경』·『비은경費隱經』·『연원경研原經』·『도행추원경』·『진광경眞光經』이 있다. 사미르Samir[1]·아부드Abbud[2]·우마르Umar[3] 등 이슬람교의 여러 현인은 모두 책을 저술했는데, 『미르사드 알이바드』·『라와이흐』·『액사이額史爾』 등의 경전이며, 이미 아라비아에서 유행하고 또한 중국으로 전해졌으나, 문장의 뜻이 난삽하고 매끄럽지 못해 유교와 통할 수 없었다. 강희康熙 연간에 금릉金陵 사람 유지劉智[4]는 무슬림으로 동서의 경문에 정통하여, [이슬람교의 경전을] 『천방성리天方性理』·『천방전례天方典禮』 두 책으로 풀이해 내면서 경문에 의거해 그림을 그리고, 그림에 의거해 전을 써서 5장으로 나누었다. 첫 장에서는 우주 만물의 이치와 현상이 드러나는 순서, 인간의 심성과 생명 속에 내재된 작용, 성인과 범인, 선과 악의 이유를 말했고, 마지막 장에서는 크고 작은 세계가 나뉘고 합해지며 서로 뒤섞이는 이치를 통합해서 절대적 진리로 귀의하고 있다.

대체로 하늘은 7층, 기氣는 7행行, 땅은 7대륙, 사람은 7등급으로 나뉘어, 예배 또한 7일을 기간으로 삼는다. 7천天은 바로 7정政[5]이다. 하늘만이 그 위에 있으며, 8번째 하늘은 고이서천庫爾西天, 9번째 하늘은 아이실천阿爾實天으로, 여러 하늘 밖을 모두 감싸안는데, 중국어로는 번역할 수 없어서 원래 명칭을 그대로 썼다. 그러나 각 층의 하늘은 모두 넓이와 거리가 있어 올라갈수록 넓어지며, 아이실천과 고이서천도 각각 천여만 리의 땅이 있는데, 천문학자들이 말하는 항성천恒星天[6]·종동천宗動天[7]이 바로 이것이다. 사람은 흠성·중성衆聖·대현大賢·지혜智慧·염개廉介·용상庸常·명완冥頑의 7등급으로 나뉘어 7정에 배분되며, 지성과 대성은 아미실천과 고이서천 두 하늘에 배치된다. 지성은 오직 무함마드 한 사람뿐이다. 7행은 금金·목木·수水·화火·토土 외에 증기增氣를 1행으로 두었는데, 바람·구름·천둥·벼락이 모두 이것이고, 영활靈活도 1행으로 두었는데, 움직이기·달리기·날기·잠수하기가 모두 이것이다. 7대륙은 그 항목이 상세하지 않지만, 아마도 서양 5대륙에서 늘어난 것 같다. 이슬람교는 하느님을 주인으로 섬긴다. 하느님이란 하늘·땅·사람·사물을 만들고 도리와 이치를 유지하며 만물을 주재한다. 사람의 생명은 모두 하느님이 부여하는 것이기 때문에, 반드시 살아 있을 때도 하느님이 이끄는 대로 살고, 후에 죽어서는 하느님에게 귀의하여 그 명령을 따르는데, 역시 하느님에게로 돌아간다.

『천방전례』「체언편諦言篇」에는 다음과 같은 말이 있다. "나는 모든 것엔 주인이 없고 오직 하느님만이 유일무이하다는 것을 증거 한다. 나는 무함마드가 하느님의 사도이며, 나는 본연의 하느님을 믿고 그 오묘함으로써 존명尊名을 사용하게 하심을 증거 한다. 나는 주님의 모든 법을 받들어 하느님을 믿고 모든 천사를 믿으며, 모든 경전을 믿고 모든 성인을 믿으며, 후세를 믿고 선악에는 본래 정해진 바가 있음을 믿으며, 사후에는 부활할 수 있음을 믿는다. 위대하시도다 참된 주님이여! 세상에서는 주님께 귀의함을 찬양한다. 만물에는 주인이 없고 오직 하느님만이 계시다. 하느님은 지극히 위대하고, 때도 없고 작용도 없이 오직 존귀한 주님이시다."

「민상편民常篇」에는 다음과 같은 말이 있다. "만물을 창조하신 주님의 큰 은혜가 널리 퍼져 주님의 은총이 어리석은 우리에게 더해지니 갖가지 만물이 제때에 나왔다. 5실室로써 거하게 하시니 나무·대나무·돌·흙·가죽이고, 5횡鐄으로 쓰게 하시니 금·은·동·주석·철이며, 5복服으로 입게 하시니 면·명주·삼·갈포·갖옷이고, 5식食으로 먹게 하시니 곡식·채소·과일·고기·음료이다. 5식은 각각 5가지 곡식·5가지 채소·5가지 과일·5가지 고기·5가지 음료로 모두 25종류이다. 이리하여 백성의 일을 이롭게 하고 이슬람교의 은혜가 널리 퍼져 노인은 천수를 다할 수 있었으며 아이들은 성장할 수 있었다. 아! 주님의 은혜가 두텁구나! 주님의 은총이 가득하구나! 만물을 창조하신 주님의 은덕이 크게 내리어 사랑으로 돌보시고 우리를 중시하고 백성을 키우시니, 만물이 잘 펼쳐져 사람이 풍요롭게 누린다. 우리 백성이 지혜롭지 못해 그 자리매김을 어지럽게 하나, 성인이 밝고 총명하여 거슬림도 어그러짐도 없다. 형상을 살피고 의리를 판별해서 만물을 만물에 맡기고 만물을 따르고 만물을 재료로 삼는다. 만물을 저버리지 않으면 만물이 다스려지고 의義가 이루어진다. 백성이 이익을 구하면 의義와 이利가 모여 덕을 이룬다. 덕으로 덕에 보답하면 이는 지극한 덕이 된다. 아! 깊구나, 주님의 덕이여! 넓구나, 주님의 어짊이여! 이름으로 명명할 수 없고 뜻으로 의미를 표현할 수 없구나!"

「거처편居處篇」에는 다음과 같은 말이 있다. "거함에 인仁을 가까이하고, 처함에 의義를 가까이하니, 그 이웃이 아니면 거처하지 않는다. 목민穆民 목민은 믿음이 있는 자를 말한다. 은 야거野居를 꺼렸으니, 야野는 우愚에 가깝고, 성城은 지智에 가깝기 때문이다. 이웃을 먼저 하고 거주를 나중에 하면 친함으로써 현명하고 발라진다. 위험한 곳에 거주하지 않고 외로운 곳에 거주하지 않으며, 예배당에서 생활하지 않고 먼 마을에서 오래 머물지 않는다. 무덤에는 예배당을 짓지 않고 동산에는 집을 짓지 않으며, 금지된 땅에는 감히 사가를 짓지 않는다. 음란한 집은 그 문을 넘어서는 안 된다. 우리와 같은 무슬림이 아니면 반드시 표시한다. 우리 영역에는 구약당毆若堂, 축건원祝虎院, 불사佛寺, 도관道觀을 허용하지 않아 우리 무슬림을 어지럽게 하지 않는다. 구약당은 천주교이다. 축건원은 유대교[8]의 속칭이다."

「관복편冠服篇」에는 다음과 같은 말이 있다. "복식은 정해진 규정이 있어 그 지위가 아니면 그 복식을 입지 못한다." 왕은 변관弁冠을 쓰고 관 위에는 꼭지를 달았으며, 꼭지의 수는 일정하지 않아 다스리는 왕국의 숫자에 따라 정했다. 하나의 왕국을 다스릴 경우 꼭지 하나, 왕국이 둘인 경우 꼭지 두 개, 왕국이 4~5개일 경우는 꼭지 4~5개를 달았으며, 꼭지는 모두 귀한 보석으로 만들었다. 아라비아에서 대국으로 칭하는 경우는 94개국이고 왕으로 칭하는 경우는 50여 개국이며, 방언에서는 왕을 술탄Sultan[9]이라고 칭한다. 황제로 칭하는 경우는 7개국이지만, 방언에서는 황제를 말리크Malik[10]라고 칭한다. 오스만 제국[11]을 통솔하는 군주는 황제 중의 황제, 군주 중의 군주였다. 황제의 관은 단지 유일무이하게 꼭지 하나였다. 왕은 금실로 싼 비단옷을 입어 대략 중국과 같았는데, 다만 새·짐승·용·봉황의 문양을 사용하지 않고, 산수·화초 문양을 사용했다. 높은 관직의 신하는 금색 바탕에 은실로 수를 놓은 옷을 입었고, 백관은 은색 옷을 입어 관직에 따라 규정이 달랐다. 선비는 비단으로 가장자리를 꾸몄고 백성은 흰색 베옷을 입었는데, 그 소매가 좁고 두건을 써서 직분에 따라 규정이 달랐다. 이민족 노예는 짧은 갈옷을 입었다. 백성은 비단옷은 입지 않고 금은으로 장식하지 않았는데, 단지 여자들만은 금은과 비단옷을 꺼리지 않았고 남자들은 예쁜 색깔의 옷을 입지 않았다. 예관禮官은 흰색을, 형관刑官은 검은색을, 성왕은 녹색을, 서민은 황색을 숭상했고,[12] 이민족은 청색을 입어 다른 색 관과 복식을 하지 못하게 했다. 다만 다른 나라에 갈 때는 그 나라의 규정을 따랐다.

「음식편飮食篇」에는 다음과 같은 말이 있다. "음식은 오직 좋은 것으로 하며 반드시 삼가고 가려야만 한다. 좋은 음식은 자산이 되어 성덕性德을 더한다. 날짐승은 곡식을 먹고 들짐승은 꼴을 먹는다. 가축 중에 순수한 덕을 가진 것이 좋은데, 가령 닭·오리·기러기·꿩과 같이 곡식을 먹는 것이 좋고, 사슴·큰 사슴·노루·사향노루와 같이 꼴을 먹는 것이 좋은 것이다. 굴에 사는 것으로는 토끼가 있고, 물에 사는 것으로는 물고기가 있으며, 벌레에 속하는 것으로는 메뚜기가 있는데, 토끼를 먹는 것은 가능하고, 물고기를 먹는 것은 일상적이며, 메뚜기를 먹는 것은 변칙이나 큰 흉년이 들었을 때는 먹어도 된다. 소와 말은 음식으로 먹고, 말과 나귀는 탈것으로 삼는다. 낙타는 큰 희생물로 제사에도 쓰고 탈것으로도 쓰나 제사에 쓸 것은 타지 않는다. 큰 행사가 아니면 낙타를 잡지 않고, 연회가 아니면 소를 잡지 않는다. 시장에서 소를 잡는 사람은 구원을 받을 수 없다. 풀과 나무의 경우는 약초도 있고 독초도 있으며, 날짐승과 들짐승의 경우도 선하고 악함이 있다. 시든 풀과 나무는 성질이 독하고, 사나운 새와 들짐승은 성질이 악하다. 독성만이 생기를 해치고 악성만이 생명을 죽인다. 해치는 성분이 많으면 모두 먹지 말아야 하지만, 우혁羽革과 모피는 사용할 수 있다. 갑충류甲蟲類인 거북·자라·게·조개·뱀·개미·벌·누에는 모두 먹지 말아야 한다. 개와 돼지도 먹지 말고 술도 마시지 말아야 하는데, 개와 돼지는 더럽고 술은 정신을 어지럽히기 때문이다. 저절로 죽은 고기와 물에 뜬 물고기는 먹지 말아야 한다. 희생을 죽일 때는 반드시 하느님의 이름을 암송하고 이교도로서 하느님의 이름을 알지 못하는 자가 주재한 것은 먹지 말아야 한다. 금수는 본래 본성은 선하지만, 간혹 더러운 것을 먹을 경우, 낙타는 집에서 기르면서 40일 동안 꼴을 먹이고, 닭과 오리는 3일 동안 곡식을 먹인 후에야 잡아먹을 수 있다." 아라비아 사람들은 원래 술을 금지하지 않았는데, 무함마드가 처음에는 과하게 마시는 것을 금지했으나 계속해서 예배를 드릴 때도 금지하다 보니 결국 금주를 따르지 않을 수 없어 이에 절대로 술 마시는 것을 허가하지 않았다. 제사를 드리거나 연회를 열 때는 꽃잎수로 대신했기 때문에 온종일 마셔도 흐트러지지 않았다.

위원이 말한다.

이슬람교에서 하늘을 섬김은 유교에서 상제上帝를 섬기는 것과 같으나, 불교의 예배, 재계, 독송, 보시, 인과, 천근淺近과 같은 도리를 취해 보충하니, 큰 뜻 또한 세상의 교화에는 나쁠 것이 없다. 이슬람교는 천지일월에 제사 지내는 것을 상제로 하고, 산천초목에게 제사 지내는 것을 중제로 하며, 종묘와 무덤에 제사 지내는 것을 하제로 해서, 신과 토지신, 조상, 귀신을 버리지 않았으니, 또한 천주교의 편벽함보다 낫다. 오직 아미실천과 고이서천을 가장 위에 두어 밖이 없을 뿐만 아니라, 또한 각각 수천만 리처럼 넓고 크다고 하니, 어디를 기준으로 측량해야 하는지, 어디를 기준으로 계산해야 하는지 모르겠다. 이슬람교에서 말한 하늘도 견

강부회에 가깝다. 성인은 하늘의 입이 되고, 말은 하늘의 마음과 합치되어, 경전이란 반드시 모두 하느님의 내려 준 바에 의탁하므로, 이슬람에서 일컫는 하늘도 거짓에 가깝다. 중국도 주周나라 이전에는 동성同姓의 혼인을 금하지 않았지만, 무함마드는 딸을 형의 자식과 결혼시키면서 근친을 피하지 않았으니, 그는 윤리 측면에서도 매우 문란하다. 주님의 이름을 암송하며 도살한 것은 먹을 수 있고, 주님의 이름을 암송하지 않고 도살한 것은 먹을 수 없으니, 주님의 이름은 도살을 막는 것이 아니라, 도살에 타당성을 부여하는 것이다. 희생 가축은 반드시 순수하고 선량한 것만 먹고, 성질이 순수하고 선량하지 않은 것은 먹을 수 없으니, 이는 오로지 독한 것만 돕고 선량한 것은 죽이는 것이다. 게다가 개와 돼지를 먹지 않는 것은 그 더러움을 싫어해서라고 하지만, 더러운 낙타·닭·오리는 똑같이 먹으면서 또한 열흘 동안 곡식을 먹이면 잡아먹을 수 있다고 하니, 어찌 유독 개와 돼지에게만은 은혜를 베풀지 않는 것인가? 어떤 사람이 유지를 힐난하며 말했다. "이슬람교는 하늘을 섬기고 하늘의 마음을 체현하며 삶을 좋아하고 죽임을 싫어한다는데, 어찌 먹지 말라고 금하지 않습니까?" 유지는 하느님의 말씀으로 그것을 설명할 수 없자 중국 선왕의 제도로 설명하고는 스스로 숨어 버렸다. 아! 이슬람교에서 어찌 선왕을 섬겨 따르겠는가? 유독 살생에서만 선왕을 빌려 설명한다면, 선왕이 또한 어찌 사람들에게 주님의 이름을 암송한 후 살생하라고 했겠는가? 선왕이 또한 사람들에게 단지 개와 돼지만을 금한다고 하며 오로지 순수하고 선량한 것만 죽이라고 했겠는가? 까마득한 옛날 원시 시대에는 금수가 사람을 위협하고, 금수의 흔적이 중국에 많이 나타났지만, 사람은 스스로를 보호할 발톱·어금니·비늘·단단한 껍질이 없어서 복희伏犧가 그물을 만들어 사람들에게 수렵과 어업을 가르쳐 사나운 금수를 막고 환난을 방비했으니, 이는 생명을 기르는 데 이로운 것은 아니다. 옛 관습을 따른 지 오래되어 약육강식의 시대가 되고, 또한 사람도 생물을 죽였다. 성인이 이를 근심했으나 기세를 막을 수 없었다. 이에 법령을 제정해 말했다. "물고기의 경우 알을 채취하는 것은 금지하고, 짐승의 경우 새끼는 키우며, 새의 경우 새끼는 날려 보낸다. 새와 짐승의 고기는 도마에 올리지 않으니, 공공연히 사냥해서는 안 되고, 촘촘한 그물을 연못에 넣어서는 안 된다." 이에 한 끼 식사에 무수한 생명을 죽이는 일이 없어졌다. 또 법령을 제정해 말했다. "천자·제후·대부·선비는 이유 없이 소·양·개·돼지를 죽이지 않고, 서민은 이유 없이 희귀한 승냥이를 죽여서는 안 된다. 짐승으로 제사 지내지 않고, 사냥을 하지 않으며, 살아 있는 것은 반드시 기르고, 먹이를 주어서 [키우는] 것도 반드시 기른다. 그물과 화살을 사용하지 않고, 밤에는 사냥시합을 하지 않는다. 나라의 군주는 봄에는 밭에서 날짐승을 사냥하지 않고, 대부는 짐승의 무리를 몰지 않으며, 선비는 새끼를 잡지 않고, 초여름에는 큰 사냥을 하지 않으며 곤충이 아직 숨지 않았을 때 사냥터에 불을 놓지 않는다." 이에 한 생물로 여러 명의 며칠 식사를 제공할 수 있는 것은 또한 가을·겨울의 연회나 제사, 노인을 봉양하는 경우가 아니면 하지 않았다. 선왕이 살리는 것을 좋아하고 죽이는 것을 슬퍼해서 만물을 곡진하게 살핌이 이와 같았지만, 법령을 제정한 지 오래되어 지금은 이처럼 심해졌다. 이에 [이슬람교에서는] 물성物性이 순수한지 순수하지 않은지, 더러운지 더럽지 않은지, 기르는 것이 이로운지 이롭지 않은지를 따지면서, 목숨을 살리고 죽이는 것에 대해서는 왜 모호한 채로 따지지 않았는가? 게다가 이슬람교에서 돼지를 먹지 않는 사람은 과연 순수하고 선량하며 지혜롭다고 할 수 있는가? 다른 종교에서 또한 돼지를 먹는 사람은 과연 선량하고 지혜롭지 않다고 할 수 있는가? 이에 돼지를 먹고 먹지 않음이 이슬람교를 나오고 들어가는 규율이 된다면, 음란하고 죽이고 도적질하고 거짓됨을 더욱 나쁜 일로 봐야 하는 것이 아닌가? 이미 불교에서 육식을 하지 않는 것은 잘못이라 배척하면서도, 이슬람교는 음주를 금지하는 것이 또한 불교와 같으니, 어려운 것은 버리고 쉬운 것은 금지하여, 큰 것은 버리고 미미한 것만 금지하는 것이 아닌가? 무슬림이 말하길, "여러 성인은 달 중의 달과 같고 무함마드가 나오면서 중천의 태양이 되셨다. 여러 성인은 아담에서 무사까지로, 나무로 비유하자면 뿌리에서 줄기, 가지, 나뭇잎, 꽃까지이고 무함마드가 나오면서 그 열매가 되셨다"라고 했다. 아! 대성인은 반드시 하늘의 덕을 온전히 하고, 하늘의 덕을 온전히 한 후에 반드시 하늘의 마음을 체현한다고 했는데, 하늘의 마음은 과연 순수하지 않은 것에만 유독 인자하고, 순수하고 선량한 것에는 유독 잔인하단 말인가? 무함마드가 메디나[13]로 갔을 때 시장에서 소를 잡는 사람을 보고 물었다. "어찌 직업을 바꾸지 않소?" 그 사람이 말했다. "살아갈 방도가 없습니다." 무함마드가 말했다. "양이 있지 않소?" 그 사람은 결국 소를 버리고 양 잡는 일을 했다. 이 말은 중국의 무슬림이 제齊나라 선왕宣王의 흔종釁鐘 이야기[14]를 빌려서 한 말로, 어째서 소와 양을 가려서 골랐는지 살피지 않았는가? 게다가 제나라 선왕이 어찌 대성인이란 말인가? 이 말은 과연 아미실천의 마음과 합치된다는 말인가? 아니면 고이서천의 마음과 합치된다는 말인가? 경전을 간추려 제도를 정하고, 여러 성인이 크게 이룬 바를 모았으나, 정한 제도가 이와 같고 유교에서 가져다 쓴 바가 이와 같을 뿐인데, 또한 어느 겨를에 오륜을 논하고 어느 겨를에 육합을 논할 수 있었겠는가?

天方教考下

天方經以『甫爾加尼經』爲最大. 諸大弟子發明之者, 如曰『噶最眞經』, 曰『咱希德眞經』, 曰『大觀眞經』, 曰『昭微經』, 曰『費隱經』, 曰『研原經』, 曰『道行推原經』, 曰『眞光經』. 天方諸賢, 若查密爾氏暨阿補德·歐默爾輩, 皆著有成書, 如『密邇索德』, 『勒瓦一合』, 『額史爾』等經, 旣行于天方, 又傳之東土, 文義聱牙詰屈, 不能通于儒. 康熙中, 有金陵劉智者, 彼教中人也, 會通東西之文, 譯爲『天方性理』·『天方典禮』二書, 因經立圖, 因圖立傳, 冠以五章. 首言大世界理象顯著之敍及身心性命所藏之用, 聖凡善惡之由, 末章總合大小世界分合渾化之理, 而歸于一眞.

大都天分七重, 氣分七行, 地分七洲, 人分七等, 其禮拜亦以七日爲期. 七天者, 卽七政. 天惟其上, 第八庫爾西天, 第九阿爾實天, 總包諸天之外, 華言無可譯, 則仍其舊名. 然各重天皆有廣輪里數, 愈上愈廣, 卽阿爾實·庫爾西亦各有若千萬里, 則仍卽曆家之恒星天·宗動天而已. 人分欽聖·衆聖·大賢·智慧·廉介·庸常·冥頑七等, 分配七政, 而有至聖·大聖以配阿爾實·庫爾西二天. 至聖惟穆罕默德一人. 七行者於金木水火土外, 增氣爲一行, 凡風雲雷電皆是也, 靈活爲一行, 凡動走飛潛皆是也. 七洲之說未詳其目, 諒亦取西洋五洲而增之. 其教以眞宰爲主. 眞宰者, 生天生地生人生物, 綱維理數, 宰制萬有. 人之性命, 皆所賦予, 故必生時以主宰爲趨向, 而後沒時歸根復命, 仍還于主宰.

其「諦言篇」曰: "我證一切非主, 惟有眞主, 止一無二. 我證穆罕默德是主差使. 我信主本然, 以其妙用尊名. 我承主一切法, 則我信眞主, 信一切天神, 信一切經書, 信一切聖人, 信後世, 信善惡有定自主, 信死後復生. 淸哉眞主! 世讚歸主. 萬物非主, 惟有眞主. 其主至大, 無時無力, 惟以尊主."

「民常篇」曰: "維造物皇恩誕敷, 寵錫加我愚氓, 品類時出. 五室以居, 木竹石土革, 五鑛以用, 金銀銅錫鐵, 五服以衣, 棉絲麻葛裘, 五食以食, 穀蔬果肉飮. 五食各五, 五穀·五蔬·五果·五肉·五飮, 共二十五品. 以利民事, 以宏道績, 老得以終, 幼得以育. 嗚呼! 皇恩厚哉! 寵錫殷哉! 惟造物皇德, 大垂眷顧, 重我生民, 張陳萬物, 民用是足. 我民不智, 亂厥置位, 聖人明聰, 無忤無拂. 審形辨義, 以物付物, 順物材物. 以不負物, 物乃乂, 義乃成. 民期利益, 集義利而成德. 以德報德, 是爲至德. 嗚呼! 皇德深哉! 仁愛淵哉! 名無可名, 意無可意!"

「居處篇」曰: "居近仁, 處近義, 非其隣不宅. 穆民忌野居, 穆民猶言信士. 野近愚, 城近智. 先隣而後宅, 以親賢正. 不危居, 不孤處, 不坐臥於寺, 不久寓於遠譯之鄕. 墳原不寺, 園囿無家, 禁地之中, 無敢私舍. 淫亂之家, 不過其門. 非我族類, 必有表記. 凡我域中, 不容毆若堂, 不容祝虎院, 不容佛室·道觀, 以不眩亂於吾民. 毆若堂, 天主敎也. 祝虎院, 俗謂挑筋敎也."

「冠服篇」曰: "服有常制, 非其位不服其服." 王用弁冠, 冠上着頂, 頂之數不一, 視所屬王國多寡爲定. 掌一王者一頂, 掌二王者二頂, 掌四五王者四五頂, 頂皆重寶爲之. 天方稱大國者九十有四, 稱王者五十餘, 方言稱王曰蘇魯檀. 稱帝者七, 方言云墨利奇. 而統屬於魯密之一君, 所謂帝之帝, 君之君也. 其冠但一頂無二. 王衣金絲織繡, 略如東土, 惟不用鳥獸龍鳳爲章, 惟以山水藻卉. 相臣銀繡金素, 百官銀素, 以職異制. 士緣帛, 民素布, 狹其袂, 冠一以巾, 以職異制. 夷奴短褐. 民不衣帛, 不以金銀飾, 惟婦女金帛無忌, 男子不衣豔色. 禮官尙白, 刑官尙墨, 聖王尙綠, 庶民尙黃, 夷役靑靛, 毋着異冠異服. 惟適異國, 遵其國制.

「飮食篇」曰: "飮食惟良, 必愼必擇. 良以作資, 乃益性德. 禽食穀, 獸食芻. 畜有純德者良, 若雞鳧雁雉, 穀食者也, 若鹿麋獐麝, 芻食者也. 穴屬有兔, 潛屬有魚, 贏蟲之屬有蝨, 兔食之可, 魚食之常, 蝨食之變, 利于大歉. 牛馬作膳, 馬驢乘負. 駝曰大牲, 宜祀宜負, 祀則不以負. 非大事不宰駝, 非賓會不宰牛. 市有牛屠, 聖化不入. 若草與木, 有良有毒, 若鳥暨獸, 有善有惡. 金贏浪宕, 厥性毒, 鷙鳥攫獸, 厥性惡. 唯毒戕生, 惟惡賊性. 賊性惟大, 皆勿食, 用其羽革毛皮可也. 介蟲之類, 龜·鱉·蟹·蛤·蛇·蟻·蜂·蠶皆勿食. 勿啖犬豕, 勿飮酒, 犬豕汚, 酒亂. 勿食自死肉, 勿食浮水魚. 凡宰牲必誦主名, 異教之人不知主名, 宰者勿食. 禽畜有性良而或食汚穢者, 則駝宜畜于家, 飼草四十日, 雞鶩飼穀三日, 乃可宰食." 天方人舊不禁酒, 穆罕默德初禁酣飮, 繼禁于禮拜之時, 而究不能遵禁, 乃絶不許飮. 凡祭祀賓燕, 皆代以花露, 雖終日飮之不亂.

魏源曰: 天方教之事天, 同于儒之事上帝, 而襲取釋敎禮拜齋戒, 持誦施舍, 因果淺近之說以佐之, 大旨亦無惡于世敎. 其以天地日月爲上祭, 山川水土爲中祭, 宗廟墳墓爲下祭, 不廢神祇人鬼, 亦勝天主敎之偏僻. 惟旣以阿爾實天·庫爾西天最上無外, 而又各有廣大若千萬里之數, 不知從何測量, 從何起算. 是其言天也近鑿. 聖爲天口, 言合天心, 而經必皆託于眞宰之所降, 則其稱天也近誣. 中國有周以前, 同姓婚姻不禁, 然穆罕默德以女妻其兄之子, 不避期親, 則其于倫也太瀆. 誦主名殺者可食, 不誦主名殺者不可食, 則主名不以止殺, 而適以濟殺. 牲畜必純良者乃食, 性不純良者不可食, 則是專宥狠而戕良. 且不食犬豕, 惡其汚穢, 而同一啖穢之駱駝·雞·鶩, 則又飼穀旬日卽可宰食, 何獨不可施諸犬豕? 或難劉智曰: "回教事天, 當體天心, 好生惡殺, 何不概禁不食?" 劉氏不能援上帝以解之, 則援中土先王之制以自遁. 嗚呼! 回教何事遵于先王? 獨于殺生乃援先王, 豈先王亦敎人誦主名而殺乎? 先王亦敎人但禁犬豕, 專殺純良乎? 鴻荒草昧, 禽獸偪人, 蹄迹交于中國, 人無爪牙鱗介以自衛, 故庖犧作網罟, 敎民畋漁, 以捍暴而衛患, 非利其養也. 沿習旣久, 弱肉強食, 又以人而賊物. 聖人有憂之, 而勢不能塞之也. 爰制令曰: "魚禁鯤鮞, 獸長麑麛, 鳥翼鷇觳. 鳥獸之肉, 不登于俎, 則公不射, 數罟不入汚池." 於是一食, 戕無數生命者免矣. 又制令曰: "天子·諸侯·大夫·士無故不殺牛羊犬豕, 庶人無故不食珍豺. 不祭獸, 不田獵, 賜生必畜, 饋生必畜. 不綱不射, 宿不獵較. 國君春田不圍禽, 大夫不掩群, 士不取麛卵, 孟夏毋大田獵, 昆蟲未蟄, 不以火田." 於是一物可供數人數日之食者, 亦非秋冬賓祭養老不用矣. 先王之好生惻死, 曲全萬物若此, 酌中制, 去已甚若此. 乃從計較於物性之純不純·汚不汚·利養不利養, 而物命死生, 漠然不問乎? 且回敎不食豕之人, 果否純良智慧? 他敎亦食豕之人, 果否皆不良不慧? 乃以一豕之食不食爲出敎入敎之大防, 幾視淫殺盜妄爲尤厲乎? 旣斥佛氏概不食肉爲非, 而回敎概禁飮酒又同於佛氏, 毋乃舍其難而禁其易, 舍其大而禁其細乎? 爲回敎者曰: "衆聖猶長月之月, 穆罕默德出則中天之日也. 衆聖自阿丹至母撒, 猶木自根而幹而枝·而葉而華, 穆罕默德出則其果也." 嗚呼! 大聖必全天德, 全天德必體天心, 天心果偏仁於不純物, 而偏忍於純良之物乎? 穆罕默德適墨瓦底納國, 見市屠牛者, 謂之曰: "曷改業?" 其人曰: "無以爲生也." 穆罕默德曰: "有羊乎?" 遂舍牛而業羊. 斯言也, 毋乃中土回人襲齊宣釁鐘之權詞, 而不察牛羊之何擇? 且齊宣詎大聖耶? 其言果合于阿爾實之天心耶? 抑合于庫爾西之天心耶? 刪經定制, 集群聖大成, 而所定之制若此, 所自援之儒敎僅如此, 又何暇與議五倫? 何暇與議六合?

주석

1 사미르Samir: 원문은 '사밀이씨查密爾氏'로, 무함마드의 제자이다.

2 아부드Abbud: 원문은 '아보덕阿補德'으로, 무함마드의 제자이다.

3 우마르Umar: 원문은 '구묵이歐默爾'로, 무함마드의 제자이다.

4 유지劉智: 청나라 초기 강소江蘇 상원上元 사람으로, 자는 개렴介廉이고, 호는 일재一齋이다. 유지(1669~1764)는 이슬람계로 어려서부터 저명한 이슬람교 학자였던 아버지 유한영劉漢英으로부터 아라비아어와 페르시아어를 배웠고 유교와 불교, 그리고 도교에도 통달했다. 각지를 주유하면서 이슬람교의 전적典籍을 수집했고, 말년에는 남경으로 돌아와 오로지 저술에만 전념했다. 대표적 저서에는 이슬람교의 세계관을 주자학으로 해석한 『천방성리天方性理』 5권과 『천방지성실록天方至聖實錄』, 『천방전례天方典禮』 등이 있다.

5 7정政: 일곱 가지 자연물의 변화 원리를 정치의 근원으로 삼은 치도治道로, 일반적으로 해, 달, 화성, 수성, 목성, 금성, 토성을 아울러 이른다.

6 항성천恒星天: 지구를 중심으로 천체가 움직인다는 프톨레마이오스의 우주계에서 별이 고착되어 있다고 생각한 가장 바깥쪽의 천구이다. 중국의 중천설重天說에서는 8번째 하늘이다.

7 종동천宗動天: 지구의 자전으로 형성되는 남극, 북극, 적도를 싣는 하늘을 말하며 중국의 중천설에서는 9번째 하늘이다.

8 유대교: 원문은 '도근교挑筋教'이다.

9 술탄Sultan: 원문은 '소로단蘇魯檀'이다.

10 말리크Malik: 원문은 '묵리기墨利奇'이다.

11 오스만 제국: 원문은 '노밀魯密'이다.

12 숭상했고: 원문은 '상尙'이다. 광서 2년본에는 '상上'으로 되어 있으나 악록서사본에 따라 고쳐 번역한다.

13 메디나: 원문은 '묵와저납墨瓦底納'이다.

14 제齊나라 선왕宣王의 흔종釁鐘 이야기: 원문은 '제선흔종齊宣釁鐘'이다. 『맹자』의 「곡속장觳觫章」에 나오는 말로, '이양역지以羊易之'라는 고사성어로 유명하다. 흔종이란 희생물의 피를 종에 발라 제사를 지내던 풍습이다. 제나라 선왕이 흔종에 사용될 소가 불쌍해 보여 양으로 바꾸라고 한 이야기이다.

海國圖志
卷二十六

해국도지
권26

소양邵陽 위원魏源 편집

본권에서는 유다 왕국의 연혁과 지리, 풍속, 외모, 언어, 문화적 특색에 대해 중점적으로 기술하고 있다. 특히 천주교가 중국에 어떠한 경로를 통해 전래되었는지를 보여 주는 『대진경교유행중국비』 전문을 소개하고 있다. 이 비문은 천주교가 최초로 아시아에 전파된 내용을 담고 있어 아시아의 천주교를 연구하는 데 매우 중요한 기록이다. 여기에서는 이와 함께 마니교, 조로아스터교의 중국 전래 상황도 아울러 비교 분석하고 있다.

원본에는 없으나, 지금 보충한다.

서인도 유다 왕국 연혁

고대 불름국拂菻國으로 대진大秦은 아니지만, 당나라 때 바다 건너 대진에게 병합되었기 때문에 또한 대진이라고 한다. 원나라 사람들은 이집트Egypt[1]라고 했으며, 천주교에서는 유다Judah,[2] 이슬람교에서는 서터키[3]라고 하는데, 모두 고대 서인도의 변경으로, 지금은 아덴에 병합되었다. 따라서 『사주지四洲志』 원본에는 없으나 지금 별도로 편집해서 천주교의 원류에 대해 기록한다.

『신당서新唐書』에 다음 기록이 있다.

불름은 예전의 대진으로, 서해상에 위치하기 때문에 해서국海西國이라고도 한다. 경사[장안]에서 4만 리 떨어져 있으며 앗삼Asa-shm[4]의 서북쪽에 있고, 돌궐의 가살부可薩部로 이어지며 서쪽으로 바다에 접해 있는데, 지산성遲散城[5]이 있으며 동남쪽으로는 페르시아Persia[6]에 접해 있다. 그 땅은 사방 1만 리이고 성은 4백 개이며, 정예병은 100만 명이고 10리마다 1정亭, 3정마다 1치置를 두었다. 수십 개 소국을 거느리고 있는데, 이름이 알려진 것으로 카락스 스파시누Charax Spasinu,[7] 에데사Edessa[8]가 있다. 카락스 스파시누는 동북쪽에 해당하는데, 그 여정은 알 수 없다. 동쪽으로 바다를 건너 2천 리를 가면 에데사에 도달하는데, 돌을 쌓아 만든 도성은 너비가 80리이고 동문東門의 높이가 20길이며 황금으로 장식했다. 왕궁에는 삼중의 문이 있는데, 모두 기이한 보석으로 장식했다. 중문에는 금으로 된 거대한 저울이 있고, 금으로 된 사람이 그 끝에 서서 12개의 구슬을 가지고 있다가, 시간이 바뀔 때마다 하나씩 떨어트렸다. 터키석[9]으로 궁전의 기둥을 만들고 수정과 유리로 기둥머리를 장식했으며, 향목을 들보로 삼았고 황금을 바닥에 깔고 상아로 문을 만들었다. 권신權臣 12명이 공동으로 다스리며, 국왕이 출타하면 한 사람이 주머니를 들고 따라 나서는데, 사람들이 억울한 내용을 담은 글을 주머니에 던져 넣으면 돌아와서 옳고 그름을 판별했다. 나라에 커다란 재앙이 발생하면 즉시 왕을 폐위하고 현자를 세웠다. 왕관은 새의 날개와 같았고 구슬을 매달았으며, 의복은 비단에 수를 놓았고 앞에 옷깃은 없었다. 국왕은 금으로 화려하게 장식한 의자에 앉았으며, 옆에는 거위처럼 생긴 새가 있는데, 털은 녹색이며 올라온 음식에 독이 있으면 즉시 울어 댔다. 구워 만든 기와가 없어 흰 돌을 갈아서 지붕을 칠하는데, 견고하고 반질거리는 것이 마치 옥과 같았으며, 한여름에는 물을 위로 끌어올려 물이 흐르는 기운으로 바람을 일으켰다. 남성들은 머리를 깎고 수놓은 의복을 입었는데, 오른쪽 어깨를 드러냈다. 휘장을 두른 수레나 흰 지붕을 덮은 작은 수레를 타며, 출입할 때에는 오색 깃털로 장식한 깃발을 세우고 북을 두드렸다. 부인들은 비단 두건을 썼다. 집안 재산이 억만금에 달하는 자는 높은 관직에 올랐다. 민간에서는 술 마시기를 즐겨 하며 마른 빵을 좋아했다. 마술을 부리는 사람이 많아 얼굴에서 불을 뿜어내기도 하고, 손으로 강과 호수를 만들며, 입에서는 깃발과 깃대 장식이 나오고, 발을 들 때마다 구슬이 나오기도 했다. 뛰어난 의사가 있어 뇌를 열어 벌레를 제거해서 실명한 사람을 치유하기도 했다. 땅에서는 금·은·야광벽夜光璧·명월주明月珠·대패大貝·거거車渠[10]·마노瑪瑙·목난木難[11]·공작과 물총새·호박虎珀 등이 많이 산출되었다. 수양모水羊毛[12]를 짜서 포를 만드는데, 이를 해서포海西布라고 한다. 바닷속에는 산호섬이 있다. 어민들이 큰 배를 타고 쇠그물을 바닷속에 던져둔다. 산호는 처음에는 반석 위에서 자라는데, 하얀 것이 마치 버섯과 같지만, 일 년이 지나면 황색, 삼 년이 지나면 적색으로 변한다. 긴 가지들이 서로 교차해서 높이가 3~4자가 되었을 때 쇠그물을 걸어 올려 배 위에 걸어 조여서 끌어내는데, 때를 놓쳐서 채취하지 못하면 금방 부패했다. 서해에는 시장이 있는데, 교역을 할 때는 서로 만나지 않고 그 값어치의 물건을 옆에 놓아두기 때문에 도깨비시장이라고 했다. 종羵이라는 이름의 짐승이 있는데, 크기는 개만 하지만 사납고 힘이 셌다. 북쪽 지방에는 양이 있는데, 땅속에서 태어나 배꼽이 땅속에 붙어 있기 때문에 자르면 반드시 죽었다. 풍속에 의하면 말에 갑옷을 입히고 달려서 북을 치고 놀라게 하면 새끼 양의 배꼽이 떨어진다. 물과 풀을 따라 다니느라 무리를 짓지는 못한다. 정관貞觀[13] 17년(643), 사신을 파견해[14] 적파리赤玻璃·녹금정綠金精을 진상하니 조서를 내리고 하사품으로 답례했다. 대식국이 점차 강해져서 군대를 보내 정벌했다. 불름은 화친을 맺고 마침내 신하로 복속했다. 건봉乾封[15]에서 대족大足[16]에 이르는 동안 재차 조공을 바쳤다. 개원開元[17] 7년(719), 토하라국Tokhara[18]의 군주가 사자와 영양羚羊을 바쳤다. 생각하건대, 『당서』에서 언급하고 있는 번성한 대진국은 모두 바다 건너 유럽의 대진국으로, 불름의 관할이 아니기 때문에 바다 건너 2천 리라고 한 것이다. 당연히 『후한서』를 근거로 바로잡아야 한다.

『송사』에 다음 기록이 있다.

불름국은 동남쪽으로 말리크샤Malik-Shāh[19]에 이르며 북쪽으로는 바다에 이르는데, 모두 40일 여정이다. 서쪽으로 바다에 이르는데 30일 여정이고, 동쪽으로 서대식西大食 및 우전于闐·회흘回紇·청마青磨를 거쳐 중국에 도달한다. 역대로 조공을 바친 적은 없다. 원풍元豐[20] 4년(1081) 10월, 그 왕[21]

이 처음으로 대수령大首領을 파견해서 말·도검·진주 등을 바쳤는데, 그 나라는 기후가 매우 추워서 흙으로 된 집에 기와는 없다고 한다. 금·은·진주·서금西錦[22]·소·양·말·단봉낙타·배·살구·대추야자·파람巴欖[23]·조·밀 등을 생산한다. 포도로 술을 담근다. 악기로는 공후箜篌[24]·호금壺琴[25]·소필률小篳篥[26]·편고偏鼓가 있다. 왕은 홍황색 의복을 입었으며, 금실로 짠 비단 포를 머리에 두르고, 매년 3월에는 사원을 참배하는데, 붉은 평상에 앉으면 시종들이 그것을 메고 올라갔다. 귀족이나 신하들도 왕의 복장과 같은데, 청록青綠·비백緋白·분홍粉紅·황자黃紫색이며, 아울러 머리를 묶고 말을 탔다. 성시城市와 전야田野는 모두 수령이 있어 이를 주관하며, 매년 단지 여름과 가을 두 차례에 봉록을 받는데, 금·동전·금錦·곡식·백帛을 지급해서 다스리는 일의 크고 작음에 따라 차등을 두었다. 형벌로서 죄가 가벼운 경우에는 곤장 수십 대, 무거운 경우에는 곤장 200대를 때렸으며, 중벌의 경우에는 털로 짠 자루에 넣어서 바다에 던져 버렸다. 전투를 좋아하지 않아 이웃 나라와 사소한 갈등이 있을 경우에는 단지 문서를 주고받으며 힐문하지만, 사태가 중대할 경우에는 역시 군대를 출동시켰다. 금과 은을 주조해서 화폐를 만들었는데, 가운데에 구멍을 뚫지는 않았고, 앞면에는 미륵불을 새기고[27] 뒷면에는 왕의 이름을 새겨 백성들이 사적으로 주조하는 것을 금지했다. 원우元祐 6년, 사절단이 두 차례 이르러 조서와 함께 별도로 옥백 200필·백금병白金瓶·습의襲衣·금속대金束帶를 하사했다. 『문헌통고文獻通考』에 다음 기록이 있다. "『당사唐史』에 나오는 불름국은 옛 대진국이다. 그러나 대진국은 후한 시기부터 비로소 중국과 소통했으며, 진晉·당을 거치며 끊이지 않고 조공을 바쳤다고 한다. 그런데, 『송사조국사宋四朝國史』의 「불름전拂菻傳」에 의하면 그 나라는 역대로 중국에 조공을 바치지 않았으며, 원풍 연간에 이르러 비로소 특산물을 바쳤다고 한다. 또한 『당전唐傳』에 의하면 그 나라는 서쪽으로 큰 바다에 접해 있고, 『송전宋傳』에는 서쪽으로 바다까지 30일 여정이라고 하는데, 그 외의 경계 역시 서로 들어맞지 않는다. 토산물과 풍속 역시 같지 않기 때문에 당나라의 불름이 대진국에 부록으로 들어간 것으로, 이 불름국은 그 자체로 별도의 나라로 취급해야 한다고 생각한다."

생각하건대, 당나라의 불름은 이미 후한 시기의 대진과는 다르며, 송나라의 불름 역시 당나라의 불름이 아니니, 모두 앞 시대에서 먼 곳의 이방인을 잘 회유한 것을 동경해서 그 이름을 사칭한 것이다.

『명사』에 다음 기록이 있다.

불름은 한대漢代의 대진으로, 환제桓帝[28] 시기에 처음으로 중국과 왕래했다. 진晉과 위魏 시기에는 모두 대진이라고 불렀으며, 일찍이 조공을 바쳤다. 당나라는 불름이라고 했고 송나라도 마찬가지였으며, 역시 수차례 조공을 바쳤다. 그런데 『송사』에서는 역대로 조공을 바친 적이 없다고 하는데 아마 대진이 아닐 것이다. 원나라 말기, 그 나라 사람 니콜로 폴로Niccolò Polo[29]가 중국에 들어와 장사를 했는데, 원나라가 망하자 돌아갈 수 없었다. 이에 태조太祖[30]가 이 소식을 듣고 홍무洪武[31] 4년(1371) 8월 불러 만나서 조서를 가지고 돌아가 그 나라 왕을 회유할 것을 명했다. 다시 사신 보랄普剌 등에게 명해 칙서와 예물을 가지고 효유하게 하니, 이에 사신을 보내 조공을 바쳤다. 후에는 다시 이르지 않았다. 만력萬曆[32] 시기에 대서양[33] 사람이 경사에 이르러 말하기를 예수가 유다에서 태어났다고 하니, 곧 예전 대진국이다. 그 나라는 개벽 이래 6천 년 동안이 역사서에 기재되어 있는데, 대대로의 변천사 및 모든 일과 사물들이 만들어진 근원에 이르기까지 어느 것 하나 상세하지 않은 것이 없다고 한다. 신이 인류를 창조했다고 하는데, 그 말이 너무 황당무계했다. 그 나라는 물산과 진귀한 보물이 풍성한데, 모두 전사前史에 보인다. 지금 서양의 여러 서적에서는 단지 천주가 유다에서 태어났다고 언급할 뿐 대진에 대한 호칭은 없는데, 여기에서는 서광계徐光啓가 『당서唐書』를 부회하고 『명사明史』가 답습한 것이다.

『곤여도설坤輿圖說』에 다음 기록이 있다.

아시아대륙의 가장 서쪽에는 유다라고 하는 나라가 있다. 그 나라의 역사서에는 상고의 사적이 매우 상세하게 기록되어 있는데, 처음 인류가 탄생한 이래로부터 지금까지 6천여 년 동안 대대로 전해져 왔으며, 모든 일과 사물들이 만들어진 근원에 이르기까지 다 거짓됨 없이 기록하고 있다. 조물주가 이 나라에 강림해서 태어났기 때문에 사람들은 성주聖主라고 한다. 춘추 시기에 두 명의 성군이 있었는데, 아버지는 다윗David,[34] 아들은 솔로몬Solomon[35]으로, 예루살렘에 성전을 건축했다. 모두 금과 옥을 쌓아서 만들고 진귀한 보석으로 장식해서 더할 나위 없이 아름다웠는데, 그 비용으로 30억 금이 소요되었다. 그 왕은 덕이 훌륭하고 지혜가 뛰어나 명성이 멀리까지 자자했는데, 중국에 서방의 성인이라고 알려진 인물은 아마도 이 사람을 가리키는 것으로 보인다. 천주는 한나라 원수元壽[36] 연간에 태어났는데, 어찌 춘추 시기 국왕이 성전을 건축할 수 있었겠는가? 예전 하늘에 대한 제사는 단지 하느님을 제사 지낸 것으로, 예수에게 제사를 지낸 것은 아닐 것이니, 어찌 서방의 성인이 곧 하느님을 가리킬 수 있겠는가? 또한 어찌 하느님이 유독 서방에만 존재했겠는가? 예전에 대진이라는 나라가 당나라 정관 연간에 일찍이 경전과 신상을 가지고 찾아왔는데, 『경교유행비景教流行碑』[37]의 내용으로 알 수 있다. 유다의 서쪽에는 다마스쿠스Damascus[38]가 있는데, 생사·면화·융絨·융단(罽)을 생산하며 안료가 매우 뛰어났다. 도성은 벽돌을 사용하지 않았으며, 한 그루 살아 있는 나무가 서로 얽혀 있어 매우 두터우면서 틈새가 없고 높고 험준해서 기어 올라갈 수가 없었으니, 세상에 없는 것이었다. 생각하건대, 마테오 리치Matteo Ricci[39]가 처음 중국에 이르렀을 때 어찌 여러 성인 및 경교의 비석이 있다는 것을 알았겠는가? 모두 서광계가 부회한 것이며, 또 근래 사람들도 이를 고집해서 대진의 증거로 이야기하고 있는 것이니 역시 가소롭다.

『직방외기』에 다음 기록이 있다.

아시아 서쪽 지중해의 가까운 곳에 유다라고 하는 나라가 있는데, 이곳은 천주가 세상을 창조한 후에 처음으로 인류를 만든 곳이다. 세계 여러 나라의 서적에 실려 있는 상고 시대의 사적은 가까이는 1천 년, 멀게는 3, 4천 년 이상으로, 대체로 모호해서 명확하지 않으며, 때로는 서로 달라서 근거로 삼기에 부족하다. 다만 유다의 역사서는 처음 인류가 탄생한 이래 지금까지 6천 년 동안 대대로 전해져 왔으며, 분산된 시기에도 모든 일과 사물들이 만들어진 근원에 이르기까지 빠짐없이 기록해서 어긋남이 없다. 그래서 여러 학설에서 종주국으로 추대되었다. 땅은 매우 비옥하며 인구는 조밀했는데, 이는 천주가 사람을 낳았을 때 최초로 비옥한 땅을 내려 준 것이다. 그 나라의 초창기에는 아브라함Abraham[40]이라는 대성인이 있었는데, 대략 중국의 요순시절에 해당한다. 그에게는 12명의 자손이 있어, 그로부터 나온 종족이 널리 퍼지자 천주가 세상을 12구역으로 구분했다. 그 후 태어나서 자란 성현들이 대대로 끊어지지 않았기 때문에, 그곳 백성들은 백년 천년이 지나도 모두 한결같이 순종해서, 천주를 공경하고 섬기면서 이단에 미혹되는 일이 없었다. 그 나라의 왕 중에 성인의 덕을 지닌 인물이 많은 것은 곧 천주가 선택해서 세웠기 때문이나. 순수 시대에 이르러 두 명의 성군이 등장하는데, 아버지를 다윗[41]이라 하고 아들을 솔로몬[42]이라고 한다. 그들은 일찍이 천주를 위한 거대한 성전을 축성했다. 모두 금과 옥을 쌓아서 만들고 진귀한 보석으로 장식해서 더할 나위 없이 아름다웠는데, 그 비용으로 30억 금이 소요되었다. 그 왕은 덕이 매우 훌륭하고 지혜가 뛰어나서 명성이 아주 멀리까지 퍼졌으니, 중국에 서방의 성인으로 전해진 인물은 아마 이 사람을 가리키는 것으로 보인다. 이 땅의 종래 성현 중에는 천주의 명을 받아 아직 일어나지 않은 일을 미리 알 수 있는 이들이 많이 있어 국왕은 의심나는 일이 있으면 반드시 그들의 견해를 따라 결정했다. 성현들은 정성을 다해 기도해서 천주의 계시를 받았으며, 미리 알게 된 것을 빠짐없이 성경에 기록했는데, 훗날 들어맞지 않는 것이 없었다. 성경에서는 가장 중요한 일로 천주가 태어나서 인류의 죄를 구원하고 영원히 하늘나라에 오를 수 있는 길을 열어 줄 것이라고 기록하고 있는데, 예언은 매우 구체적이었다. 후에 과연 유다의 베들레헴Bethlehem[43]이란 곳에서 태어났으니, 이름을 예수라고 하는데 번역하면 '구세주'라는 의미이다. 예수는 33년간 살면서 세상 사람들을 가르치고 인도했는데, 신령스럽고 성스러운 흔적을 대단히 많이 드러냈다. 예를 들면, 눈먼 사람의 눈을 뜨게 해 주고 귀가 먹은 사람을 듣게 해 주었으며 말 못 하는 사람은 말을 하게 해 주었다. 걷지 못하는 사람은 걷게 해 주었으며 병든 사람은 일어나게 해 주고 죽음에 이른 사람을 다시 살아나게 해 주는 등 이루 다 헤아릴 수 없었다. 예수에게는 12명의 제자가 있었는데 모두 예수처럼 하늘로부터 능력을 부여받아 힘써 배우지 않았어도 각 나라의 언어와 문자에 통달했다. 그 후 예수의 육신은 하늘로 올라갔지만, 제자들은 많은 나라로 흩어져 성경 말씀을 드러내 밝히고 널리 교화를 펼쳤으며 각각 신기한 기적을 드러냈다. 이 무렵 온 세상의 많은 나라는 대부분 사악한 마귀에 유혹되어 망령되이 사악한 신을 내세워 저마다 숭상하고 받들었다. 그런데 예수가 태어나서 가르침을 베푼 이래 비로소 진리를 환하게 깨달아 종래 숭배하던 사교를 끊어내고 유일신으로서 하느님만을 공경하고 숭배하게 되었다. 교화된 나라는 유다의 여러 나라를 필두로 해서 유럽·아프리카[44]로 뻗어 나가 대소 천여 개국에 이르렀다. 지금까지 1,600여 년의 세월이 흘러오면서 그 나라들은 모두 오랫동안 편안하고 잘 다스려졌으며, 사람들은 모두 충성스럽고 효성스러우며 바르고 청렴했다.

여기에 몇 가지 중요한 사항을 간략히 기술하고자 한다.

하나, 하늘과 땅 사이에 지극히 높고 지극히 크며, 사람과 만물의 참된 주인이시고 위대한 아버지가 되시는 이는 단지 한 분만 있을 뿐 둘이 있을 수 없는데, 그 한 분은 바로 하느님인 상제일 뿐이라는 것이다. 그의 전지전능하고 선함은 넓어서 끝이 없는데, 온갖 신과 사람, 그리고 만물은 하느님에 의해 창조되었고, 또한 항상 보호를 받으며 편안하게 양육되고 있다. 무릇 사람들의 길흉화복은 모두 천주가 주재하기 때문에 우리가 마땅히 공경하고 두려워하며 사모해야 하는 것은 오직 한 분이신 하느님이 있을 뿐이다. 이 외에 어떤 신이나 어떤 사람일지라도 오직 사람들을 교화해서 순수하게 하느님을 섬길 수 있게 한다면 선한 사람이요, 선한 신이 된다. 만약 다른 길로 사람들을 유혹해서 복을 구하고 화를 면하려고 한다면, 이는 주제넘게 하느님의 지위를 차지해서 분명히 그 권리를 빼앗으려는 것으로, 이는 악한 신이고 악한 사람이라는 것은 의심할 여지가 없으니, 이러한 무리를 숭배하고 제사 지낸다면 죄를 짓는 것에서 벗어날 수 없다.

하나, 하늘과 땅 사이에 오직 한 분이신 하느님만이 참된 주인이라는 것이다. 따라서 그 성스러운 가르침만이 유일하게 참된 가르침이니, 이를 따르면 사람들에게 참된 선을 행하고 절대로 악을 행하지 않게 되어 천국에 올라가서 영원히 지옥을 벗어나게 될 것이다. 그러나 다른 종교는 사람이 세운 것이므로 참된 선을 행하고 죄를 짓는 것을 면해 천국에 올라가고 지옥에서 벗어나는 일은 결코 없는 것이다.

하나, 인간에게는 육신이 있고 영혼이 있다는 것이다. 육신은 사라지지만 영혼은 사라지지 않는다. 인간은 세상에 있을 때 선을 행할 수 있고 악을 멀리할 수 있으나, 일단 생명이 다하게 되면 사람의 품격이 이미 정해져서 영원히 옮겨 가지 못하는데, 이때 하느님은 마침내 심판해서 상을 주기도 하고 벌을 내리기도 한다. 그 사람이 오로지 하느님만을 경배하고 섬기며 다른 사람을 자신처럼 사랑했다고 한다면, 반드시 하늘에 올라 하느님 및 성현들과 나란히 하면서 무궁한 참된 복을 누릴 것이다. 만약 하느님을 사랑하고 믿지 않으면서 가르침과 계율을 어기는 죄를 범했다면, 반드시 지옥에 떨어져 영원히 고통을 받게 될 것이다. 그 고통과 즐거움은 영원해서 바꿀 수 없으며, 그리고 업이 다해서 다시 다른 사람으로 태어나거나 다른 부류 등으로 윤회하는 등의 일도 없다. 따라서 실로 천국에 올라가고자 하거나 지옥을 벗어나고자 한다면 단지 생전에 선을 행하고 악을 멀리하는 것 외에 다른 방도는 없다.

하나, 사람들이 저지르는 일체의 크고 작은 잘못은 모두 하느님에게 죄가 된다는 것이다. 따라서 오직 하느님만이 죄를 용서해 줄 수 있으며, 다른 신이나 사람은 용서해 줄 수 있는 것이 아니고, 또한 단지 하느님의 말씀을 외우거나 단지 타인에게 은덕을 베풀었다고 해서 속죄를 받을 수 있는 것은 아니다. 지금 사람이 살면서 누가 허물이 없을 수 있겠는가? 허물을 용서받고자 한다면 반드시 이전 잘못을 깊이 뉘우치고 허물을 고쳐서 선으로 나아가는 데 주저함이 없어야 한다. 따라서 처음 이 종교에 입문하기 위해서는 우선 죄를 뉘우쳐야 하는데, 여기에는 죄를 처음 씻는 세례성사[45]가 있다. 그리고 이미 거듭 잘못을 범해서 죄를 용서받고자 할 경우에는 고해성사[46]가 있다. 성스러운 가르침을 따르고 의지하며 교리를 지키고 기도하며 구하면 반드시 용서를 받을 수 있으나, 그렇게 하지 않으면 일생 동안 죄와 허물을 멀리할 방도가 없어 지옥에서 벗어날 수가 없는 것이다. 따라서 가르침 가운데 중요한 것은 사람들이 참으로 잘못을 회개하고 선으로 나아가 죄를 용서받고 하늘나라의 복을 누리기를 바라는 것으로, 당연히 성서에서 상세하게 서술하고 있다.

유다의 서쪽에는 다마스쿠스가 있는데, 생사·면화·융·융단·칼·검을 생산하며 안료의 품질이 매우 뛰어나다. 도성은 2층으로 되어 있는데, 벽돌을 사용하지 않았으며, 한 그루 살아 있는 나무가 서로 얽혀 있어 틈새가 없으며, 매우 두터우면서 높고 험준해서 기어 올라갈 수가 없었으니, 세상에 없던 것이다. 그 지방 사람들은 테리아카Theriaca[47]라는 이름의 매우 좋은 약품을 만드는데, 모든 병을 치유할 수 있었으며, 특히 여러 독을 해독해 주었다. 어떤 이가 시험 삼아 먼저 독사에게 물려 상처가 부풀어 오르자 이에 약을 조금 삼키게 했더니 치유되었다. 각 나라에서 이를 매우 진귀하게 여겼다.

『직방외기』에 다음 기록이 있다.

페르시아[48] 서북쪽의 여러 나라는 모두 터키Turkey[49]에 병합되었다. 그 안에 아라비아Arabia[50]라는 나라가 있는데, 그곳에 시나이산Sinai Mountain[51]이라고 하는 큰 산이 있다. 오랜 옛날 하느님이 세상 사람들에게 교훈을 전하려고 할 때 성인 모세Moses[52]를 이 산으로 불러 십계명을 계시해서 두 개의 석판에 새겨 주었는데, 왼쪽 판에 3개의 계명을 오른쪽 판에 7개의 계명을 새기니, 오늘날 십계라고 전해 오는 것이 이것이다. 그 서북쪽에는 사해死海가 있는데, 바닷가의 도시는 예전에는 매우 부유했다. 남자들끼리 간음하는 죄를 지었기 때문에 하느님은 무거운 벌을 내리고자 해서 천사에게 일러 지상에 내려가서 단지 덕이 훌륭한 인물인 롯과 그의 가족들을 그 영역에서 벗어나게 인도하고는 마침내 불을 내려 그 나라를 모두 불태워 버렸다. 지금도 작은 돌들은 불을 만나면 바로 불타는데, 그 냄새로 인해 가까이 갈 수가 없다. 그곳에서 나는 과일은 모양이 귤과 유자와 비슷하지만 쪼개면 냄새와 연기뿐이다. 생각하건대, 위 문장에서 이슬람교 역시 시나이산의 십계를 언급하고 있으니, 누가 베꼈는지는 알 수 없다.[53]

『만국지리전도집萬國地理全圖集』[54]에 다음 기록이 있다.

터키 번속국은 북쪽으로는 흑해黑海에 접해 있고, 남쪽으로는 지중해에 이어지며, 서쪽으로는 그리스제도The Isles of Greece에 이른다. 그 안에 호수가 있는데, 길이는 400리이고 너비는 100리로, 이름이 사해이다. 예전에 거대한 도시가 세워졌는데, 사람들이 스스로 죄를 지어 하늘로부터 유황불이 떨어져 그 도시를 다 불태우고 가라앉아 염분을 품은 냄새 나는 호수가 되었으니, 사방에는 인가가 없고 단지 메마르고 거친 민둥산만 있을 뿐이다. 사해의 북쪽에 있는 갈릴리호Sea of Galilee[55]는 구세주 예수가 기적을 행한 곳이다. 요르단강Jordan river[56]이 남쪽에서 사해로 흘러들어가는데, 이 강은 구세주가 세례를 받고 성스러운 신으로 강림한 곳이다.

『영환지략』에 다음 기록이 있다.

서양인의 기록에 의하면 바벨탑[57]은 높이가 35길 너비가 8길 7자이며, 위에 설치된 탑은 250개이고, 성문은 100개로 구리로 만들었으며, 주위가 180리나 된다고 한다. 페르디난트 페르비스트의 기록에 의하면 세계 7대 불가사의 건축물 중에 파필란성巴必鸞城 바벨탑의 음역이다. 이 있으니, 바로 이 탑이다. 당초 바벨탑을 세울 때는 피와 땀을 들여 건설해서 자손만대의 업적으로 삼고자 했다. 그러나 키루스 2세Cyrus II[58]의 군대가 쳐들어와 칼날에 피 한 방울 묻히지도 않고 승리했다. 천 길이나 되는 황금 성은 과연 의지할 만한 것이었는가? 바빌론에서 다시 반란이 일어나자 다리우스 1세Darius I[59]는 바벨탑이 높은 것을 증오해서 그 절반을 헐어 버렸다. 지금도 여전히 그 유적이 남아 있으니, 터키의 동쪽 메소포타미아Mesopotamia[60] 경내에 있다. 또한 영국 외교관 조지 트레이드칸트 레이 George Tradescant Lay[61]에 의하면 시리아Syria[62] 문자 시리아 문자는 즉 바빌론에서 만든 문자이다. 는 다른 나라와 달리 청나라 문자와 매우 유사하다고 하는데, 단지 가로쓰기에 순서대로 읽을 뿐이다.

서양인이 기록한 유다의 고사에 의하면, 유다의 옛 이름은 가나안 Canaan[63]이다. 하 왕조 망芒[64] 시기 서방에 현자 아브라함이 있어 두 강 유프라테스강Euphrates River[65]과 티그리스강Tigris River[66]이다. 사이에서 태어나 가나안으로 이주해서 그 후손들을 이스라엘인Israelite[67]이라고 칭한다. 몇 세대를 전해 야곱Jacob[68]에 이르러 열두 명의 아들이 있었는데, 나이가 가장 어린 요셉Joseph[69]은 누구보다도 총명했다. 여러 형은 그를 시기해서 이집트[70]에 노예로 팔았다. 이집트는 일명 애급다埃及多, 액일다厄日多, 이지비다以至比多, 이제불탁伊齊不托이라고도 한다. 아프리카의 동북에 위치하며 「아프리카도설(阿非利加圖說)」에 상세하다. 이집트 왕이 요셉을 세워 재상으로 삼자 이스라엘 종족들이 무리 지어 이주했다. 처음 이르렀을 때는 70명이었으나, 시간이 오래 지남에 따라 번창해서 6만 명에 이르렀다. 이집트 왕은 그들이 강한 종족이 되는 것을 시기해서 제거하고자 했다. 당시 가나안의 이스라엘 종족 중에 모세[71]라는 현자가 있어 태어나면서부터 신묘하고 학식이 뛰어났는데, 원수를 갚아 사람을 죽이고 황야로 40년간 달아났다.[72] 꿈에 하느님이 나타나 이집트에 가서 종족을 구하라고 했다. 이집트에 이르자 이집트 왕[73]이 바야흐로 법망을 세워 이스라엘 종족을 다 잡아들여 파묻으려고 했다. 모세는 은밀히 이스라엘 백성에게 알려서 기일을 정해 같이 떠났다. 모세 일행이 바다[74]에 이르자 바닷물이 갈라져 육지로 변했는데, 다 건너자 바닷물이 다시 들이차서 추격하던 이집트 군사들은 모두 물에 빠져 죽었다. 모세는 무리를 이끌고 가나안의 예루살렘에 이르러 마침내 그곳의 왕이 되어 십계명을 백성들에게 가르쳐 보였다. 그 가르침은 '하느님을 섬겨라, 부모를 공경하라, 살인하지 말라, 간음하지 말라, 도둑질하지 말라, 거짓 증언을 하지 말라, 남의 재물을 탐하지 말라, 안식일을 거룩하게 지켜라, 허물을 살펴라'이다. 이것이 서방에서 종교가 세워지는 시작이 되었다. 서양인이 전하는 바에 의하면, 하느님이 시나이산에 내려와 돌 위에 새긴 문자를 모세가 받아서 십계명으로 삼아 백성들을 가르쳤다고 한다. 대체로 하느님의 도리에 의탁해서 사람들의 신앙심을 불러일으킨 것일 뿐이다. 훗날의 예수교는 이를 근본으로 한다. 시나이산은 지금 아라비아 서북 지역에 있다. 모세가 죽은 후 여호수아Joshua[75]가 계승해 이스라엘 종족을 10개 지파[76]로 나누고 각각 영지를 구분해 소부락으로 봉한 뒤 예루살렘이 총괄해서 다스렸다. 여러 세대를 전해 주周나라 목왕穆王[77] 시기에 비로소 유다 왕국을 칭했으며, 다시 여러 세대를 전해 주나라 양왕襄王[78] 시기에 여호야킴Jehoiakim[79]이 즉위해서 비로소 바빌론을 배반했다. 이에 앞서 바빌론은 아시아의 대국으로, 유다는 일찍이 서쪽 변경에 위치했다. 바빌론이 교만 방자해서 제후들을 무례하게 대하자 유다 왕은 분노해서 조공을 끊었다. 주나라 간왕簡王[80] 원년(기원전 586) 바빌론이 대군을 거느리고 유다를 공격했다. 성이 격파되고 왕[81]은 자살했으며, 그 백성들은 바빌론으로 끌려가 유다는 마침내 멸망했다. 주나라 경왕景王[82] 8년(기원전 538) 페르시아가 바빌론을 멸망시키자 유대인들은 풀려나 귀국했다. 이스라엘 종족은 다시 예전의 나라를 세워 300여 년을 전하고 있다. 서한 시기 로마에 항복해서 속국이 된 후 다시 반란을 일으켰으나, 로마에 의해 멸망되어 예루살렘 도성은 학살을 당했다. 로마가 쇠퇴한 후 아라비아의 이슬람 국가가 예루살렘을 점거했다. 유다는 예수가 태어나 자란 곳으로, 유럽인은 때때로 가서 그의 묘를 참배했지만, 이미 이슬람에 점거되었기 때문에 금지되어 갈 수가 없었다. 여러 나라는 모두 분노해서 군사를 합쳐서 이슬람 국가를 공격했는데, 종군한 자들은 모두 옷에 십자를 새겨 넣고 200여 년간 피 흘리며 싸워, 마침내 유다의 땅을 탈환해서 다시 나라를 세우고는 병사들로 지켰다. 얼마 지나지 않아 지키던 병사들은 고향 땅을 그리워해 각각 흩어져 돌아갔다. 그 후 터키에 점령되었다. 그 부족 사람들은 사방으로 흩어져 서방의 각 나라에 다수 거주하고 수백만을 헤아리며 이들을 모두 유대인이라고 일컫는데, 다른 민족과 서로 섞이지 않았다. 유대인은 누구보다도 문자에 밝아 서양의 각종 서적은 대부분 유대인에 의해 해석되었기 때문에 그 나라에 대해서는 유독 기록이 상세하다. 유럽의 학자들은 그리스가 아니라 유다를 대체로 서양에서 문교文敎가 흥한 곳이라고 여겼다. 유다의 여인들은 외모가 아름다우며 성품이 맑고 지혜로워 다른 부족과는 매우 달랐다. 아내를 맞이함에 유다의 여성을 얻으면 남위南威와 서시西施[83]를 집안에 둔 것으로 여겼다. 유다는 당나라 이후 중국에서는 불림拂菻이라고 불렸는데, 살렘Salem[84]의 음역이다. 처음에는 불름拂懍으로, 다시 불림으로 전이되었다. 『당서』에서는 바로 불림을 대진으로 여기고 있으나, 대체로 불림은 로마의 동부에서 가장 유명했기 때문에 마침내 잘못해서 대진의 별명으로 여긴 것이다. 이는 서역에서 코칸트를 안디잔으로 부른 것과 같다. 『송사』·『명사』도 『당서』의 오류를 따랐기 때문에 그러한 것이다.

생각하건대, 로마는 대진 동쪽 영역의 유다·시리아 등지로, 지금의 동터키이다. 중앙 지역을 소아시아[85]라 하고 부근에는 여러 섬이 있는데, 키프로스Kypros,[86] 로도스Rodos,[87] 키오스섬Chios Island,[88] 레스보스섬Lesbos Island[89]이다. 동쪽 지역에는 아라라트산Mount Ararat[90]·루브난산맥Jebel Lubnan[91]·유프라테스강 아편득阿偏得, 팔아八阿라고도 한다. ·티그리스강 지액하地額河라고도 한다. 이 있으며, 커다란 호수로 사해, 갈릴리호[92]가 있다. 이 땅은 서양의 여러 나라가 창건된 근원지가 된다. 그 백성으로 해안과 섬에 거주하는 사람들을 그리스족Greeks[93]이라고 하는데, 그리스[94]가 바로 그것으로 가장 뛰어난 종족이다. 그 나머지는 아랍족·쿠만족Cuman[95] 및 마로나이트족Maronites[96]·드루즈족Druze[97]·햄신족Hemshin[98]으로, 모두 이슬람 종족이다. 그 나라가 쇠퇴하면서 토지를 지키는 부족장은 단지 형식적인 속박을 받았을 뿐, 땅을 차지해서 독자적으로 행동함이 당나라의 번진藩鎭과 같았다.

『만국지리전도집』에 다음 기록이 있다.

유다 왕국은 지금 터키의 번속국이다. 예전에는 세 지역으로 나뉘었는데, 유다, 사마리아, 갈릴리이다. 예전 그 지역은 번창해서 항구도시처럼 물산이 풍부해 명성이 사해에 널리 퍼졌다. 원래는 이집트에 거주했으나 하느님이 그들을 시조[아브라함]가 처음 거주한 땅으로 인솔했다. 단 40년간을 아라비아 광야를 헤매다가 다시 하늘의 계시를 받들어 비로소 하느님의 말씀을 알게 되었다. 한나라 건시建始[99] 연간 로마국이 세계를 정복하였는데, 유대인 역시 그 권위에 복속했다. 또한 하느님의 아들 예수가 한나라 평제平帝[100] 원시元始 원년(기원후 1) 유다 왕국에서 태어나 33년을 살면서 백성들에게 성스러운 가르침을 전파하다 사람들의 죄를 속죄하기 위해 대신 가혹한 형벌을 받고 죽었다. [사흘 만에] 부활해서 하늘에 올라 영원히 우주의 권세를 주관했다. 가르침이 사방으로 흩어지면서 신자들이 그 땅을 소중히 여겨 종종 예수의 묘에 나아가 엎드려 경배했다. 지금은 이슬람국의 지배를 받고 있다.

유다 왕국의 도성은 예루살렘으로, 예전부터 매우 거대해서 수십만 명의 사람들이 거주하며 시온산Mount Zion[101] 위에는 하느님을 위한 성전을 세워 기일마다 예배를 드렸다. 유대인은 하느님의 아들[예수]을 숭상하지 않아 스스로 죄를 지었다. 이에 로마국의 분노를 초래해 [로마국은] 대장을 파견해 군대를 거느리고 사면에서 포위해서 성을 공격해 격파했다. 유대인은 이로부터 나라가 망해 사방의 각 나라로 흩어져 유랑했다. 이때 그 성의 대부분이 파괴되어 거주하던 백성들은 빈궁해졌다. 갈릴리·나자렛Nazareth 마을은 구세주[예수]가 자란 곳이다. 그곳 사람들은 진리를 받들지 않고 비록 영험한 기적을 보아도 전혀 회개하고 반성하지 않았다. 이곳의 항구에는 이스켄데룬Iskenderun[102]·베이루트Beirut[103]·야포Yafo[104]항이 있는데, 다만 항구에는 바람을 막아 주는 산이 없었기 때문에 무역은 그다지 번성하지 않았다.

유다 왕국의 북쪽은 시리아국이고, 남쪽은 루브난산맥으로 향백香柏이 난다. 요르단강[105]이 그 땅을 관통해서 흐른다. 트리폴리Tripoli[106] 항구에는 2만 5천 명이 거주한다. 해변에는 두 개의 큰 도시가 있는데, 하나는 타르투스Tartus[107]로, 그곳의 부유한 상인은 나라의 군주처럼 식량 창고가 가득 찼고 곳간이 충실했다. 다른 하나는 다마스쿠스[108]로, 산천이 수려하고 농장은 광활했으며 거리는 잘 정비되어 꽃향기가 가득 찼다. 예전에 사울Saul[109]이 이 도시를 보고 가서 예수의 제자들을 사로잡으려고 했으나 갑자기 하늘에서 빛이 발하며 소리가 들린 곳이 바로 이곳이다. 시리아 동쪽 근방의 평야에 하마Hama[110]라는 대도시가 있는데, 도처에 옛 자취가 있으며 예전에 커다란 권세를 지닌 왕이 거주하던 곳이다. 주도로 알레포Aleppo[111]가 있는데 인구는 30만 명이다. 도광 2년(1822) 지진이 발생해서 가옥이 무너지고 도시가 파괴되어 들에는 굶어 죽은 사람이 많았다. 도광 16년(1836) 이집트의 총사령관이 그 나라의 왕과 원수가 되어 그 나라를 침략해서 점령했다. 도광 20년(1840) 영국 군대의 원조를 받아 원래의 주인에게 돌려주었다.

西印度之如德亞國沿革

古拂菻國, 非大秦也, 唐時爲隔海之大秦所竝, 故亦名大秦.
元人謂之密昔爾, 天主教謂之如德亞, 回教謂之西多爾其, 皆古西印度邊境,
今竝入阿丹國. 故『四洲志』原本無之, 今別輯出, 以志天主教源流.

『新唐書』: 拂菻, 古大秦也, 居西海上, 一曰海西國. 去京師四萬里, 在苫國西北, 直突厥可薩部, 西瀕海, 有遲散城, 東南接波斯. 地方萬里, 城四百, 勝兵百萬, 十里一亭, 三亭一置. 臣役小國數十, 以名通者曰澤散, 曰驢分. 澤散直東北, 不得其道里. 東度海二千里, 至驢分國, 重石爲都城, 廣八十里, 東門高二十丈, 釦以黃金. 王宮有三襲門, 皆飾異寶. 中門有金巨稱, 一作金人, 立其端, 屬十二丸, 率時改一丸落. 以瑟瑟爲殿柱, 水晶琉璃爲棁, 香木梁, 黃金爲地, 象牙闔. 有貴臣十二共治, 國王出, 一人挈囊以從, 有訟書投囊中, 還省枉直. 國有大災異輒廢王, 更以賢者. 王冠如鳥翼, 綴珠, 衣錦繡, 前無襟. 坐金藹榻, 側有鳥如鵝, 綠毛, 上食有毒輒鳴. 無陶瓦, 屑白石堊屋, 堅潤如玉, 盛暑引水上, 流氣爲風. 男子剪髮, 衣繡, 右袒而帔. 乘輜軿白蓋小車, 出入建旌旗, 擊鼓. 婦人錦巾. 家資億萬者爲上官. 俗喜酒, 嗜乾餅. 多幻人, 能發火於顏, 手爲江湖, 口幡旄, 擧足墮珠玉. 有善醫, 能開腦出蟲以愈目眚. 土多金·銀·夜光璧·明月珠·大貝·車渠·瑪瑙·木難·孔翠·虎珀. 織水羊毛爲布, 曰海西布. 海中有珊

瑚洲. 海人乘大舶, 墮鐵網水底. 珊瑚初生磐石上, 白如菌, 一歲而黃, 三歲赤. 枝格交錯, 高三四尺, 鐵發繫網舶上, 絞而出之, 失時不取卽腐. 西海有市, 貿易不相見, 置直物旁, 名鬼市. 有獸名, 大如狗, 獷惡而力. 北邑有羊, 生土中, 臍屬地, 割必死. 俗介馬而走, 擊鼓以驚之, 羔臍絶. 卽逐水草, 不能群. 貞觀十七年, 遣使獻赤玻璃·綠金精, 下詔答賚. 大食稍強, 遣軍伐之. 拂菻約和, 遂臣屬. 乾封至大足再朝獻. 開元七年, 因吐火羅大酋獻師子·羚羊. 源案 : 『唐書』所言大秦之盛, 皆隔海歐羅巴大秦, 非拂菻所有, 故云度海二千里. 當以『後漢書』爲正.

『宋史』: 拂菻國東南至滅力沙, 北至海皆四十程. 西至海三十程, 東至西大食及于闐·回紇·青磨, 乃抵中國. 歷代未嘗朝貢. 元豐四年十月, 其王始遣大首領來獻鞍馬·刀劍·眞珠, 言其國地甚寒, 土屋無瓦. 產金·銀·珠·西錦·牛·羊·馬·獨峰駝·梨·杏·千年棗·巴欖·粟·麥. 以葡萄釀酒. 樂有箜篌·壺琴·小篳篥·偏鼓. 王服紅黃衣, 以金線織絲布纏頭, 歲三月則詣佛寺, 坐紅床, 使人舁之. 貴臣如王之服, 或青綠·緋白·粉紅·黃紫, 竝纏頭跨馬. 城市田野皆有首領主之,每歲惟夏秋兩得奉, 給金·錢·錦·穀·帛, 以治事大小爲差. 刑罰罪輕者杖數十, 重者至二百, 大罪則盛以毛囊投諸海. 不尙鬪戰, 隣國小有爭, 但以文字來往相詰問, 事大亦出兵. 鑄金銀爲錢, 無穿孔, 面鑿彌勒佛, 背爲王名, 禁民私造. 元祐六年, 其使兩至, 詔別賜以玉帛二百匹·白金瓶·襲衣·金束帶. 『文獻通考』案: 『唐史』有拂菻國, 以爲卽古大秦也. 然大秦自後漢始通中國, 歷晉·唐貢獻不廢. 而『宋四朝史』「拂菻傳」則言其國歷代未嘗朝貢, 至元豐始獻方物. 又『唐傳』言其國西瀕大海, 而『宋傳』則言西距海尙三十程, 其餘界亦齟齬不合. 土產風俗亦不同, 故以唐之拂菻附入大秦, 而此拂菻自爲一國云.

源案: 唐之拂菻已非後漢之大秦, 而宋之拂菻又非唐之拂菻, 皆慕前代柔遠之盛而冒名之者.

『明史』: 拂菻, 卽漢大秦, 桓帝時始通中國. 晉及魏皆曰大秦, 嘗入貢. 唐曰拂菻, 宋仍之, 亦數入貢. 而『宋史』謂歷代未嘗朝貢, 疑其非大秦也. 元末, 其國人揑古倫入市中國, 元亡不能歸. 太祖聞之, 以洪武四年八月召見, 命齎詔書還諭其王. 復命使臣普剌等齎敕書·綵幣詔諭, 乃遣使入貢. 後不復至. 萬曆時, 大西洋人至京師, 言天主生於如德亞, 卽古大秦國也. 其國自開闢以來六千年, 史書所載, 世代相嬗, 及萬事萬物原始, 無不詳悉. 謂天主肇生人類, 言頗誕謾. 其物產·珍寶之盛, 具見前史. 今西洋諸書止言天主生如德亞, 無大秦之號, 此徐光啓傅會『唐書』, 而『明史』沿之.

『坤輿圖說』: 亞細亞州最西有名邦曰如德亞. 其國史書載上古事蹟極詳, 自初生人類至今六千餘年, 世代相傳, 萬事萬物, 造作原始, 悉記無訛. 因造物主降生是邦, 故人稱爲聖主. 春秋時有二聖王, 父達味德, 子撒喇滿, 造一天主堂. 皆金玉砌成, 飾以珍寶, 窮極美麗, 費以三十萬萬. 王德盛智高, 聲聞最遠, 中國謂西方有聖人, 疑卽指此. 案: 天主生於漢元壽中, 春秋時安得便有國王造天主堂耶? 或卽古之天祠, 亦止祀上帝, 而非祀耶穌, 安得謂西方聖人卽指上帝? 豈上帝亦偏在西方耶? 古名大秦, 唐貞觀中曾以經像來賓, 有『景教流行碑』刻可考. 如德亞之西有國名達馬斯谷, 產絲·綿·絨·罽, 料極佳. 城不用磚石, 是一活樹糾結, 甚厚無隙, 高峻不可攀登, 天下所未有. 案: 利馬竇初至中國, 安知有列子及景教碑? 皆徐光啓代爲傅會, 而近人方執以證大秦之說, 亦可哂已.

『職方外紀』: 亞細亞之西近地中海有名邦曰如德亞, 此天主開闢以後肇生人類之邦. 天下諸國載籍, 上古事蹟, 近者千年, 遠者三四千年而上, 多茫昧不明, 或異同無據. 惟如德亞史書自初生人類至今將六千年, 世代相傳, 及分散時候, 萬事萬物, 造作原始, 悉記無訛. 諸說推爲宗國. 地甚豐厚, 人煙稠密, 是天主生人最初所賜沃壤. 其國初有大聖人曰亞把剌杭, 約當中國虞舜時. 有孫十二人, 支族蕃衍, 天主分爲十二區. 厥後生育聖賢, 世代不絶, 故其人民百千年間皆純一, 敬事天主, 不爲異端所惑. 其國王多有聖德, 乃天主之所簡命也. 至春秋時有二聖王, 父曰大味得, 子曰撒剌滿. 嘗造一天主大殿. 皆金玉砌成, 飾以珍寶, 窮極美麗, 其費以三十萬萬. 其王德絶盛, 智絶高, 聲聞最遠, 中國所傳爲西方聖人, 疑卽指此也. 此地從來聖賢多有受命天主, 能前知未來事者, 國王有疑事必從決之. 其聖賢竭誠祈禱, 以得天主默啓, 其所前知悉載經典, 後來無不符合. 經典中第一大事是天主降生, 救拔人罪, 開萬世升天之路, 預說甚詳. 後果降生于如德亞白德棱之地, 名曰耶穌, 譯言救世主也. 在世三十三年, 敎化世人, 所顯神靈聖蹟甚大且多. 如命瞽者明, 聾者聽, 瘖者言. 跛者行, 病者起, 以至死者生之類, 不可殫述. 有宗徒十二人, 皆耶穌縱天之能, 不假學力, 卽通各國語言文字. 其後耶穌肉身升天, 諸弟子分散萬國, 闡明經典, 宣揚敎化, 各著神奇事蹟. 緣此時天下萬國大率爲邪魔誘惑, 妄立邪主, 各相崇奉. 自天主降生垂敎, 乃始曉悟眞理, 絶其向所崇信惡敎, 而敬信崇向於一天主焉. 所化國土, 如德亞諸國爲最先, 延及歐羅巴·利未亞, 大小千餘國. 歷今千六百餘年來, 其國皆久安長治, 其人皆忠孝貞廉.

茲略述敎中要義數端.

一曰天地間至尊至大, 爲人物之眞主·大父者, 止有其一, 不得有二, 一卽天主上帝而已. 其全智全能全善, 浩無窮際, 萬神人物皆爲天主所造, 又恒賴其保持安養. 凡人禍福修短皆其主宰, 故吾人所當敬畏愛慕者, 獨有一天主也. 此外或神或人, 但能敎人純一以事天主, 卽爲善人吉神. 若以他道誘人求福免禍, 是僭居天主之位而明奪其權, 其爲凶神惡人無疑, 崇信祭祀此類者不免獲罪.

一曰天地間惟一天主爲眞主. 故其聖教獨爲眞教, 從之則令人行眞善而絶不爲惡, 可升天堂, 永脫地獄. 若他教乃是人所建立, 斷未有能行眞善·免罪戾而升天堂·脫地獄者.

一曰人有形軀, 有靈魂. 形軀可滅, 靈魂不可滅. 人在世時可以行善, 可以去惡, 一至命終, 人品已定, 永不轉移, 天主于時乃審判而賞罰之. 其人純一敬事天主, 及愛人如己, 必升天參配天神及諸聖賢, 受無窮眞福. 若不愛信天主, 違犯教戒者, 必墮地獄, 永受苦難也. 其苦樂永永無改, 更無業盡復生爲人及輪廻異類等事. 故實欲升天堂·脫地獄, 只在生前實能爲善去惡, 無他法也.

一曰人犯一切大小過惡, 皆得罪于天主者也. 故惟天主能赦宥之, 非神與人所能赦, 亦非徒誦念·徒施舍所能贖也. 今人生孰能無過? 欲求赦宥, 必須深悔前非, 勇猛遷改. 故初入教先悔罪, 有拔地斯摩之禮. 旣重犯, 求解罪, 有恭棐桑之禮. 遵依聖教, 守戒祈求, 必獲赦宥, 不然一生罪過無法可去, 地獄無法可脫也. 所以教中要義, 望人眞能改過遷善, 以獲赦免而享天福, 自有專書備論云.

如德亞之西有國名達馬斯谷, 產絲·綿·絨·罽·刀·劍, 顏料極佳. 城有二層, 不用磚石, 是一活樹糾結, 無隙, 甚厚, 而高峻不可攀登, 天下所未有也. 土人製一藥甚良, 名的里亞加, 能治百病, 尤解諸毒. 有試之者, 先覓一毒蛇咬傷腫脹, 乃以藥少許咽之, 無弗愈者. 各國甚珍之.

『職方外紀』曰: 百爾西亞西北諸國, 皆爲度爾格所竝. 內有國曰亞剌比亞, 中有大山, 名西奈山. 古時天主垂訓下民, 召一聖人美瑟于山, 賜以十誡, 著于石板, 左板三誡, 右板七誡, 今所傳十誡是也. 其西北有死海, 海旁城邑, 古極富厚. 因恣男色之罪, 天主降之重罰, 命天神下界, 止導一聖德士名落得者全家出疆, 遂降火盡焚其國. 至今小石遇火卽然, 臭不可近. 產果形如橘柚, 破之則臭煙而已. 按上文回教亦托言西奈山十誡, 則不知誰爲葛龔之未去也.

『萬國地理全圖集』曰: 土爾其藩屬國北接黑海, 南連地中海, 西至希臘群島海. 其中有湖, 長四百里, 廣百里, 名曰死海. 古時建大城邑, 因民自作罪孼, 天降火焰硫磺盡燒其城, 沈爲鹹湖臭水, 四方無人居, 惟有瘦嶺枯山. 死海之北爲加利湖, 有救世主耶穌靈蹟. 其約爾坦河南流入死海, 此河內救世主受洗禮而聖神降臨之.

『瀛環志略』曰: 泰西人記巴庇倫城高三十五丈, 厚八丈七尺, 上設塔二百五十, 城門一百, 以銅爲之, 周廻一百八十里. 南懷仁所記宇內七大宏工, 有巴必鸞城, 卽巴庇倫之轉音. 卽此城也. 當其初建, 糜膏血而供版築, 自以爲子孫萬世之業. 然居魯士兵來, 曾不血刃而克之. 金城千仞, 果足恃乎? 巴庇倫再叛, 大流士惡其城垣之高, 拆毁其半. 至今猶存遺址, 在土耳其東方美索不達迷亞境內. 又英官李太郭云, 西里亞文字 西里亞文字卽巴庇倫所造文字. 與諸國不同, 與清文極相似, 但橫寫順讀耳.

泰西人紀猶太古事云, 猶太古名迦南. 有夏帝芒之世, 西土有至人曰亞伯拉罕, 生於兩河之間, 阿付臘底斯河, 底格里士河. 遷於迦南, 其苗裔稱以色列族. 傳數世至耶哥伯, 有十二子, 最少者曰約色弗, 聰慧過人. 諸兄忌之, 賣於麥西爲人奴. 麥西, 一名挨及多, 一作厄日多, 或作以至比多, 又作伊齊不托, 在亞非利加之東北境, 詳「阿非利加圖說」. 麥西王立以爲相, 以色列之族群往歸之. 初至時七十人, 年久繁衍至六萬人. 麥西王忌其強宗, 欲除之. 時迦南以色列族有至人曰摩西, 生而神異, 學識過人, 報仇殺人, 逃於荒野四十年. 夢神人使赴麥西救本宗. 至則麥西王方張網羅, 欲收以色列族坑之. 摩西密告宗人, 約期同發. 至海港, 潮退變陸, 渡畢而潮大至, 麥西軍追者皆溺死. 摩西率衆至迦南之耶路撒冷, 遂王其地, 示十誡以訓民. 教以事神天·敬父母·勿殺·勿奸·勿盜·勿妄證·

勿貪他人之財, 七日禮拜, 省過譽. 是爲西土立教之始. 泰西人相傳天神降於西奈山, 石上現文字, 摩西拜受, 垂爲十誡以教民. 蓋托於神道以起人之崇信耳. 後來耶穌教卽本於此. 西奈山在今亞剌伯西北境. 摩西卒, 約書亞繼之, 分以色列族爲十宗, 裂地封爲小部, 統於耶路撒冷. 數傳至周穆王時, 始稱猶太國, 又數傳至周襄王時, 王耶何雅舍嗣位, 始貳於巴庇倫. 先是巴庇倫爲亞細亞大國, 猶太夙備西藩. 巴庇倫侈汰, 遇諸侯無禮, 猶太王怒絶朝貢. 周簡王元年, 巴庇倫以大兵攻之. 城破, 王自殺, 遷其民於巴庇倫, 猶太遂亡. 周景王八年, 波斯滅巴庇倫, 釋猶太民歸國. 以色列族復立故國, 傳三百餘年. 西漢時降羅馬爲屬國, 後復叛, 爲羅馬所滅, 屠耶路撒冷都城. 羅馬衰, 亞剌伯回部據之. 猶太爲耶穌生長之地, 歐羅巴人時往拜其墓, 旣爲回部所據, 禁不得通. 諸國皆怒, 合兵攻回部, 從軍者縫十字於衣, 血戰二百餘年, 卒奪回猶太地, 重立爲國, 戍以兵. 未幾, 戍兵思故土, 各散歸. 尋爲土耳其所據. 其部民散之四方, 西土各國多有之, 以數百萬計, 而總稱爲猶太族, 與別族不相混云. 猶太人最講文字, 西國各種書籍多猶太人所譯解, 故其國紀載獨詳. 歐羅巴文士遊學者, 不於希臘, 卽於猶太, 蓋泰西之鄒魯也. 猶太女人姿姣好而性靈慧, 與別部迥異. 娶婦得猶太女, 則以爲威施在室也. 猶太自唐以後, 中國稱爲拂箖, 卽撒冷之轉音. 初轉爲拂懍, 再轉爲拂箖. 『唐書』直以拂箖爲大秦, 蓋拂菻在羅馬東部中最著名, 遂誤爲大秦別名. 猶之西域稱浩罕爲安集延也. 『宋』·『明史』因之, 則沿『唐書』之誤耳.

案: 羅馬卽大秦東土之猶太·敍理諸部, 今爲東土耳其. 其中土曰買諾, 附近有數島, 曰居伯羅, 曰羅得, 曰治阿, 曰米地隣. 其東土有阿臘山·黎巴嫩山·阿付臘底斯河 一作阿偏得, 又名八阿. ·底格里斯河 一作地額河. 有大澤曰死海湖, 曰加利利. 其地爲泰西諸國創建之祖. 其民居海岸·海島者曰額力西種, 希臘是也, 爲上等. 其半阿丹種·戈達曼種及馬羅奈底士種·特魯西種·黑爾西種, 皆回民. 自其國中衰, 守土之酋僅羈縻勿絶而已, 擁地自擅, 如唐之藩鎭焉.

『萬國地理全圖集』又曰: 猶太國, 今土爾其國之藩屬也. 昔分三部, 曰猶太, 曰撒馬利亞, 曰加利利. 古時其地蕃昌, 物產如埠, 名揚四海. 本居麥西國, 上帝率之進始祖所先住之地. 但必四十年間遊於亞剌伯曠野, 又奉上天所啓, 始識上帝之聖旨. 漢建始年間, 有羅馬國征服天下, 猶太人亦歸其權. 且上帝之子耶穌於漢平帝元始元年於猶太國生, 住世三十三年, 布聖教於民, 竝贖人之罪, 代受酷刑而死. 復活昇天, 操萬世宇宙之權. 教散於四方, 而信士以其地爲重, 往往詣耶穌墓而伏拜. 今爲回回國主所轄.

猶太之都曰耶路撒冷, 昔甚廣大, 居民數十萬, 在旬山上建立上帝之殿, 屆期禮拜. 因猶太人不崇上帝之子, 自作罪孽. 激羅馬國之怒, 遣大將引兵四面圍合, 攻破城池. 猶太人自此亡國, 四散各邦爲旅. 此時其城大半壞敗, 居民貧乏. 加利利·拿撒勒邑係救世主所養生之處. 居民不承其道, 雖見其靈蹟, 卻不改悔加省. 此地之海口曰亞吉, 曰伯律, 曰牙法, 但其口無障風之山, 選貨又不盛.

猶太國北敍理亞國, 南方里巴嫩山, 出香柏. 阿倫得河通流其地. 地破里海口居民二萬五千. 海濱有兩大城, 一曰土羅西頓城, 其富商如國君, 倉廩實, 府庫充. 一曰大馬士革城, 山川秀麗, 田場開爽, 衢市修飾, 花卉芬芳. 昔掃羅望此邑而行, 欲執耶穌之門生, 忽天發光聞聲, 卽此地也. 敍理亞之東方近野哈馬大城, 古蹟徧地, 昔大有權勢之王所居. 其都會曰亞勒坡, 居民三十萬. 道光二年地震, 屋倒城壞, 野有餓殍. 道光十六年, 麥西總帥與土王結釁, 侵取其國. 於二十年英軍扶助, 還其原主.

주석

1 이집트Egypt: 원문은 '밀석이密昔爾'이다.

2 유다Judah: 원문은 '여덕아如德亞'이다. 고대 유대인이 거주하던 팔레스타인Palestine 지구를 가리킨다.

3 서터키: 원문은 '서다이기西多爾其'이다.

4 앗삼Asa-shm: 원문은 '점국苫國'이다. 고대 국명으로, 지금의 시리아에 위치한다.

5 지산성遲散城: 지금의 이집트 알렉산드리아로 추정된다.

6 페르시아Persia: 원문은 '파사波斯'이다.

7 카락스 스파시누Charax Spasinu: 원문은 '택산澤散'이다. 메소포타미아 남부 부근이며 고대에 항구도시로 유명했다.

8 에데사Edessa: 원문은 '여분驢分'이다. 메소포타미아 북서부 부근으로, 초기 기독교의 중심지로 유명하다.

9 터키석: 원문은 '슬슬瑟瑟'이다.

10 거거車渠: 대합 모양의 옥으로, 서역에서 산출하는 7대 보물 중 하나이다.

11 목난木難: 막난莫難이라고도 하며, 짙푸른 빛이 나는 보석이다.

12 수양모水羊毛: 수양취水羊毳라고도 하며, 야생 누에고치로 짠 고운 직물을 가리킨다.

13 정관貞觀: 당나라 제2대 황제 태종 이세민李世民의 연호(627~649)이다.

14 사신을 파견해: 원문은 '견사遣使'이다. 『신당서』 원문에 따르면 국왕 파다력波多力이 사신을 파견했다고 기록하고 있는데, 파다력은 콘스탄스 2세 포고나토스Constans II Pogonatus로 추정된다.

15 건봉乾封: 당나라 제3대 황제 고종 이치李治의 5번째 연호(666~668)이다.

16 대족大足: 원문은 '대정大定'으로 되어 있으나 『신당서』에 따라 고쳐 번역한다. 당나라 측천무후의 12번째 연호(701)이다.

17 개원開元: 당나라 제6대 황제 현종 이융기李隆基의 2번째 연호(713~741)이다.

18 토하라국Tokhara: 원문은 '토화라吐火羅'로, 도하라覩貨羅라고도 한다. 중앙아시아의 힌두쿠시산맥Hindu Kush Mountains과 아무다리야강Amu Darya 중류 지역을 지배한 이란계 유목민이다.

19 말리크샤Malik-Shāh: 원문은 '멸력사滅力沙'이다. 셀주크튀르크의 제3대 술탄인 말리크샤 1세(재위 1072~1092)가 다스리던 지역을 가리킨다.

20 원풍元豐: 북송 제6대 황제 신종神宗의 연호(1078~1085)이다.

21 왕: 『송사』 원본에 따르면 왕의 이름은 '멸력이령개살滅力伊靈改撒'로, 그는 비잔틴 제국의 미하일 7세 두카스Michael VII Doukas로 추정된다.

22 서금西錦: 오색실로 짠 화려한 직물이다.

23 파람巴欖: 파단행巴旦杏이라고도 한다. 장미과에 속하는 낙엽성 교목喬木으로, 열매의 과육은 대체로 은행과 성분이 비슷하다.

24 공후箜篌: 공후空侯 또는 감후坎侯라고도 한다. 고대 현악기이다.

25 호금壺琴: 해금奚琴과 유사하나, 해금에 비해 명쾌하고 강렬한 소리를 낸다.

26 소필률小篳篥: 작은 피리를 가리킨다.

27 미륵불을 새기고: 원문은 '면착미륵불面鑿彌勒佛'이다. 서양에서는 은화를 주조할 때 앞면에는 주로 왕의 초상을 새겨 넣었는데, 중국에서는 이를 부처님의 얼굴이라고 여겨 불두은佛頭銀이라고 불렀다.

28 환제桓帝: 후한後漢 제10대 황제 유지劉志(재위 146~168)이다. 『후당서』 권7 「효환제본기」에 의하면, 당시 대진의 왕 마르쿠스 안토니누스Marcus Antoninus의 사신이 바닷길을 통해 중국에 왔다고 기록하고 있다.

29 니콜로 폴로Niccolò Polo: 원문은 '날고륜揑古倫'이다. 니콜로 폴로(1230~1294)는 『동방견문록』을 저술한 마르코 폴로의 아버지이다.

30 태조太祖: 명나라를 건국한 주원장朱元璋(재위 1368~1398)의 묘호이다.

31 홍무洪武: 명나라 태조 주원장의 연호(1368~1398)이다. 명나라 때부터 일제일호一帝一號를 채택했다.

32 만력萬曆: 명나라 제13대 황제 주익균朱翊鈞의 연호(1573~1620)이다.

33 대서양: 포르투갈로 추정된다.

34 다윗David: 원문은 '달미덕達味德'이다.

35 솔로몬Solomon: 원문은 '살라만撒喇滿'이다.

36 원수元壽: 전한前漢 13대 황제 애제哀帝 유흔劉欣의 두 번째 연호(기원전 2~기원전 1)이다.

37 『경교유행비景教流行碑』: 이 비는 『대진경교유행중국비大秦景教流行中國碑』로, 경교가 중국에 전래된 과정을 기록하고 있다.

38 다마스쿠스Damascus: 원문은 '달마사곡達馬斯谷'이다. 지금의 시리아 남서부에 위치하며, 예로부터 '동양의 진주'라고 불렸다.

39 마테오 리치Matteo Ricci: 원문은 '이마두利瑪竇'이다.

40 아브라함Abraham: 원문은 '아파랄항亞把剌杭'이다. 히브리인의 조상으로, 유대교·기독교·이슬람교에서 모두 존경을 받는 고대 성인이다.

41 다윗: 원문은 '대미득大味得'이다. 다윗은 기원전 1000년경 이스라엘 전체를 하나의 왕국으로 통일하고 예루살렘Jerusalem을 수도로 삼았다.

42 솔로몬: 원문은 '살랄만撒剌滿'이다.

43 베들레헴Bethlehem: 원문은 '백덕릉白德棱'이다.

44 아프리카: 원문은 '리미아利未亞'이다.

45 세례성사: 원문은 '발지사마지례拔地斯摩之禮'이다. Sacramentum of Baptismatis라고 해서 그리스도교회의 일곱 가지 성사 가운데 가장 먼저 받는 입문 성사이다.

46 고해성사: 원문은 '공비상지례恭棐桑之禮'이다. Sacramentum Confessionis라고 해서 그리스도교회의 일곱 가지 성사 가운데 하나로, 그리스도교에 입문한 후 죄를 지었을 경우 신을 대신하는 사제에게 자신의 잘못을 고함으로써 용서를 구하는 의식이다.

47 테리아카Theriaca: 원문은 '적리아가的里亞加'이다. 수십 종의 약품에 벌꿀을 혼합해서 만든 해독제이다.

48 페르시아: 원문은 '백이서아百爾西亞'이다.

49 터키Turkey: 원문은 '도이격度爾格'이다. 15~17세기 오스만 제국에 속한 소아시아·아라비아반도·시리아·이스라엘·팔레스타인·요르단 등 서아

시아 지역을 가리킨다.

50 아라비아Arabia: 원문은 '아랄비아亞剌比亞'이다.

51 시나이산Sinai Mountain: 원문은 '서내산西奈山'이다. 시나이반도 중남부에 위치하며, 유대교·기독교·이슬람교의 성지이다.

52 모세Moses: 원문은 '미슬美瑟'이다.

53 누가 베꼈는지는 알 수 없다: 원문은 '부지수위갈공지미거야不知誰爲葛龔之未去也'이다. 갈공葛龔의 자는 원보元甫이고, 후한 양국梁國 영릉寧陵 사람이다. 화제和帝 때 선행과 주문奏文으로 명성이 높았다. 본 고사는 한단순邯鄲淳의 『소림笑林』에 나온다. 한나라 환제 때 어떤 사람이 부府의 서기관으로 초빙되어 다른 사람에게 상소문을 써 달라고 부탁하자 그 사람이 자신도 쓰지 못한다고 하면서 말했다. "양나라 사람 갈공은 상주문에 탁월하니 그 사람이 지은 문장을 그대로 하면 되는데 굳이 번거롭게 그것을 다시 쓰려고 합니까?" 이에 서기관은 그 사람의 말을 듣고 갈공의 상주문을 베껴 썼는데, 갈공의 이름까지 그대로 쓴 것에서 나온 고사이다.

54 『만국지리전도집萬國地理全圖集』: 원문은 '『만국전도집萬國全圖集』'이다. 이하 동일하다.

55 갈릴리호Sea of Galilee: 원문은 '가리호加利湖'이다. 지금 이스라엘 북쪽에 위치한 담수호이다.

56 요르단강Jordan river: 원문은 '약이탄하約爾坦河'이다.

57 바벨탑: 원문은 '파비륜성巴庇倫城'이다.

58 키루스 2세Cyrus II: 원문은 '거로사居魯士'이다. 고대 페르시아 아케메네스 왕조의 제5대 왕으로, 바빌론을 정복했다. 그는 스스로를 '세상의 왕, 위대한 왕'이라고 선포했다.

59 다리우스 1세Darius I: 원문은 '대류사大流士'이다. 다리우스 1세(재위 기원전 522~기원전 486)는 아케메네스조 페르시아 제국의 세 번째 왕이다.

60 메소포타미아Mesopotamia: 원문은 '미색불달미아美索不達迷亞'이다.

61 조지 트레이드칸트 레이George Tradescant Lay: 원문은 '이태곽李太郭'이다.

레이(1800~1845)는 영국의 선교사이자 외교관으로, 광주廣州, 복주福州, 하문廈門영사를 역임했다.

62 시리아Syria: 원문은 '서리아西里亞'로, 서리아이西里阿伊, 서리아敍利亞라고도 한다.

63 가나안Canaan: 원문은 '가남迦南'이다. 구약성서에는 신이 아브라함과 그 후손들에게 주겠다고 언약한 약속의 땅으로 나온다.

64 망芒: 하나라 왕조 제9대 왕(재위 기원전 1921~기원전 1863)으로 전해진다.

65 유프라테스강Euphrates River: 원문은 '아부랍저사하阿付臘底斯河'이다.

66 티그리스강Tigris River: 원문은 '저격리사하底格里士河'이다.

67 이스라엘인Israelite: 원문은 '색렬족色列族'이다.

68 야곱Jacob: 원문은 '야가백耶哥伯'으로, 아브라함의 손자이자 이삭의 작은 아들이다. 이스라엘 백성의 조상으로 불린다.

69 요셉Joseph: 원문은 '약색불約色弗'이다. 그는 야곱의 열두 아들 중 열한 번째이다.

70 이집트: 원문은 '맥서麥西'로, 이집트를 이르는 아랍어인 미스르Mişr의 음역이다.

71 모세: 원문은 '마서摩西'이다.

72 원수를 갚아 … 달아났다: 모세가 동족인 이스라엘 백성을 부당하게 대우한 이집트인 감독을 살해하고서 이집트 파라오의 수배를 받아 이집트와 가나안의 중간 지대인 미디안Midian으로 피신한 일을 가리킨다.

73 이집트 왕: 원문은 '맥서왕麥西王'이다. 모세가 이집트를 탈출할 당시의 왕은 제19왕조 제3대 파라오 람세스 2세Ramesses II(재위 기원전 1290~기원전 1223)로 추정된다.

74 바다: 원문은 '해항海港'이다. 일반적으로 홍해로 알려져 있는데, 근래 고고학적 발견을 토대로 이 바다는 홍해가 아니라 수에즈만 북부에 있는 얌수프Yam Suph라는 호수로 추정하고 있다. 이 호수는 '갈대의 바다'라고도 불린다.

75 여호수아Joshua: 원문은 '약서아約書亞'이다. 모세 사후 이스라엘 종족을

거느리고 가나안 땅으로 들어갔다.

76 10개 지파: 원문은 '십종十宗'이다. 지파는 고대 이스라엘을 구분하는 중요한 단위이다. 가나안 땅은 이스라엘의 각 지파에게 분배되었다.

77 목왕穆王: 주나라 제5대 왕(재위 기원전 976~기원전 922)으로, 성은 희姬, 이름은 만滿이다.

78 양왕襄王: 주나라 제18대 왕(재위 기원전 651~기원전 620)으로, 성은 희姬, 이름은 정鄭이다

79 여호야킴Jehoiakim: 원문은 '야하아사耶何雅舍'이다. 유다의 제18대 왕(재위 기원전 609~기원전 598)으로, 바빌론 왕 네부카드네자르 2세를 3년간 충실히 섬기다가 반란을 일으켰으나 바빌론의 공격을 받아 사망했다.

80 간왕簡王: 주나라 제22대 왕(재위 기원전 585~기원전 572)으로, 성은 희姬, 이름은 이夷이다.

81 왕: 유다 왕국 제20대 국왕 시드기야Zedekiah(재위 기원전 597~기원전 586)이다. 유다 왕국의 마지막 왕이다.

82 경왕景王: 주나라 제24대 왕(재위 기원전 544~기원전 520)으로, 성은 희姬, 이름은 귀貴이다.

83 남위南威와 서시西施: 원문은 '위시威施'이다. 남위는 춘추 시대 진晉나라의 미녀이고 서시는 월나라의 미녀이다.

84 살렘Salem: 원문은 '살랭撒冷'이다.

85 소아시아: 원문은 '매락買諾'이다.

86 키프로스Kypros: 원문은 '거백라居伯羅'이다.

87 로도스Rodos: 원문은 '라득羅得'이다.

88 키오스섬Chios Island: 원문은 '치아治阿'이다.

89 레스보스섬Lesbos Island: 원문은 '미지린米地鄰'이다.

90 아라라트산Mount Ararat: 원문은 '아랍산阿臘山'이다.

91 루브난산맥Jebel Lubnan: 원문은 '려파눈산黎巴嫩山'이다.

92 갈릴리호: 원문은 '가리리加利利'이다.

93 그리스족Greeks: 원문은 '액력서종額力西種'이다.

94 그리스: 원문은 '희랍希臘'이다.

95 쿠만족Cuman: 원문은 '과달만종戈達曼種'이다. 킵차크초원에서 유목 생활을 했다.

96 마로나이트족Maronites: 원문은 '마라내저사종馬羅奈底士種'이다.

97 드루즈족Druze: 원문은 '특로서종特魯西種'이다. 이슬람교 시아파에서 갈라져 나온 드루즈교를 믿는 아랍인을 가리킨다.

98 햄신족Hemshin: 원문은 '흑이서종黑爾西種'이다.

99 건시建始: 전한 12대 황제 성제成帝의 첫 번째 연호(기원전 32~기원전 28)이다.

100 평제平帝: 전한 14대 황제(재위 기원전 1~기원후 5)이다.

101 시온산Mount Zion: 원문은 '순산旬山'이다.

102 이스켄데룬Iskenderun: 원문은 '아길亞吉'로, 지금의 터키에 위치한다.

103 베이루트Beirut: 원문은 '백률伯律'로, 지금의 레바논에 위치한다.

104 야포Yafo: 원문은 '아법牙法'으로, 지금의 이스라엘에 위치한다.

105 요르단강: 원문은 '아륜득하阿倫得河'이다.

106 트리폴리Tripoli: 원문은 '지파리地破里'이다. 지금의 레바논에 위치한다.

107 타르투스Tartus: 원문은 '토라서돈성土羅西頓城'이다. 지금의 레바논에 위치한다.

108 다마스쿠스: 원문은 '대마사혁성大馬士革城'으로, 지금의 시리아 남부에 위치한다.

109 사울Saul: 원문은 '소라掃羅'이다. 그는 열렬한 바리새인으로서 그리스도교를 박해하는 일에 앞장섰으나, 예수 그리스도를 받아들여 사도의 길을 걷게 된다.

110 하마Hama: 원문은 '합마哈馬'이다. 지금의 시리아에 위치한다.

111 알레포Aleppo: 원문은 '아륵파亞勒坡'이다. 지금의 시리아 할라브주Halab에 위치한다.

『경교유행중국비』[1]

당 건중建中 2년 대진사大秦寺 사제 아담Adam[2] 찬술

아아! 불변하며 참으로 고요하고 태초 이전부터 시작도 없이 심원하면서 오묘하게 존재하시는 이여. 세상이 끝난 후에도 신묘하게 존재하시며 오묘한 권능으로 만물을 창조하시고 모든 성인 위에 계시는 가장 존귀한 분은 오직 우리 삼위일체의 성부[3]·시작도 없으신 참주 여호와[4]시로다. 십자十字를 나누어서 사방을 정하고 성령[5]을 일으켜서 빛과 어둠을 만드셨는데, 어둠이 변해서 하늘과 땅이 열리고, 해와 달이 운행하면서 낮과 밤이 만들어졌으며, 만물을 조성한 다음에는 최초의 사람[아담]을 만드셨다. 별도로 하와Hawwāh[6]를 주셔서 함께 모든 피조물을 다스리게 하셨다. 인간의 원초적 본성[7]은 겸허해서 교만하지 않았으며, 그 순박하고 깨끗한 마음에는 본래 욕망이 없었다. 그러나 사탄[8]이 간계를 꾸며 선한 정령으로 위장하고서 선량한 마음속에 들어가서는 [인간의 본성이] 하느님과 동등[9]하다고 이간질하고, 악한 마음속에 들어가서는 하느님과 오묘하게 같다고 이간질했다.[10] 이리하여 365개의 종파가 잇달아 나타나 마침내

각각 종파의 교리[11]를 만들어 냈다. 혹자는 사물을 추종하는 것을 종주宗主로 삼고, 혹자는 공空과 유有 양자를 혼동했으며, 혹자는 기도와 제사로서 복을 구했고, 혹자는 선행을 과시하며 사람들을 기만했다. 지략智略은 이익을 추구하기에 급급하고 마음은 끊임없이 수고로웠으나, 막연해서 얻는 바는 없고 핍박 속에서 불에 타듯 고통스럽기만 했다. 무지함 속에서 길을 잃고 오랫동안 미혹되어 돌아갈 수 없게 되었다. 이에 우리 삼위일체의 성자, 그리스도[12] 메시아[13]가 참된 위광을 감추고서 인간과 마찬가지로 세상에 나오셨다. 천사[14]들이 기쁜 소식을 선포하고 대진국[15]에서 동정녀[16]가 성자 예수를 낳으셨다. 밝고 큰 별이 기쁜 소식을 알리니 동방박사[17]들이 별빛을 보고 찾아와 예물[18]을 바쳤다. 메시아는 24명의 선지자가 말한 구약의 율법과 예언을 완성하고 원대한 계획을 가지고 가정과 나라를 다스리셨다. 삼위일체의 성령[19]이 무언無言의 새로운 가르침을 세워 참된 신앙에 이르도록 선한 역사가 이루어지게 하셨다. 팔복八福[20]의 법도를 제정하여 사람[21]들을 온전한 자가 되게 하셨다. 세 가지 상도常道[22]의 문을 열어서 생명을 열고 죽음을 멸하셨다. 밝은 태양이 높이 걸려 어둠의 세계를 타파하고 마귀의 권세를 모두 물리치셨다. 구원의 방주[23]를 저어 하늘 궁전에 올라서 모든 인류는 이에 구원을 받게 되었다. 구원의 역사를 다 마치시고 한낮에 하늘로 올라가셨다. 신약성경 27권을 남기고 원대한 교화를 펼쳐서 심령의 관문을 여셨다. 물과 성령으로 세례를 주시어 세속의 정욕을 씻어서 깨끗한 마음을 발현시켰다. 이에 십자가를 징표로 들고 밝게 사방을 비추시어 화합해 구속됨이 없게 하셨다. 목판을 두드려서[24] 사랑과 은혜의 소리가 울려 퍼지게 하고 동쪽을 향해 예배[25]를 드려 영생복락의 길을 구한다. 수염을 기르는 것은 외적 품행을 유지하기 위함이고 정수리를 깎는 것은 내적 정욕을 없애기 위함이다. 노비[26]

를 거느리지 않고 사람을 귀천의 구분 없이 대한다. 재물을 쌓아 두지 않고 내가 가진 모든 것을 내놓는다. 정진해서 지식을 드러내지 않고 이루며, 경계해서 계율을 굳건히 지켜 나간다. 일곱 가지 성사[27]로 산 이와 죽은 이를 모두 보호한다. 7일에 한 번씩 제사를 드려 마음을 씻어 내고 본성으로 돌아간다. 참되고 영원한 진리는 오묘해서 명명하기가 어려웠지만, 공적이 효용이 잘 드러나 임의로 경교라고 부르게 되었다. 오직 진리는 성자가 아니면 퍼져 나갈[28] 수 없고 성자는 진리가 아니면 위대해질 수 없으니, 진리와 성자가 서로 결합할 때 비로소 세계는 밝아진다.

태종太宗[29] 황제는 빛나고 아름답게 국운을 여시고 밝은 지혜와 성덕으로 백성을 다스리셨다. 한편, 대진국에는 상덕上德 알로펜Alopen[30]이라는 수도승이 있는데, 그는 청운의 뜻을 품고서 참된 경전을 싣고 성령의 계시를 따라서 험난한 여정을 거쳐 정관 9년(635) 장안長安에 도착했다. 황제는 상서령 방현령房玄齡[31]을 보내 서쪽 교외에서 의장병을 지휘해서 예를 갖추어 맞이해 궁 안으로 안내해서 궁실의 서재에서 경전을 번역하게 하고 내전에서 진리를 물으셨다. 황제는 바르고 참됨을 깊이 인지하고 특별히 명을 내려 널리 전하도록 했다.

정관 12년(638) 가을 7월에 조서를 내려 다음과 같이 말씀하셨다. "그 진리는 헤아릴 수가 없고 그 성스러움은 구체화할 수가 없으니, 적절한 방식으로 가르침을 세워 면밀하게 중생을 구제할지어다. 대진국의 상덕 알로펜이 멀리서 성경과 성상聖像을 가지고 경사에 와 헌상했다. 그 가르침의 요지를 자세히 살피니 깊고 오묘하며 작위적이지 않고, 근본 교리를 살피니 발생과 성립에서 요체를 세우고 있다. 언사에 번잡한 주장이 없고 진리를 구하는 것만 있을 뿐, 만물을 구제하고 인간을 이롭게 하니 마땅히 천하에 실행해야 한다." 이에 해당 부처에서는 즉시 장안의 의녕방義寧坊에 대진사 한 곳을 짓고 경교승 21명을 맞이했다. 주周 왕조의 덕이 쇠퇴하자 청우青牛[32]를 타고 서쪽으로 올라가 버렸지만, 위대한 당 왕조의 왕도가 빛나자 경교의 바람이 동방으로 불어온 것이다. 얼마 후, 해당 부처에 명해서 황제의 어진을 사원의 벽면에 모사해 놓게 했다. 천자의 모습이 환하게 빛나 경교도[33]들을 밝게 비추고, 성스러운 자취는 상서로움이 넘쳐 영원히 전 세계를 비추었다.

살펴보건대, 『서역도기西域圖記』 및 한나라·위나라의 역사서에 의하면 대진국은 남쪽에는 산호의 바다[34]가 있고 북쪽에는 수많은 보배로운 산들[35]이 있으며, 서쪽으로는 선경仙境의 꽃동산을 볼 수 있고 동쪽으로는 세찬 바람이 부는 약수弱水[36]가 흐른다고 한다. 그 땅에서는 화완포火浣布,[37] 반혼향返魂香,[38] 명월주明月珠, 야광벽夜光璧이 산출된다. 사람들은 노략질이나 도둑질을 하지 않고 낙천적이다. 법률은 경교가 아니면 시행되지 않고, 임금은 덕이 있는 자가 아니면 세워지지 않는다. 영토는 광활하고 문물은 번창하다. 고종황제[39]는 예를 다해 선조를 계승하여 참된 진리[40]를 윤택하게 하고, 여러 주州에 경교 사원을 세웠으며, 알로펜을 받들어 진국대법주鎭國大法主로 삼았다. 경교의 가르침은 전국[41]으로 퍼져 나가 나라는 부유해지고 백성들의 삶은 편안해졌다. 경교 사원은 많은 도시에 가득 차서 가정에는 경교의 축복이 넘쳐 났다. 그러나 성력聖曆[42] 연간 불교가 번창해 낙양[43]에서 장광설을 떠벌리고, 선천先天[44] 말년(713) 무지한 인사들이 크게 비웃으며 장안[45]에서도 경교를 비방했다. 이에 승수僧首[46]인 아브라함Abraham[47]과 대덕大德 가브리엘Gabriel,[48] 그리고 서방에 거주하는 귀족들과 세속을 떠난 경교 고승들은 함께 현묘한 가르침[49]을 진작시키고 신앙의 부흥을 위해 노력했다.

지도대성대명효황제至道大聖大明孝皇帝[50] 현종玄宗[51]은 영국寧國 등 다섯 왕에게 명해 몸소[52] 사원[53]에 임해서 제단을 세우도록 했다. 이에 잠시 쇠락했던 경교 사원[54]은 더 크게 번창했고, 한때 기울어졌던 진리의 초석은 다시 바로 서게 되었다. 천보天寶[55] 초년(742) 대장군 고력사高力士[56]에게 명해서 5대 성왕[57]의 어진을 사원 내에 안치하게 하고, 비단 100필을 하사하여 황제의 도상圖像을 받들어 경하했다. 비록 황제黃帝는 멀리 떨어져 있으나 활과 칼만은 손에 닿을 듯하며,[58] 이마[59]에 서광이 비치니 황제의 용안이 지척에 있는 듯했다. 천보 3년(745) 대진국 사제 게오르기오스Georgios[60]가 별자리를 보고 찾아와서 보름날 황제를 알현했다. 조서를 내려 사제 아브라함과 바오로Paulus[61] 등 17명을 상덕 게오르기오스와 함께 흥경궁興慶宮[62]에서 공덕을 닦게 했다. 문명무덕대성대선효황제文明武德大聖大宣孝皇帝[63] 숙종肅宗[64]은 영무靈武[65] 등 다섯 군郡에 경교 사원을 거듭 세우게 했다. 보응원성문무효황제寶應元聖文武孝皇帝[66] 대종代宗[67]은 매양 성탄절마다 천향天香을 하사하여 공덕을 이루었음을 알리고 어찬을 베풀어 경교 무리를 영광되게 했다.

건중建中[68] 시기 성신문무황제聖神文武皇帝[69] 덕종德宗은 팔정八定[70]을 펴서 선함을 현창하고 악함을 물리쳤으며, 구주九疇[71]를 천명해서 경교의 사명을 더욱 새롭게 하셨는데, 현묘한 진리에 통달하여 경배함에 부끄러운 마음이 없으셨다. 고귀하면서 겸허하시고 오로지 고요하면서 너그러우시며, 광대한 자비로 백성들을 고통에서 구원하시고 선행을 베풀어 많은 사람에게 은택을 주시니, 우리 경교 무리가 수행해야 할 원대한 목표는 이로 인해 점차 향상되게 되었다. 바람과 비가 시절을 어기지 않아 천하가 안정되고, 백성은 도리를 잘 따르고 만물은 청정하며, 산 자는 번창하고 죽은 자는 평안하며, 마음속의 생각이 서로 호응해서 감정이 일어나 스스로 진실되다면, 이는 곧 우리 경교의 감화력이 이루어 낸 공로일 것이다.[72]

대시주大施主로 금자광록대부金紫光祿大夫 겸 삭방절도부사朔方節度副使 겸 시전중감試殿中監으로 자색 가사[73]를 하사받은 사제 이삭Isaac[74]은 온화하고 은혜로워 진리를 들으면 근면히 행동으로 옮겼는데, 그는 멀리 라지기르성Rajgir[75]에서 친히 중국에 왔다. 그의 학술은 3대에 걸쳐 드높았으며, 재주도 다방면에 걸쳐 뛰어났다. 처음에는 조정에서 충성을 다했으나, 후에는 전쟁터에서 이름을 날렸다.[76] 중서령中書令 분양군왕汾陽郡王 곽자의郭子儀[77] 공이 처음 삭방에서 융족戎族을 평정할 때, 현종은 이삭에게 곽자의를 호위해서 따라가게 했다. 그는 비록 곽자의의 침소를 드나들 정도로 가까웠지만, 스스로 다른 병사와 다르지 않게 행동하였다.[78] 이삭은 곽 공을 호위하는 손과 발이 되고 군대의 눈과 귀가 되었다. 그는 봉록과 하사품을 나누어 주어 집안에 쌓아 두지 않았고, 은상으로 받은 유리[79]도 경교 사원에 봉헌했으며, 군대에서 물러날 때 받은 금실로 짠 융단도 사원에 바쳤다. 오래된 사원은 그대로 두거나 회당會堂을 중수해서 확장했는데, 사원의 회랑과 처마를 장엄하게 꾸며 마치 꿩이 하늘을 날아가는 듯했다. 이삭은 경교의 문호를 더욱 드러내서 인仁에 의거해서 이로움을 베풀었다. 매년 사원 네 곳의 사제와 신도들을 모아서 경건하게 예배를 드리고 정성스럽게 예물을 바치기를 50일간에 걸쳐 진행했다. 굶주린 자가 오면 밥을 주고 추위에 떠는 자가 오면 옷을 입혔으며, 병든 자가 오면 치료해서 일어나게 하고 죽은 자는 장사를 지내 편안하게 했다. 청렴한 타르사Tarsa[80]라고 해도 그러한 미덕을 들어 본 적이 없는데, 지금 평범한 경교 사제인 그에게서 그 면모를 발견하게 된다. 이에 커다란 비석을 세워 훌륭한 공적을 선양하고자 한다.

칭송해서 말한다.

참된 주님은 만물의 근원이시며 고요 속에 계시면서 불변하시다. 권능으로 교화하시어 땅을 일으키시고 하늘을 세우셨도다. 삼위일체의 하느님이 세상에 나오셔서 땅 끝까지 만민을 구원하셨다. 빛을 비추시고 어둠을 물리치셔서 모든 참된 진리를 증거 하셨도다. 혁혁한 업적을 쌓으신 문무대성황제文武大聖皇帝[81]는 진리를 숭상함에 전대의 왕을 능가하셨네. 시운을 잘 타서 난세를 바로 다스려서 하늘을 넓히고 땅을 확장하셨도다. 밝고 밝은 경교의 교리가 우리 당나라에 들어왔네. 경전을 번역하고 사원을 세워서 산 자와 죽은 자가 구원을 받네. 온갖 축복이 다 내려온 세상이 평안해졌도다. 고종은 선왕을 계승해서 더욱 성전을 세우셨네. 화평한 사원의 영광이 중국 전역에 가득 찼도다. 진리가 선명하게 드러나 대주교[82]를 뽑아서 임명했네. 백성들은 평안을 즐기고 만물은 재앙의 고통이 사라졌도다. 현종은 신성함을 여시고 참된 진리를 힘써 수양하셨네. 친히 쓰신 편액은 광채가 났으며 글은 아름답게 빛나도다. 황상의 어진은 찬란했으며 만백성이 높이 공경하네. 많은 업적이 모두 빛나니 백성들은 그 복을 누렸도다. 숙종이 다시 황위에 오르셔서 천자의 위엄으로 수레를 이끄셨네. 성스러운 날에 밝음을 펼치시니 상서로운 바람이 어둠을 물리치셨도다. 복이 황실로 돌아오니 재앙의 기운은 영원히 물러나네. 환란은 불식되고 어지러움은 정돈되어 우리 중국[83]을 만드셨도다.[84] 대종은 효성과 절의가 있으셔서 그 덕이 천지와 화합하시네. 백성들에게 은혜를 베풀어 풍요로운 이익을 얻도록 하셨도다. 향香을 바쳐 하느님의 은혜에 보답하고 인仁으로 베푸셨네. 황상의 위엄이 해가 뜨는 곳에서부터 달이 지는 곳까지 미치니 온 땅이 은혜를 입었도다.

덕종[85]이 황위를 계승해서 밝은 덕성을 함양하셨네. 무용으로 사해를 바르게 하시고 문치로 만방을 깨끗하게 하셨도다. 촛불을 밝혀 백성들의 어둠을 비추시고 거울로 사물의 모습을 관찰하시네. 천지사방[86]이 밝아져 소생하고 모든 미개한 민족이 이를 본받았도다. 진리는 광대무변하고 극히 세밀해서 굳이 이름을 지어 말한다면 삼위일체라고 할 수 있네. 주님이 모두 말씀하신 것이고 종은 단지 기술했을 뿐으로, 커다란 비석을 세워 주님의 크신 축복을 칭송하노라.

대당 건중 2년(781) 정월[87] 7일 주일[88]에 건립한다. 당시 대주교 하난이슈Hananishu[89]가 경교회의 모든 일을 주관했다.

조의랑朝議郎[90] 전행前行[91] 태주台州[92] 사사참군司士參軍[93] 여수암呂秀巖[94]이 쓰다.[95]

바야흐로 비석의 하단 및 동서 삼면은 모두 저 나라의 문자[96]가 새겨져 있는데, 마지막에는 조검교助檢校·시태상경試太常卿으로 자색 가사를 하사받은 경교사의 주교 가브리엘Gabriel,[97] 비석을 세우고 검열 교정한 사제 사브라니쇼Sabranīšō[98]도 들어가 있다. 문자는 모두 왼쪽으로 향하고 있는데 전부 번역을 할 수는 없다. 생각하건대, 비문에서 삼위일체의 성부·시작도 없는 참된 주 여호와는 구세주이다. 대진국의 상덕 알로펜은 정관 9년(635) 장안에 도착했다. 경조부京兆府 의녕방에 대진사를 건립하고 사제 21명을 맞이했는데, 정관 12년의 일이다. 이것이 천주교가 중국에 처음으로 전래된 내용이다. 『내재금석고략來齋金石考略』.[99]

이상은 『경교유행중국비』이다. 경교란 서역 대진국 사람이 세운 종교이다. 서원여舒元輿[100]의 『중암사비重巖寺碑』에 의하면 내왕한 여러 이방에서 온 종교 중에는 마니摩尼, 대진大秦, 추신秋神 추는 현祆 자로 의심된다. 이 있는데, 중국의 삼이사三夷寺[101]를 모두 합해도 일개 작은 마을 불교 사찰의 수에도 미치지 못한다고 한다. 지금 마니사摩尼祠·현신사祆神祠는 사라진 지 오래되어 그 유래를 알 수 없으나, 유독 이 비석은 경교가 전래되는 과정을 비교적 상세하게 서술하고 있다. 대체로 당나라 초기에 비로소 대진국 사제 알로펜이 성경과 성상을 가지고 장안에 도착해서 태종이 관할 부서에 조서를 내려 의녕방에 사원 한 곳을 세우게 하고 사제 21명을 맞이했다. 고종 때 알로펜을 숭상해서 진국대법주로 삼고 이에 여러 주에 명을 내려 경교 사원을 세우게 했다. 그 사제들은 모두 머리를 깎고 수염을 길렀으며, 일곱 가지 성사聖事와 7일에 한 번씩 제사를 드렸다. 받드는 성상은 삼위일체의 성부로서 시작도 없는 참된 주 여호와이다. 지금 유럽에서 받드는 천주 예수는 그 태어난 해를 거슬러 올라가면 수나라 개황開皇[102] 치세에 해당하는데, 혹자는 대진에서 전래된 종교라고 한다. 비문의 말미에 [건중 2년(781)] 정월[103] 7일·주일에 건립했다고 기록하고 있다. 여기에서 말하는 주일은 역시 그 종교의 언어이다. 『잠연당금석문발미삼潛研堂金石文跋尾三』.[104]

『책부원구冊府元龜』[105]에 다음 기록이 있다. "천보天寶 4년(746) 9월 조서를 내려 말했다. 페르시아의 경교經教는 대진국에서 나와 전래된 이래 오랫동안 중국에서 전파되었다. 이에 처음 사원을 건립할 때 페르시아를 사원 이름으로 삼았다. 장차 사람들에게 내보일 때는 반드시 그 근본을 따라야 한다. 장안과 낙양에 있는 파사사波斯寺[페르시아 교회]는 마땅히 대진사로 바꾸어야 하며, 천하 각 주군도 응당 이를 따라야 할 것이다." 이것이 대진사가 건립된 연유이다. 그런데 비문에서 정관 연간에 조서를 내려 대진사라는 이름을 하사했다고 한 것은 이방인 사제가 과장해서 한 말이다. 서원여의 『중암사비』에 의하면 "중국의 삼이사를 모두 합해도 일개 작은 마을 불교 사찰의 수에도 미치지 못한다"라고 하는데, 불교 사찰이 단자 하나라면 이방인 사원은 셋이라는 것이다. 마니는 마니교[106]이고, 대진은 경교이며, 현신은 조로아스터교[107]로서, 지금 서원여의 기록에 의거해서 상세하게 고찰할 수 있다. 『장안지長安志』[108]에 다음 기록이 있다. "포정사布政司 서남쪽 구석의 호오사胡襖祠는 무덕武德 4년(621)에 세워졌는데, 서역의 호천신胡天神이다. 호오사에는 사르타바Sārthavāk[109]가 있어 현신祆神을 받들어 모셨는데, 그 직책을 호축胡祝이라고도 불렀다." 『동경기東京記』에서는 『사이조공도四夷朝貢圖』를 인용해서 다음과 같이 말하고 있다. "강국康國[110]에는 현祆이라는 신이 있고, 필국畢國[111]에는 화현사火祆祠가 있다"라고 하는데, 신의 이름을 따서 사당을 세운 듯하다. 왕부王溥의 『당회요唐會要』에 다음 기록이 있다. "파사국[페르시아]은 서쪽으로 토번吐番·강거康居[112]와 접하고, 서북쪽으로 불름 즉 대진이다. 에 이르고 있다. 그 풍속은 하늘과 땅·해와 달·물과 불 등 여러 신을 섬긴다. 서역의 여러 이방인이 섬기는 화현火祆은 모두 파사에 가서 예법을 전수받았기 때문에 파사교라고 하는데, 이는 곧 화현이다." 송나라 사람 요관姚寬은 다음과 같이 말한다. "화현의 현 자는 하늘을 따르는 것이니, 즉 호신胡神이다. 불경의 이른바 마헤슈바라Mahesvara[113]는 본래 대파사국에서 나온 것으로 조로아스터Zoroaster[114]라고 한다. 제자 현진玄眞[115]은 파사국의 대총장大總長으로서 화산이 분출하듯이 후에 중국에 파사교를 전파했다." 그러나 현신은 유일신으로 불만을 섬기는데, 요관은 마헤슈바라라는 신이 파사교를 하늘과 땅, 물과 불의 총체를 섬기는 것으로 여겨서 여러 이방인이 모두 그 가르침을 전수받았기 때문에 하나의 신만을 받들지 않게 된 것이다. 대진교는 본래 파사에서 나오지 않았으며, 여호와에서 나와서 스스로 주변의 이민족과 구별했다. 경교비에서 이르기를 365개 종파 중 혹자는 공空과 유有 양자를 혼동했으며,[116] 혹자는 기도와 제사로서 복을 구했으니,[117] 저들은 욕심이 지나쳤음에도 불구하고 문제 삼지 않았다. 당초 파사의 이름을 빌려서 장안에 들어온 후 이에 이름을 바꾸어 새롭게 섰다. 가령 마니[118]는 지반志磐[119]의 『불조통기佛祖統紀』[120] 서문에 다음과 같이 상세히 언급하고 있다. "개원 20년(732) 조칙을 내려 마니는 본래 사교邪敎인데 망령되이 불법을 사칭하나, 이미 서역 이민족의 사법師法이 되어 그 무리만 믿고 있으니 굳이 단속할 필요는 없다고 했다. 회창會昌[121] 3년(843) 가을 조칙을 내려 도성의 여자 마니교 신자 72명을 모두 죽였다. 후량後梁 정명貞明[122] 6년(920) 진주陳州의 마니교 신자가 반란을 일으켜 무을毋乙[123]을 세워 천자로 삼았으나 군대를 보내 사로잡아 참수했다. 그 무리는 향이 강한 채소와 술을 먹지 않고, 밤에는 모여 음란한 짓을 하며, 마왕魔王이 걸터앉아 있고 부처가 그 발을 씻어 주는 그림을 그려 놓고는 부처는 대승大乘의 경지에 오르지만 우리는 상승上乘의 경지에 오른다고 한다. 대체로 마니교는 백운교白雲敎·백련교白蓮敎의 유파로서 삼이사三夷寺 중에 가장 졸렬하다. 서원여가 삼이사에 대해 논한 것을 근거로 판단하면 삼이사는 모두 외도外道[124]이며 사교이다. 이른바 '경교유행비'는 모두 교활한 이방인 사제 중 다소 문자를 아는 자가 망령된 언사로 표현한 것일 뿐, 마니·현신과 다를 바가 없다." 전겸익錢謙益의 「경교고景敎考」.

생각하건대, 서양에서 받드는 천주 예수를 혹자는 대진에서 전파된 종교라고 한다. 비문에 "십자를 나누어서 사방을 정했다"라는 말에 의거하면 지금의 천주교와 흡사하기도 하다. 그러나 『일하구문고日下舊聞考』[125]에 따르면 천주당은 서양의 마테오 리치가 세운 것으로, 그는 유럽에서 9만 리를 항해해 중국에 들어와 천주를 숭배했다고 한다. 예를 들어 대진은 일명 유다로서 지금의 서터키를 가리키는데, [서터키는] 유럽의 남쪽, 인도의 서쪽으로 [대진과는] 서로 매우 멀리 떨어져 있어 전혀 같은 곳으로 볼 수는 없다. 항세준杭世駿[126]이 말하는 당나라 시기의 회흘回紇은 즉 지금의 회회回回로, 그 설 역시 맞지 않다. 당나라의 회흘은 즉 회골回鶻로, 그 지역은 설연타薛延陀[127]와 이웃하고 있으며, 장안까지는 무려 7천 리나 떨어져 있다. 예를 들어 회회에 있는 종주국의 경우, 지금 『직방외기』 등 여러 서적을 참고하면 예전 대진국의 동쪽에 있던 일명 페르시아로 지금의 포사대백두包社大白頭이며, 회흘과는 매우 멀리 떨어져 있어 역시 같은 곳으로 볼 수는 없다. 비문에서는 대진국의 상덕 알로펜을 언급하고 있는데, 『당서唐書』 「서역전西域傳」에서는 여러 나라를 언급하면서 오직 불름을 대진으로 부르고는 있으나, 경교가 중국에 전래되었다는 것은 한마디도 언급하고 있지 않다. 『당회요』에서 파사국은 서북쪽으로 불름과 닿아 있다고 언급하고 있는 것에서 파사는 불름의 동남쪽에 있기 때문에 『장안지』에 기록되어 있는 대진사를 처음에는 파사사라고 한 것이다.

천보 4년(746)의 조서에 의하면 파사경교波斯經教가 대진에서 나왔다고 했으니, 이른바 경교는 실제 파사에서 나왔으나, 그 근원을 거슬러 올라가면 대진국이다. 『당서』 「서역전」에서 파사는 장안에서 1만 5천 리 떨어져 있으며 현신을 섬긴다고 한다. 『당회요』의 기록과 같으나 역시 경교를 말하는 것은 아니다. 현신의 글자는 응당 시示와 천天에서 나왔고, 호연呼煙 반절로 읽으며, 요夭에서 나온 것과는 다르다. 『설문해자說文解字』에 의하면 관중關中에서는 천天을 현祆이라고 하고, 『광운廣韻』에서는 호신胡神이라고 한다. 이른바 관중이란 서역을 통괄해서 말한 것이다. 서북 지역의 나라에서는 하늘을 가장 숭배하기 때문에 군장을 천가한天可汗이라고 하며, 산을 천산天山, 신을 현신이라고 한다. 연장해서 유럽에서 받드는 종교를 천주라고 하는데, 모두 하늘이 이에 해당한다. 『당서』 「서역전」[128]에 기록된 파사국의 풍속은 지금 회회回回와 서로 같다. 경교 비문에서 '불변하며 참으로 고요하고(常然眞寂)', '참된 위광을 감추고서(戢隱眞威)', '한낮에 하늘로 올라가셨다(亭午昇眞)', '참되고 영원한 진리(眞常之道)', '청운의 뜻을 품고서 참된 경전을 싣고(占青雲而載眞經)'라고 언급한 것에서 '진眞' 자는 여러 차례 거론되고 있다. 오늘날 건립되는 회회당을 예배사 또는 진교사라고 하는데, 지금의 회회교는 처음부터 경교에서 근원하지 않은 것은 아니다. 그러나 그중에는 자연히 같음과 다름이 있는데, 특히 그 종교는 정통하기가 어려워 분석할 수 없어 당분간 여러 견해를 수집해서 폭넓게 고찰할 필요가 있다. 비문에서는 경교의 '경' 자의 의의에 대해 단지 두 마디 말로 "밝고 큰 별이 기쁜 소식을 알리니(景宿告祥)", "밝은 태양이 높이 걸려 어둠의 세계를 타파하고(懸景日以破暗府)"라고 하니, 이는 밝은 별·밝은 빛·빛나게 비춘다는 뜻과 부합한다. 그런즉, 당나라에서 피휘해서 경景으로 병丙을 대신했다는 것은 바로 이 뜻인가?[129] 『금석췌편金石萃編』.

『사고전서제요四庫全書提要』에 다음 기록이 있다.

『서학범西學凡』[130] 1권, 부록 당 「대진사비大秦寺碑」 1편. 비문에 정관 12년(638) 대진국의 알로펜이 멀리서 성경과 성상을 가지고 장안성에 와서 바치니, 칙령을 내려 의녕방에 대진사 1개소를 조성하고 사제 21명을 맞이했다고 한다. 『서계총어西溪叢語』[131]에 의거하면 당나라 정관 5년(631) 무그mugh[132] 알로펜[133]이 현교를 가지고 조정에 이르러 상주를 올리니, 칙령을 내려 장안의 숭화방崇化坊에 현사祆寺를 세우게 하고 대진사, 또는 파사사라고 불렀다. 천보 4년(746) 7월에 이르러 다음과 같이 칙령을 내렸다. "파사경교는 대진에서 나와 전래되어 중국에 전파된 지 오래되었으니, 이에 처음으로 사원을 세워 대진으로 이름을 삼았다. 장차 사람들에게 이를 게시해서 반드시 그 근본을 따르고, 장안과 낙양의 파사사도 아울러 모두 대진사로 개명하니, 전국 여러 주군에서도 이를 기준으로 삼아라."

『책부원구』에 의하면, "개원 7년(719) 토하라 국왕이 표를 올리고 천문과 인문을 해독할 수 있는 모자Možag[134]를 바쳤는데, 매우 지혜로워 물으면 모르는 것이 없었다. 모자가 엎드려 커다란 은혜를 베풀어 주시길 청하니, 그를 불러들여 종교의 교리를 물어보고 나서야 그 사람이 이러한 재주와 능력을 겸비했음을 알게 되었다. 모자는 법당法堂을 하나 설치하고 교리에 따라서 공양하기를 청하였다." 단성식段成式의 『유양잡조酉陽雜俎』[135]에 다음 기록이 있다. "효억국孝億國은 경계가 3천여 리인데, 온 나라가 현신을 섬기고 불교를 알지 못하며 현사는 3천여 곳이 있다." 또한 다음 기록이 있다. "덕건국德建國의 옥수스강Oxus River[136]에는 화현사가 있는데, 전하는 바에 따르면 그 신은 본래 파사국에서 신통력을 발휘해 와서 현사를 세웠다. 현사에는 신상이 없으며, 서쪽 방향으로 큰 건물 아래에 작은 초막을 짓고 사람들은 동쪽을 향해 신을 예배했다. 청동으로 만든 말 하나가 있는데, 나라 사람들은 하늘에서 내려왔다고 한다." 이 몇 가지 설에 의하면 서양인은 이른바 페르시아인[137]이고, 천주는 이른바 현신이다. 모두 중국에 기록되어 있을 뿐만 아니라 이 비문으로도 증명할 수 있다. 또한 두예杜預[138]가 주석을 단 『좌전左傳』「차수지사次睢之社」에 다음 기록이 있다. "수수睢水는 변수汴水를 받아들여 동쪽으로 진류陳留·양국梁國·초군梁國譙郡·팽성彭城을 지나 사수泗水로 흘러 들어간다. 이 강가에는 현신이 있는데 모두 사사社祠이다." 고야왕顧野王[139]의 『옥편玉篇』에도 현 자가 있는데, 음은 하련呵憐 반절이고 현신이라고 주석을 달고 있다. 서현徐鉉은 이에 의거해 『설문해자』에 주석을 달았다. 송민구宋敏求[140]의 『동경기東京記』에 영원방寧遠坊에 현신묘祆神廟가 있다고 기록하고, 주석에서 『사이조공도四夷朝貢圖』를 인용해 강국康國에는 현이라는 이름의 신이 있으며, 필국畢國에는 화현사가 있는데, 혹자에 의하면 석륵石勒[141] 시기에 세워졌다고 한다. 이 현교는 그 유래가 이미 오래되어 역시 당나라에서 비롯된 것은 아니다. 악가岳珂의 『정사桯史』에 다음 기록이 있다. "번우현番禺縣의 해적 중 가장 호걸은 포씨蒲氏[142]로, 백번인白番人이라고 불렸으며, 본래 참파의 귀인貴人으로 중국에 머물면서 수출입 물품을 유통했다. 가옥은 예에 지나칠 정도로 사치스럽고, 성품은 귀신을 숭상하며 청결함을 좋아해서, 평일에는 종일토록 엎드려 절하며 복을 구한다. 사당에서 제사를 지내는 것은 마치 중국의 부처와 같지만, 실제 성상을 설치하지는 않고 난삽하게 중얼거리는데, 또한 무슨 말인지 알 수 없으니, 결국 어떤 신을 섬기는지 알 수 없구나! 경교비의 높이와 너비가 몇 길이나 되고, 위에는 모두 전서와 주문籒文 같은 이상한 서체가 새겨져 있는데, 이것이 성상으로, 경배하는 자들은 모두 이를 향한다." 이 현교는 송나라 말기에 이르러 상선을 통해 광주에 이르렀는데, 마테오 리치가 처음 내항해서 예전부터 [이런 종교는] 본 적이 없다고 하며 기이하게 여겼다. 줄리오 알레니는 이 책에서 이미 당나라 비문을 원용해서 스스로 증명했으니, 현교는 더욱 의심할 여지가 없다. 이에 옛일을 원용해서 그 원류를 파헤치는 사람이 한 명도 없어 마침내 전국에 만연하게 되었다. 무릇 만력 이래 사대부들은 대체로 심학에 경도되어 어록을 남기는 것을 일생의 대사로 여겼기 때문에, 실상에 입각해 옛것을 고찰하지 않아서 결국 사설이 널리 퍼지게 된 것이다.

『景教流行中國碑』

唐建中二年, 大秦寺僧景淨述.

粵若! 常然眞寂, 先先而元無, 窅然靈虛. 後後而妙有, 總玄樞而造化, 妙衆聖以元尊者, 其唯我三一妙身·無元眞主阿羅訶歟. 判十字以定四方, 鼓元風而生二氣, 暗空易而天地開, 日月運而晝夜作, 匠成萬物, 然立初人. 別賜良和, 令鎭化海. 渾元之性, 虛而不盈, 素蕩之心, 本無希嗜. 洎乎娑殫施妄, 鈿飾純精, 閒平大于此是之中, 隙冥同於彼非之內. 是以三百六十五種, 肩隨結轍, 競織法羅. 或指物以記宗, 或空有以淪二, 或禱祀以邀福, 或伐善以矯人. 智慮營營, 恩情役役, 茫然無得, 煎迫轉燒. 積昧亡途, 久迷休復. 於是我三一分身, 景尊彌施阿, 戢隱眞威, 同人出代. 神天宣慶, 室女誕聖于大秦. 景宿告祥, 波斯睹耀以來貢. 圓廿四聖有說之舊法, 理家國於大猷. 設三一淨風無言之新教, 陶良用于正信. 制八境之度, 鍊塵成眞. 啓三常之門, 開生滅死. 懸景日以破暗府, 魔妄於是乎悉摧. 棹慈航以登明宮, 含靈於是乎既濟. 能事斯畢, 亭午昇眞. 經留廿七部, 張元化以發靈關. 法浴水風, 滌浮華而潔虛白. 印持十字, 融四照以合無拘. 擊木震仁惠之音, 東禮趣生榮之路. 存鬚所以有外行, 削頂所以無內情. 不畜臧獲, 均貴賤于人. 不聚貨財, 示罄遺於我. 齋以伏識而成, 戒以靜愼爲固. 七時禮讚, 大庇存亡. 七日一薦, 洗心反素. 眞常之道, 妙而難名, 功用昭彰, 強稱景敎. 惟道非聖不弘, 聖非道不大, 道聖符契, 天下文明.

太宗文皇帝光華啓運, 明聖臨人. 大秦國有上德曰阿羅本, 占青雲而載眞經, 望風律以馳艱險, 貞觀九祀, 至于長安. 帝使宰臣房公玄齡總仗西郊, 賓迎入內, 翻經書殿, 問道禁闈. 深知正眞, 特令傳授.

貞觀十有二年秋七月, 詔曰, "道無常名, 聖無常體, 隨方設敎, 密濟群生. 大秦國大德阿羅本, 遠將經像來獻上京. 詳其敎旨, 玄妙無爲, 觀其玄宗, 生成立要. 詞無繁說, 理有忘筌, 濟物和人, 宣行天下." 所司卽於京義寧坊造大秦寺一所, 度僧廿一人. 宗周德喪, 青駕西昇, 巨唐道光, 景風東扇. 旋令有司將帝寫眞, 轉摸寺壁. 天姿泛彩, 英朗景門, 聖迹騰祥, 永輝法界.

案『西域圖記』及漢魏史策, 大秦國南統珊瑚之海, 北極衆寶之山, 西望仙境花林, 東接長風弱水. 其土出火浣布·返魂香·明月珠·夜光璧. 俗無寇盜, 人有樂康. 法非景不行, 主非德不立. 土宇廣闊, 文物昌明. 高宗皇帝克恭纘祖, 潤色眞宗, 而於諸州各置景寺, 仍崇阿羅本爲鎭國大法主. 法流十道, 國富元休. 寺滿百城, 家殷景福. 聖曆年釋子用壯, 騰口於東周, 先天末下士大笑, 訕謗於西鎬. 有若僧首羅含大德及烈, 竝金方貴緒, 物外高僧, 共振玄綱, 俱維絶紐.

玄宗至道皇帝令寧國等五王親臨福宇, 建立壇場. 法棟暫橈而更崇, 道石時傾而復正. 天寶初, 令大將軍高力士送五聖寫眞寺內安置, 賜絹百疋, 奉慶睿圖. 龍髯雖遠, 弓劍可攀, 日角舒光, 天顏咫尺. 三載, 大秦國有僧佶和, 瞻星向化, 望日朝尊. 詔僧羅含·僧普論等一七人與大德佶和於興慶宮修功德. 肅宗文明皇帝於靈武等五郡重立景寺. 代宗文武皇帝, 每於降誕之辰, 錫天香以告成功, 頒御饌以光景衆.

我建中聖神文武皇帝, 披八政以黜陟幽明, 闡九疇以惟新景命, 化通玄理,祝無愧心. 至於方大而虛, 專靜而恕, 廣慈救衆苦, 善貸被羣生者, 我修行之大猷, 汲引之階漸也. 若使風雨時, 天下靜, 人能理, 物能清, 存能昌, 歿能樂, 念生響應, 情發自誠者, 我景力能事之功用也.

大施主金紫光祿大夫同朔方節度副使·試殿中監賜紫袈裟僧伊斯, 和而好惠, 聞道勤行, 遠自王舍之城, 聿來中夏. 術高三代, 藝博十全. 始効節於丹庭, 乃策名於王帳. 中書令汾陽郡王郭公子儀, 初總戎於朔方也, 玄宗俾之從邁. 雖見親於臥內, 不自異於行間. 爲公爪牙, 作軍耳目. 能散祿賜, 不積於家, 獻臨恩之頗黎, 布辭囗之金罽. 或仍其舊寺, 或重廣法堂, 崇飾廊宇, 如翬斯飛. 更效景門, 依仁施利. 每歲集四寺僧徒, 虔事精供, 備諸五旬. 餧者來而飯之, 寒者來而衣之, 病者療而起之, 死者葬而安之. 淸節達娑, 未聞斯美, 白衣景士, 今見其人. 願刻洪碑, 以揚休烈.

詞曰: 眞主無元, 湛寂常然. 權輿匠化, 起地立天. 分身出代, 救度無邊. 日昇暗滅, 咸證眞玄. 赫赫文皇, 道冠前王. 乘時撥亂, 乾廓坤張. 明明景教, 言歸我唐. 翻經建寺, 存歿舟航. 百福偕作, 萬邦之康. 高宗纂祖, 更築精宇. 和宮敞朗, 遍滿中土. 眞道宣明, 式封法主. 人有樂康, 物無災苦. 玄宗啟聖, 克修眞正. 御牓揚輝, 天書蔚映. 皇圖璀璨, 率土高敬. 庶績咸熙, 人賴其慶. 肅宗來復, 天威引駕. 聖日舒晶, 祥風掃夜. 祚歸皇室, 祓氛永謝. 止沸定塵, 造我區夏. 代宗孝義, 德合天地. 開貸生成, 物資美利. 香以報功, 仁以作施. 暘谷來威, 月窟畢萃.

建中統極, 聿修明德. 武肅四溟, 文淸萬域. 燭臨人隱, 鏡觀物色. 六合昭蘇, 百蠻取則. 道惟廣兮應惟密, 強名言兮演三一. 主能作兮臣能述, 建豊碑兮頌元吉.

大唐建中二年歲在作噩太蔟月七日大耀森文日建立. 時法主僧寧恕知東方之景衆也.

朝議郎前行台州司士參軍呂秀巖書.

方碑下及東西三面, 皆列彼國字式, 下有助檢校·試太常卿賜紫袈裟, 寺主僧業利, 檢校建立碑石僧行通, 雜於字中. 字皆左轉, 弗能譯悉. 按碑三一妙身·無玄眞主阿羅訶者, 敎之主也. 大秦國上德阿羅本者, 於貞觀九年至長安也. 京兆府義寧坊建大秦寺, 度僧廿一人, 貞觀十有二年也. 此卽天主敎入中國之始. 『來齋金石考略』.

右『景敎流行中國碑』. 景敎者, 西域大秦國人所立敎也. 舒元輿重巖寺碑雜夷而來者, 有摩尼焉, 大秦焉, 秋 疑祆字. 神焉, 合天下三夷寺, 不足當吾釋氏一小邑之數. 今摩尼·祆神祠久廢, 不知所自, 獨此碑敍景敎傳授頗詳. 蓋始於唐初, 大秦僧阿羅本攜經像至長安, 太宗詔所司於義寧坊造寺一所, 度僧甘一人. 高宗時, 崇阿羅本爲鎭國大法主, 仍令諸州各置景寺. 其僧皆削頂留鬚, 七時禮讃, 七日一薦. 所奉之像則三一妙身, 無元眞主阿羅訶也. 今歐羅巴奉天主耶穌, 溯其生年, 當隋開皇之世, 或云卽大秦遺敎. 後題大簇月七日·大耀森文日建立. 所云大耀森文, 亦彼敎中語也. 『潛研堂金石文跋尾三』.

『冊府元龜』: 天寶四載九月詔曰: “波斯經敎, 出自大秦, 傳習而來, 久行中國. 爰初建寺, 因以爲名. 將以示人, 必循其本. 其兩京波斯寺宜改爲大秦寺, 天下諸州郡宜準此.” 此大秦寺建立之緣起. 而碑言貞觀中卽詔賜名大秦寺, 夷僧之誇詞也. 舒元輿『重巖寺碑』云, “合天下三夷寺, 不足當吾釋寺一小邑之數”, 釋寺唯一, 夷寺有三. 摩尼卽末尼也, 大秦卽景敎也, 祆神卽波斯也, 今據元輿記而詳考之. 『長安志』曰: “布政司西南隅胡祅祠, 武德四年立, 西域胡天神也. 祠有薩寶府官, 主祠祆神, 亦以胡祝稱其職.” 『東京記』引『四夷朝貢圖』云: “康國有神名祆, 畢國有火祆祠”, 疑因是建廟. 王溥『唐會要』云: “波斯國西與吐番·康居接, 西北距拂菻. 卽大秦也. 其俗事天地·日月·水火諸神. 西域諸胡事火祆者, 皆詣波斯受法, 故曰波斯教, 卽火祆也." 宋人姚寬曰: "火祆, 字從天, 胡神也. 經所謂摩醯首羅, 本起大波斯國, 號蘇魯支. 有弟子名元眞, 居波斯國, 大總長. 如火山, 後化行於中國." 然祆神專主事火, 而寬以爲摩醯首羅者, 以波斯之教事天地水火之總, 故諸胡皆詣受教, 不專一法也. 大秦之教本不出于波斯, 及阿羅訶者出, 則自別於諸胡. 碑言三百六十五種之中, 或空有以淪二, 或禱祀以邀福, 彼不欲過而問焉. 初假波斯之名以入長安, 後乃改名以立異. 若末尼, 則志磐『統紀』序之獨詳, "開元二十年敕云: 末尼本是邪見, 妄稱佛法, 既爲西胡師法, 其徒自行, 不須科罰. 會昌三年秋, 敕京城女末尼凡七十二人皆死. 梁貞明六年, 陳州末尼反, 立毋乙爲天子, 發兵禽斬之. 其徒不茹葷酒, 夜聚淫穢, 畫魔王踞坐, 佛爲洗足, 云佛上大乘, 我乃上上乘. 蓋末尼爲白雲·白蓮之流, 於三種中爲最劣. 以元輿三夷寺之例核而斷之, 三夷寺皆外道也, 皆邪教也. 所謂「景教流行」者, 皆夷僧之黠者, 稍通文字妄爲之詞, 非果有異於摩尼·祆神也." 錢氏『景教考』.

按: 西洋奉天主耶穌, 或謂卽大秦遺敎. 據碑有判十字以定四方之語, 與今天主教似合. 然『日下舊聞考』載天主堂搆於西洋利瑪竇, 自歐羅巴航海九萬里入中國, 崇奉天主云云. 若大秦, 一名如德亞, 今稱西多爾其, 在歐羅巴南, 印度之西, 相距甚遼遠, 似不能合爲一也. 杭氏謂唐之回紇, 卽今之回回, 說亦未然. 唐之回紇, 卽回鶻, 其地與薛延陀爲隣, 距長安祗七千里. 若回回有祖國, 以今『職方』諸書考之, 在古大秦國之東, 一名伯爾西亞, 今稱包社大白頭番, 與回紇隔遠, 亦不能合爲一也. 碑稱大秦國上德阿羅本, 而『唐書』「西域傳」所載諸國, 惟拂菻一名大秦, 然無一語及景教入中國之事. 『唐會要』稱波斯國西北距拂菻, 則波斯在拂菻之東南, 故『長安志』所載大秦寺, 初謂之波斯寺.

玩天寶四載詔書, 波斯經敎出於大秦, 則所謂景敎者, 實自波斯, 而溯其源於大秦也.『唐書』「西域傳」: 波斯距京師萬五千里, 其法祠祆神. 與『唐會要』語同, 然亦無所謂景敎者. 祆神字當從示從天, 讀呼煙切, 與從夭者別.『說文』云, 關中謂天爲祆,『廣韻』云, 胡神. 所謂關中者, 統西域而言. 西北謂國事天最敬, 故君長謂之天可汗, 山謂之天山, 而神謂之祆神. 延及歐羅巴, 奉敎謂之天主, 皆以天該之. 唐傳載波斯國俗, 似與今回回相同. 此碑稱常然眞寂, 戢隱眞威, 亭午昇眞. 眞常之道, 占靑雲而載眞經, 擧眞字不一而足. 今所建回回堂謂之禮拜寺, 又謂之眞敎寺, 似乎今回回之敎未始不源於景敎. 然其中自有同異, 特以彼敎難通, 未能剖析, 姑備錄諸說以資博考. 至碑稱景敎, 景字之義, 文中只二語, 云 "景宿告祥", "懸景日以破暗府", 是與景星·景光·流照之義相符. 然則唐避諱而以景代丙, 亦此義歟?『金石萃編』.

『四庫全書提要』曰:『西學凡』一卷, 附錄唐「大秦寺碑」一篇. 碑稱貞觀十二年, 大秦國阿羅本遠將經像來獻上京, 卽於義寧坊敕造大秦寺一所, 度僧二十一人云云. 考『西溪叢語』, 載唐貞觀五年, 有傳法穆護何祿將祆敎詣闕聞奏, 敕令長安崇化坊立祆寺, 號大秦寺, 又名波斯寺. 至天寶四年七月敕: "波斯經敎, 出自大秦, 傳習而來, 久行中國, 爰初建寺, 因以爲名. 將以示人, 必循其本, 其兩京波斯寺竝宜改爲大秦寺, 天下諸州郡有者準此."『冊府元龜』載: 開元七年, 吐火羅國王上表獻解天文人文慕闍, 智慧幽深, 問無不知. 伏乞天恩喚取, 問諸敎法, 知其人有如此之藝能. 請置一法堂, 依本敎供養. 段成式『酉陽雜俎』載: 孝億國界三千餘里, 擧俗事祆, 不識佛法, 有祆祠三千餘所. 又載: 德建國烏滸河中有火祆祠, 相傳其神本自波斯國乘神通來, 因立祆祠. 內無像, 於大屋下置小廬舍, 向西, 人向東禮神. 有一銅馬, 國人言自天而下. 據此數說, 則西洋人卽所謂波斯, 天主卽所謂祆神, 中國具有紀載, 不但有此碑可證. 又杜預注『左傳』「次睢之社」曰: 睢受汴, 東經陳留·梁譙·彭城入泗. 此水次有祆神, 皆社祠. 顧野王『玉篇』亦有祆字, 音嗬憐切, 注爲祆神. 徐鉉據以增入『說文』. 宋敏求『東京記』載: 寧遠坊有祆神廟, 注曰: 『四夷朝貢圖』云, 康國有神名祆, 畢國有火祆祠, 或曰石勒時立. 此是祆教, 其來已久, 亦不始於唐. 岳珂『桯史』記: 番禺海獠其最豪者蒲姓, 號白番人, 本占城之貢人, 留中國以通往來之貨. 屋室侈靡逾制, 性尙鬼而好潔, 平居終日相與膜拜祈福. 有堂焉以祀, 如中國之佛, 而實無像設, 稱謂聱牙, 亦莫能曉, 竟不知爲何神! 有碑高袤數丈, 上皆刻異書如篆籒, 是爲像主, 拜者皆向之. 是祆教至宋之末年, 尙由賈舶達廣州, 而利瑪竇之初來, 乃詫爲亘古未睹. 艾儒略作此書旣援唐碑以自證, 則其爲祆教更無疑義. 乃無一人援古事以抉其源流, 遂使蔓延於海內. 蓋萬曆以來, 士大夫大抵講心學, 刻語錄, 卽盡一生之能事, 故不能徵實考古, 以遏邪說之流行也.

주석

1 『경교유행중국비』: 비석의 정식 명칭은 『대진경교유행중국비大秦景教流行中國碑』이다. 중국 당나라 건중 2년(781) 장안 서녕방西寧坊의 대진사에 세워진 경교의 중국 전래를 전하는 비석으로, 초기 천주교의 전파를 연구하는 데 대단히 중요한 사료이다.

2 아담Adam: 원문은 '경정景淨'이다.

3 성부: 원문은 '묘신妙身'이다. 경교에서는 삼위일체의 세 위격을 묘신(성부), 응신應身(성자), 증신證身(성령)이라고 한다.

4 여호와: 원문은 '아라하阿羅訶'로, 여호와의 음역이다.

5 성령: 원문은 '원풍元風'이다.

6 하와Hawwāh: 원문은 '양화良和'로, 이브라고도 한다.

7 원초적 본성: 원문은 '혼원지성渾元之性'이다. 본래 '천지의 기운'을 의미하지만, 여기에서는 문맥상 인간의 원초적 본성으로 번역한다.

8 사탄: 원문은 '파탄婆殫'이다. 사탄은 구약성서에서 '대적자'를 뜻하는 히브리어의 음역이다.

9 동등: 원문은 '평대平大'이다. 광서 2년본에는 '혼대渾大'로 되어 있으나 『대진경교유행중국비』에 따라 고쳐 번역한다.

10 선량한 … 이간질했다: 사탄이 아담과 하와를 속여서 선악과를 먹게 한 장면을 묘사한 것이다.

11 종파의 교리: 원문은 '법라法羅'이다.

12 그리스도: 원문은 '경존景尊'이다.

13 메시아: 원문은 '미시아彌施阿'이다.

14 천사: 원문은 '신천神天'이다.

15 대진국: 당시 유다는 로마(대진)에 복속해 있었기 때문에 대진이라고 한 것이다.

16 동정녀: 원문은 '실녀室女'이다. 아직 결혼하지 않은 여성으로서 여기에서는 동정녀 마리아를 가리킨다.

17 동방박사: 원문은 '파사波斯'이다. 페르시아 출신의 박사로 동방박사라고 한다.

18 예물: 원문은 '공貢'이다. 성서에 의하면 동방박사는 예물로 황금과 유향, 그리고 몰약을 바쳤다고 한다.

19 성령: 원문은 '정풍淨風'이다.

20 팔복八福: 원문은 '팔경八境'이다. 예수가 갈릴리의 작은 산 위에서 제자들과 군중들에게 설교한 것으로, 이른바 산상수훈이라고 한다. 이 설교를 예수 그리스도의 대헌장이라고 부르는데, 팔복은 이 설교의 일부로서 진복팔단眞福八端이라고도 한다. 그 내용을 보면 다음과 같다. 첫째, 마음이 가난한 사람은 행복하다. 하늘나라가 그들의 것이다. 둘째, 슬퍼하는 사람은 행복하다. 그들은 위로를 받을 것이다. 셋째, 온유한 사람은 행복하다. 그들은 땅을 차지할 것이다. 넷째, 옳은 일에 주리고 목마른 사람은 행복하다. 그들은 만족할 것이다. 다섯째, 자비를 베푸는 사람은 행복하다. 그들은 자비를 입을 것이다. 여섯째, 마음이 깨끗한 사람은 행복하다. 그들은 하나님을 뵙게 될 것이다. 일곱째, 평화를 위하여 일하는 사람은 행복하다. 그들은 하나님의 아들이 될 것이다. 여덟째, 옳은 일을 하다가 박해를 받는 사람은 행복하다. 하늘나라가 그들의 것이다.

21 사람: 원문은 '진塵'이다. 불가나 도가에서 속세의 사람들을 가리키는데, 뒤에 나오는 '진인眞人'(참된 자, 온전한 자)과 함께 기독교적으로 차용한 것으로 보인다.

22 세 가지 상도常道: 원문은 '삼상三常'으로, 믿음, 소망, 사랑을 가리킨다.

23 구원의 방주: 원문은 '자항慈航'이다. 불교에서 부처님이 중생을 구제하는 것을 배의 항해에 비유한 것이다.

24 목판을 두드려서: 원문은 '격목擊木'이다. 경교에서는 예배를 드릴 때 종을 울리지 않고 목판을 두드렸다고 한다.

25 동쪽을 향해 예배: 원문은 '동례東禮'이다. 광서 2년본에는 '속례束禮'로 되어 있으나, 『대진경교유행중국비』에 따라 고쳐 번역한다.

26 노비: 원문은 '장획臧獲'이다.

27 일곱 가지 성사: 원문은 '칠시예찬七時禮讚'이다. 그리스도교회의 일곱 가지 성사, 즉 세례성사, 견진성사, 성체성사, 고해성사, 병자성사, 성품성사, 혼인성사를 가리킨다.

28 퍼져 나갈: 원문은 '홍弘'이다. 광서 2년본에는 '원元'으로 되어 있으나 『대진경교유행중국비』에 따라 고쳐 번역한다.

29 태종太宗: 당나라 제2대 황제 이세민李世民(재위 626~649)이다.

30 알로펜Alopen: 원문은 '아라본阿羅本'이다. 대진국의 수도승으로, 네스토리우스 선교사들을 인솔해서 635년 장안에 도착한 후 처음으로 그리스도교를 전파한 사제이다. 『당회요』 권49에서는 그를 페르시아에서 온 승려라는 의미에서 '파사승波斯僧'이라고 기록하고 있다.

31 방현령房玄齡: 광서 2년본에는 방원령房元齡으로 되어 있는데, 강희제康熙帝 애신각라현엽愛新覺羅玄燁의 피휘로 보인다. 방현령(578~648)은 자가 교喬이고, 산동성 제주齊州 임치현臨淄縣 사람이다. 당대의 명재상으로, 15년간 재상직에 머무르며 당 태종을 보좌해서 정관의 치를 이루어 냈다. 알로펜을 맞이할 당시 방현령은 상서령으로서 당나라의 행정을 관장했다.

32 청우靑牛: 원문은 '청靑'이다. 『사기』에 따르면 주나라의 도가 쇠퇴하자 노자가 청우를 타고 함곡관을 지나갔다고 한다.

33 경교도: 원문은 '경문景門'이다.

34 산호의 바다: 홍해를 가리키는 것으로 추정된다.

35 보배로운 산들: 캅카스 지방의 흑해와 카스피해 사이에 있는 캅카스산맥Kavkaz Mountains을 가리키는 것으로 추정된다.

36 세찬 바람이 부는 약수弱水: 커다란 강이란 의미로, 티그리스강과 유프라테스강을 가리키는 것으로 추정된다.

37 화완포火浣布: 석면포로, 불에 잘 타지 않는 직물이다.

38 반혼향返魂香: 향내를 맡으면 죽은 사람도 다시 살린다고 하는 서역의

향이다.

39 고종황제: 당나라 제3대 황제 이치李治(재위 649~683)이다.

40 참된 진리: 원문은 '진종眞宗'이다. 여기에서는 경교의 가르침을 가리킨다.

41 전국: 원문은 '십도十道'이다. 당나라 시기 전국을 십도로 구분했다.

42 성력聖曆: 당대 측천무후(재위 690~705)의 10번째 연호(698~700)이다.

43 낙양: 원문은 '동주東周'이다.

44 선천先天: 당나라 제6대 황제 현종의 첫 번째 연호(712~713)이다.

45 장안: 원문은 '서호西鎬'이다. 서주의 도읍지 호경으로, 당나라의 장안을 가리킨다.

46 승수僧首: 경교 승려의 우두머리라는 의미에서 사제장司祭長에 해당한다.

47 아브라함Abraham: 원문은 '라함羅含'이다.

48 가브리엘Gabriel: 원문은 '급열及烈'이다.

49 현묘한 가르침: 원문은 '현강玄綱'이다. 광서 2년본에는 '굉강宏綱'으로 되어 있으나 『대진경교유행중국비』에 따라 고쳐 번역한다.

50 지도대성대명효황제至道大聖大明孝皇帝: 원문은 '지도황제至道皇帝'로, 현종의 시호이다.

51 현종玄宗: 당나라 제6대 황제 이융기李隆基(재위 712~756)이다.

52 몸소: 원문은 '친親'이다. 광서 2년본에는 '신新'으로 되어 있으나, 『대진경교유행중국비』에 따라 고쳐 번역한다.

53 사원: 원문은 '복우福宇'이다.

54 경교 사원: 원문은 '법동法棟'이다.

55 천보天寶: 당나라 제6대 황제 현종의 세 번째 연호(742~756)이다.

56 고력사高力士: 비문에서 대장군으로 등장하지만, 고력사(690~762)는 당나라 현종 때 환관이다.

57 5대 성왕: 원문은 '오성五聖'이다. 당나라 제1대 황제에서 제5대 황제까지를 가리키는 것으로 추정된다.

58 비록 황제黃帝는 … 손에 닿을 듯하며: 전설상의 황제가 용을 타고 승천할 때 신하들을 태우고 갔는데, 용의 등을 타지 못한 신하들이 용의 수

염을 잡고 올라가다가 수염이 뽑혀 떨어지면서 그만 황제의 활과 칼을 떨어뜨렸다고 한다. 이에 용의 수염은 승천한 황제를 상징하고 활과 화살은 황제의 유품을 상징한다.

59 이마: 원문은 '일각日角'이다.

60 게오르기오스Georgios: 원문은 '길화佶和'로, 사제의 세례명이다.

61 바오로Paulus: 원문은 '보론普論'으로, 사제의 세례명이다.

62 홍경궁興慶宮: 당나라 현종이 장안에 조성한 궁전으로, 태극궁太极宮, 대명궁大明宮과 더불어 삼대 궁전의 하나이다.

63 문명무덕대성대선효황제文明武德大聖大宣孝皇帝: 원문은 '문명황제文明皇帝'로, 숙종의 시호이다.

64 숙종肅宗: 당나라 제7대 황제 이형李亨(재위 756~762)이다.

65 영무靈武: 지금의 영하寧夏 회족回族 자치구이다. 안사安史의 난으로 장안이 함락되고 현종이 사천성 성도로 피신하면서 분조分朝해 숙종이 영무에서 즉위했다.

66 보응원성문무효황제寶應元聖文武孝皇帝: 원문은 '문무황제文武皇帝'로, 대종의 시호이다.

67 대종代宗: 당나라 제8대 황제 이숙李俶(재위 762~779)이다.

68 건중建中: 당나라 제9대 황제 덕종의 연호(780~783)이다.

69 성신문무황제聖神文武皇帝: 덕종의 존호이다.

70 팔정八定: 여덟 가지 주요 정책으로, 농사·재정·종교·토지·교육·재판·외교· 군사를 가리킨다.

71 구주九疇: 천하를 다스리는 9개 조목으로, 우왕이 제정했다고 한다. 9개 조목은 오행五行·오사五事·팔정八政·오기五紀·황극皇極·삼덕三德·계의稽疑·서징庶徵 및 오복五福과 육극六極이다.

72 고귀하면서 … 공로일 것이다: 이 부분은 광서 2년본에는 없으나, 『대진경교유행중국비』에 따라 보충해 번역한다.

73 자색 가사: 원문은 '자가사紫袈裟'이다. 당나라 시기에는 고승의 존엄을 표시하기 위해 가사를 하사하는 제도가 있었는데 그중 자색 가사는 최

고 등급이었다.

74 이삭Isaac: 원문은 '이사伊斯'로, 사제의 세례명이다.

75 라지기르성Rajgir: 원문은 '왕사지성王舍之城'으로, 왕사성王舍城, 사성舍城이라고도 한다. 고대 인도 마가다 왕국Magadha kingdom의 첫 번째 수도로, 옛 땅은 지금의 인도 비하르주 서남쪽에 위치한다.

76 그의 학술은 … 이름을 날렸다: 이 부분은 광서 2년본에는 없으나, 『대진경교유행중국비』에 따라 보충해 번역한다.

77 곽자의郭子儀: 곽자의(697~781)는 당나라의 정치가이자 군인으로, 현종·숙종·대종·덕종 4대를 섬겼다. 그는 안사의 난에서 큰 공을 세웠으며, 이후 여러 차례에 걸쳐 이민족의 침입을 물리쳐 당나라를 대표하는 명장으로 유명하다.

78 그는 … 행동하였다: 이 부분은 광서 2년본에는 없으나, 『대진경교유행중국비』에 따라 보충해 번역한다.

79 유리: 원문은 '파려頗黎'이다.

80 타르사Tarsa: 원문은 '달사達娑'이다. 페르시아어로 크리스천의 의미이다.

81 문무대성황제文武大聖皇帝: 원문은 '문황文皇'으로, 당 태종의 시호이다.

82 대주교: 원문은 '법주法主'이다.

83 중국: 원문은 '구하區夏'로, 화하華夏라고도 한다.

84 환란은 … 만드셨도다: 숙종이 현종의 뒤를 이어 즉위해 안사의 난을 진압한 후 다시 당나라를 재건한 사실을 의미한다.

85 덕종: 원문은 '건중建中'이다.

86 천지사방: 원문은 '육합六合'이다.

87 정월: 원문은 '태족월太簇月'이다.

88 주일: 원문은 '대요삼문일大耀森文日'이다. 페르시아어 Ev-sambat(주일)의 음역으로, 서력으로 환산하면 781년 2월 4일 일요일을 가리킨다.

89 하난이슈Hananishu: 원문은 '영서寧恕'이다. 하난이슈는 774년에 경교회의 대주교에 취임해서 778년에 선종했다. 경교비가 세워진 해에 그는 이미 세상을 떠났지만, 비문이 이미 찬술되었기 때문에 그대로 새겨진 것

으로 추정된다.

90 조의랑朝議郎: 당대 정6품 문관이다.

91 전행前行: 상서성 각부 배열순인 전행, 중행, 후행 3등급의 하나이다.

92 태주台州: 지금의 절강성 태주시이다.

93 사사참군司士參軍: 정7품 이하의 관직명으로, 고대 제왕 및 장수의 막료이다.

94 여수암呂秀巖: 여수암에 대해서는 상세한 기록은 전해지지 않으나, 여불위呂不韋의 후손으로 글씨도 뛰어났던 것 같다. 그는 토목·공예를 관리하는 관직에 있으면서 또한 경교신학교의 교장을 역임했다.

95 칭송해서 말한다. … 여수암이 쓰다: 이 부분은 광서 2년본에는 없으나, 『대진경교유행중국비』에 따라 보충해 번역한다.

96 저 나라의 문자: 원문은 '피국자식彼國字式'이다. 비석 정면의 하단과 동서 삼면에는 에스트란게로Estrangelo라 불리는 시리아 문자로 경교 승려 70인의 이름을 새기고 그에 상응하는 한자명을 기록하고 있다.

97 가브리엘Gabriel: 원문은 '업리業利'이다. 광서 2년본에는 '업찰業刹'로 되어 있으나 『대진경교유행중국비』에 따라 고쳐 번역한다.

98 사브라니쇼Sabranīšō: 원문은 '행통行通'이다.

99 『내재금석고략來齋金石考略』: 광서 2년본에는 '『미재금석고략未齋金石考略』'으로 되어 있으나 원래 명칭에 따라 고쳐 번역한다.

100 서원여舒元輿: 서원여(791~835)는 자가 승원升遠, 무주婺州 동양東陽 사람으로, 당나라 원화元和 8년(813) 진사에 급제했다.

101 삼이사三夷寺: 당대 불교와 함께 장안을 중심으로 번성한 마니교, 조로아스터교, 경교 사원을 가리킨다.

102 개황開皇: 수나라 문제文帝 양견楊堅의 연호(581~600)이다.

103 정월: 원문은 '대족월大簇月'이다.

104 『잠연당금석문발미삼潛研堂金石文跋尾三』: 광서 2년본에는 '『잠연당금석삼발미潛研堂金石三跋尾』'로 되어 있으나 원래 명칭에 따라 고쳐 번역한다.

105 『책부원구冊府元龜』: 북송 시기 왕흠약王欽若·양억楊億 등이 진종眞宗의 칙명을 받아 편찬한 것으로, 역대의 제도 연혁을 총괄 기록하고 있다.

106 마니교: 원문은 '말니末尼'이다.

107 조로아스터교: 원문은 '파사波斯'이다.

108 『장안지長安志』: 북송 시기 송민구가 편찬한 서적으로, 장안성 및 그 주변 일대의 지리와 지명, 성, 건축물, 능묘, 묘원 등에 대해 기록했다. 총 20권으로 이루어져 있다.

109 사르타바Sārthavāk: 원문은 '살보부관薩寶府官'이다. 당대의 관직명으로, 현교祆教(조로아스터교) 신전의 제사를 관장했다. 현신을 받드는 호인 집단의 통솔자가 사르타바에 임명되었는데 소그드인이 많았다.

110 강국康國: 지금의 우즈베키스탄 사마르칸트Samarkand 일대에서 번영했던 수당 시대 국가이다.

111 필국畢國: 지금의 우즈베키스탄 부하라Bukhara 일대에 위치했던 고대 국가이다.

112 강거康居: 지금의 발하슈호Balqash Koli와 아랄해Aral Sea 사이에 위치했던 고대 국가이다.

113 마헤슈바라Mahesvara: 원문은 '마혜수라摩醯首羅'이다. 원래 인도 브라만교의 만물 창조의 신인 시바신을 가리킨다. 불교에서는 대자재천大自在天이라고도 하며, 대천세계를 주재하는 신으로, 눈은 셋, 팔은 여덟이고 흰 소를 타며 흰 불자拂子를 들고 있다.

114 조로아스터Zoroaster: 원문은 '소로지蘇魯支'이다.

115 현진玄眞: '광서 2년본'에는 '원진元眞'으로 되어 있으나, 강희제 애신각라 현엽의 피휘로 원명은 현진이다.

116 혹자는 … 혼동했으며: 만물은 무에서 나와 무로 돌아가고 유는 실체로서 양자를 혼동해서는 안 된다는 의미이다.

117 혹자는 … 구했으니: 여기에서 기도와 제사는 무익할 뿐만 아니라 참된 주님에게 죄를 짓는 것으로, 복을 구하는 것은 오히려 화를 불러온다는 의미이다.

118 마니: 원문은 '말니末尼'이다.

119 지반志磐: 남송 대 천태종의 승려로, 불교사에 대해 많은 저술을 남겼다.

120 『불조통기佛祖統紀』: 원문은 '『지반통기志磐統紀』'이다. 지반은 남송 말년 천태종의 승려이다. 그가 저술한 『불조통기』는 천태종을 중심으로 석가모니부터 인도, 중국 고승들의 전기를 서술한 책이며 총 54권으로 되어 있다.

121 회창會昌: 당나라 제15대 황제 무종武宗의 연호(841~847)이다.

122 정명貞明: 후량後梁의 마지막 황제 주우정朱友貞의 연호(915~921)이다.

123 무을毋乙: 무을(?~920)은 하남성 진주陳州 사람이다. 정명 6년(920) 7월 마니교를 기치로 내걸고 군중을 조직해서 반란을 일으켜 여러 차례 관군을 격파하자 군중은 그를 천자로 옹립했다. 10월 후량이 전력을 다해 공격해서 무을의 군사가 패배하고 80여 명의 수령과 함께 피살되었다.

124 외도外道: 불교에서는 불교 이외의 도道를 모두 외도라고 한다. 부처가 말한 교법을 내도內道라고 하는데 대체로 마음 밖에서 도를 구하는 것을 외도라고 하고 마음 안에서 도를 구하는 것을 내도라고 한다.

125 『일하구문고日下舊聞考』: 정식 명칭은 『흠정일하구문고欽定日下舊聞考』이다. 청나라 건륭 연간 영렴英廉 등이 칙령을 받들어 북경의 역사·지리·궁전·명승고적 등 각 방면의 고적 등을 정리해서 편찬했다. 총 160권으로 이루어져 있다.

126 항세준杭世駿: 원문은 '항씨杭氏'이다. 항세준(1696~1773)은 절강성 인화仁和 사람으로, 『경교속고景教續考』를 편찬했다.

127 설연타薛延陀: 6세기에서 7세기에 걸쳐 중앙아시아에 분포하고 있던 터키계 유목 민족인 철륵鐵勒 부족의 하나이다. 철륵 부족 중 가장 세력이 강했던 부족으로서, 627년 돌궐을 멸망시키고 몽골고원 지역을 지배했다.

128 『당서』 「서역전」: 원문은 '당전唐傳'이다.

129 당나라에서 … 이 뜻인가?: 『당회요』에 의하면, 당나라 시기 불을 숭상하는 화교火教를 병교丙教라고 했는데, 병은 오행 가운데 화火에 해당한다. 후에 당 고조 이연의 부친 이병李昞의 이름을 피휘해 경교로 불렀다고 한다.

130 『서학범西學凡』: 줄리오 알레니Giulio Aleni가 유럽의 학문과 교육 제도를

중국에 소개하기 위해 저술한 책으로, 1623년 북경에서 간행되었다.

131 『서계총어西溪叢語』: 송나라 요관姚寬(1105~1162)이 편찬한 서적으로, 고대 전적典籍의 이동異同을 고증한 것이다.

132 무그mugh: 원문은 '목호穆護'이다. 페르시아어로 현교승을 가리키는데, 당나라에서는 경교와 현교를 혼동했기 때문에 경교승을 무그라고 불렀다.

133 알로펜: 원문은 '하록何祿'이다. 아라본阿羅本의 오기이다.

134 모자Možag: 원문은 '모사慕闍'이다. 마니교 신자 중에서 가장 품계가 높은 자로 제사를 담당했다.

135 『유양잡조酉陽雜俎』: 당대 태상경太常卿을 역임한 단성식段成式이 편찬한 서적으로, 신기하고 괴이한 이야기를 모아 엮은 책이다. 총 30편 20권으로 구성되어 있다.

136 옥수스강Oxus River: 원문은 '오호하烏滸河'이다. 아무다리야강의 주요 지류 중 하나로, 아프가니스탄과 타지키스탄의 국경을 이룬다.

137 페르시아인: 원문은 '파사波斯'이다. 광서 2년본에는 '현사祆斯'로 되어 있으나, 『사고전서총목제요』에 따라 고쳐 번역한다.

138 두예杜預: 두예(222~285)는 삼국 시대 위나라의 정치가로, 자는 원개元凱이며 섬서성 두릉杜陵 사람이다. 학문에 조예가 깊어 『춘추』의 문장을 『좌전』과 묶어 주석을 단 『춘추좌전집해』를 저술했다.

139 고야왕顧野王: 고야왕(519~581)은 남북조 시대의 학자로, 자는 희빙希馮이다. 양梁나라와 진陳나라에서 벼슬했으며, 천문·복서卜書·기자奇字에 능통했다. 많은 저서 가운데 『옥편玉篇』 30권이 특히 유명하다.

140 송민구宋敏求: 송민구(1019~1079)는 자가 차도次道이고 하북성 조주趙州 사람이다. 북송 시대 문학가이자 역사지리학자이다.

141 석륵石勒: 5호 16국 시대 후조後趙를 건국한 고조 명황제(재위 319~333)이다.

142 포씨蒲氏: 남송 말에서 원나라 초기 해상무역에 종사했던 포수경蒲壽庚을 가리킨다. 이슬람교도로, 천주泉州의 제거시박사提擧市舶司가 되었으며, 후에 원나라에 투항해서 남해 무역의 진흥을 도모했다.

海國圖志
卷二十七

해국도지
권27

소양邵陽 위원魏源 중집

본권에서는 중국 천주교의 본산지인 마카오에서 매년 개최되는 천주교의 부활절 행사를 소개한다. 그리고 천주교의 교리에 대해 매우 상세하게 설명하고 아울러 양광선楊光先의 『벽사론闢邪論』을 들어 천주교의 문제점에 대해 조목조목 비판하고 있다. 서양의 주류 종교를 비판하고 있다는 점에서 당시 중국 엘리트 지식인의 서양에 대한 사고의 일면을 볼 수 있다.

一

명明나라 문병文秉[1]의 『열황소지烈皇小識』[2]에 다음 기록이 있다.

숭정崇禎[3] 초기에 비로소 천주교가 들어왔다. 상해 사람 서광계徐光啓[4]는 교인教人으로, 조정에 들어가 힘써 천주교를 설파해, 궁궐과 관청에서 공양하던 금동불상들을 모두 부숴 버렸다. 이즈음 도령왕悼靈王[5]의 병이 위독해져 황제가 가서 보았더니 도령왕이 말하길, "구련화보살九蓮華菩薩이 공중에 현신해 역대 수차례 삼보三寶[6]를 훼손하고 무청武清에서 가렴주구한 것을 지적합니다"라고 말을 마친 후 죽었다. 황제는 몹시 두려워하며 어쩔 줄 몰라 했다. 북경의 천주당은 두 명의 서양인이 주관했는데, 니콜로 롱고바르도Nicolò Longobardo[7]와 아담 샬Adam Schall[8]이 그들이다. 천주교에 귀의하는 경우, 먼저 그 집안에서 모시는 불상을 가져오게 했다. 천주전天主殿 앞에는 석당石幢과 석지石池가 각각 하나씩 있는데, 신자가 불상을 가져오면 즉시 석당에 놓고 박살 낸 후에 석지에 버렸으며,[9] 대체로 이렇게 했다. 어느 해 6월 초하루에 다시 모임이 열렸다. 바야흐로 정오가 되어 하늘에는 구름 한 점 없었는데, 마침 화로에 불을 지펴 [불상을 녹이려 하자] 갑자기 우르릉 쾅 하더니 불상과 화로가 모두 날아갔다. 이에 사람들은 모두 땀을 흘리며 합장한 채 아미타불을 외웠는데, 그 이후로 이 모임은 없어졌다.

『오문기략澳門紀略』에 다음 기록이 있다.

무릇 마카오의 성당에서는 천주를 받드는데, 탄생도誕生圖·수난도受難圖[10]·부활도復活圖[11]가 있다. 이 이야기에 따르면 예수가 한 나라에 이르러 가르침을 전하자 그 나라 사람들이 예수를 벌거벗긴 채 십자가에 묶고 그 머리와 사지에 못을 박았는데, 3일 뒤에 부활해서 본국으로 날아갔다가 다시 40일 뒤에 하늘에 올랐으니 그때 나이가 33세였다고 한다. 그래서 이 종교를 신봉하는 사람들은 반드시 십자가를 받들고 7일에 한 번 예배를 드리는데, 그날이 되면 남녀 모두 성당에 가서 무릎을 꿇고 신부의 강론을 듣는다. 매년 예수상을 들고 행진[12]을 하는데, 상파울루성당Igreja de São Paulo[13]에서는 10월, 상도밍구스성당Igreja de São Domingos[14]에서는 3월과 9월, 자비의 성채Santa Casa da Misericórdia[15]에서는 3월, 대성당Cathedral[16]에서는 2월, 5월, 6월로, 모두 세 번 행진한다. 먼저 저녁에 산투아고스티뉴성당Igreja de Santo Agostinho[17]에 가서 예수의 성상을 맞이해 본당에 이르러 등불을 새벽까지 밝히고, 마카오 사람들이 모두 모인 후 흑인 노예들이 수난상受難像을 들고 앞서가면 아이들은 기도문을 외우며 뒤따른다. 또한 아이들은 예수를 형상화해서, 머리를 풀어헤치고 호위해서 뛰며 가고, 여러 신부는 손에 향을 들고 그 뒤를 걸으며, 또한 나이 든 신부들이 예수의 성상을 매는데, 위에는 비단으로 된 장막을 치고 앞의 의장대를 따라간다. 매년 3월 15일은 예수의 수난일로서, 성당의 신부들은 모두 묵언 수행을 하다 17일이 지나야 다시 말을 하고, 신자들은 3일간 술과 고기를 멀리하며 비록 과일과 떡을 먹더라도 배불리 먹지는 않는다. 예수회 신부들은 한 부류가 아닌데, 상파울루성당의 신부는 삭발하고 푸른색 관복을 걸친 뒤 모자를 쓴다. 교회를 주관하는 자를 법왕法王[18]이라고 하며 포르투갈에서 왔다. 마카오의 부족장 중에 법왕에 대적할 만한 자가 없고, 중대한 사건이나 소송이 있어 병두兵頭·번목番目이 결정하지 못할 경우, 법왕에게 하명을 청해서 명이 내려오면 오직 삼가 이를 받들 뿐이었다. 출입함에 우산을 쓰고 깃발을 세우며 어린 신부들이 보좌했다. 남녀 모두 법왕을 본 자는 즉시 무릎을 꿇고 이마가 땅에 닿도록 몸을 구부려 절하고 지나가길 기다린 후에 일어났다. 법왕이 그 정수리를 어루만져 주면 커다란 행복으로 여겼다. 부녀자들은 더욱 믿고 의지했다. 산투아고스티뉴성당의 신부 역시 삭발을 하고 두터운 모직물을 걸쳤으며, 속에는 하얗고 긴 옷을 입고 겉에는 푸른색 옷을 걸쳤다. 상도밍구스성당의 신부들은 모자를 쓰지 않고 긴 옷을 걸쳤으며, 겉에는 검은색, 속에는 흰색을 입고 그 위에 흰 천으로 양쪽 어깨를 덮었다. 상프란시스쿠성당Igreja de São Francisco[19]의 신부는 거친 천으로 만든 옷을 입었고, 새끼줄을 두르고 짚신을 신었으며, 모자를 쓰지 않고 양말을 신지 않았으며, 출입할 때에는 우산을 들었다. 이 두 성당의 신부 중에는 머리를 모두 깎은 자도 있고 정수리만 깎은 자도 있었다. 그 외 대성당·상로렌수성당Igreja de São Lourenço[20]·산투안토니우성당Igreja de Santo Antônio[21]·자비의 성채 등 여러 성당은 마카오 계통으로, 스스로 분향을 하고 머리를 밀어서 둥글게 한 뒤 길고 푸른색 옷을 걸쳤으며 결혼을 하지 않았다. 좌우에서 시중을 드는 원주민 여성들은 성당과 가정에서 단지 편한 대로 믿었으니, 대체로 재가 수행자들이다. 천문에 능통하고 일찍이 북경을 방문한 신부들은 모두 수염을 길렀으며, 중국어를 알았기에 각 성당에 분산해서 거주했다. 여러 신부는 원주민의 가정을 방문함에 남편이 외출하면 곧장 집으로 들어가 그 부인을 만나는데, 휴대한 지팡이나 우산을 문밖에 놓아두면 남편이 귀가해서 보고서는 피했다. 다만 상파울루성당은 계율을 엄격하게 지켰다. 원주민 부인이 성당에 들어가 기도를 하며 빌면 성당의 신부는 경솔하게 드나들지 않았고, 외출할 때에는 반드시 사람을 동반해서 명부에 이름을 써서 기록했다.

수녀를 성모聖母라고 하는데, 법왕보다 더 극진히 받들어 모셨다. 한 여성이 수녀가 되면 그 집안사람들이 무거운 죄를 지어도 수녀의 편지를 가져오면 즉시 용서해 주었다. 그러나 [수녀가 되려면] 반드시 여러 인사에게 거금을 바쳐야 했기 때문에 성당에 들어가는 일은 쉽지 않았다. 성당의 수녀는 모두 40여 명이다. 상파울루성당은 마카오의 동북쪽에 있는데, 산자락에 위치해서 높이가 매우 높았다. 건물의 측면에는 문이 있는데 좁고 길었다. 돌로 만든 조각은 금빛과 푸른빛으로 밝게 빛나고 상부는 천막을 덮은 것 같았으며, 옆면의 창문은 대단히 아름다웠다.[22] 천주의 어머니를 받드는데 이름은 마리아이며, 소녀와 같은 용모에 한 아이를 안고 있는데, 바로 천주 예수이다. 의복은 바느질해서 만든 옷이 아니고 머리끝에서 전신을 덮고 있는데, 모두 채색한 벽화로, 유리로 막혀 있으나 바라보니 흙으로 빚은 형상 같았다. 옆에 있는 사람의 모습을 설명해 보면, 수염과 눈썹이 선 것은 분노하는 것 같고 휘날리는 것은 기뻐하는 듯하며, 귓바퀴는 이중이고 코는 오뚝한 서른 즈음의 사람이 왼손에는 혼천의를 들고 오른쪽 손가락은 움직이는 듯하며, 눈은 주시하는 듯하고 입으로는 무언가 말하는 듯하다.

또한 다음 기록이 있다.

천주교란 서방에서 말하는 천주 예수이다. 한나라 애제哀帝[23] 원수元壽[24] 2년(기원전 1) 경신년에 유다국[25]에서 태어났는데, 천주가 처음 인류를 낳은 나라로, 서방에서는 그 나라에서 이루어진 가르침을 지금까지 받들고 있다. 심지어 중국에도 전해져 중국인들을 미혹시켜 명나라 시기에는 위로는 공경公卿에서 아래로는 사서士庶에까지 이르렀다. 근래 조서를 받들어 포교를 금지함에도 불구하고 박사제자博士弟子 중에는 여전히 신봉해서 추종하는 자가 있다. 그 무리는 [교리를] 설명함에 저술이 무려 백여 종에 이르며, 사대부 또한 그 문장의 어구를 윤색해서 하늘을 논하고 운명을 언급하니, 판단을 흐리는 지경에 이르렀다. 지금 마카오에 가서 그 서적을 구해 살펴보니, 이른바 오경십계五經十誡라고 하는 것은 대체로 천당과 지옥에 대한 이야기를 벗어나지 않는데, 특히 언사의 비루하고 유치함이 불교 경전보다 더욱 심하다. 짬을 내서 그 연유를 찾아보니, 서양 여러 나라는 예로부터 모두 불교와 이슬람교를 숭상해서 문자는 산스크리트어를 사용하며, 역법 역시 이슬람력과 근원이 같으므로 이탈리아Italia[26]의 종교는 응당 여러 나라에서 불교와 이슬람교를 받드는 것과 다름이 없다. 특히 민간에서는 기이하고 새로운 것을 좋아해서 총명한 인사가 마침내 이슬람에서 하느님을 섬기는 명분을 배제하고 석가여래의 천당과 지옥의 실체에 의거해 그 교리를 병행했다. 또한 그 위에 족히 더할 것이 없음을 우려해서 하늘만큼 존귀한 것이 없고 하늘에 있는 주인만큼 더 존귀한 것이 없다고 여겼다. 대체로 이기기를 좋아하는 풍속 때문에 그렇게 한 것이지 단지 역사에서 말하는 역법에 의거한 것은 아니다.

예전 서양 사람이 안남국에서 포교를 해서 온 나라를 미혹시켰다. 국왕이 이를 우려해서 그 사람을 추방하고 교외에 2개의 깃발을 세워 명령해 말하길, "나를 따르는 자는 붉은 깃발 아래에 서라. 그러면 용서해 줄 것이다. 그렇지 않으면 흰 깃발 아래에 서라. 즉시 죽일 것이다"라고 했다. 마침내 한 사람도 붉은 깃발 아래에 서는 자가 없자 왕이 분노해서 모두 불에 태워 죽여 버렸다. 지금은 서양과 통상 무역도 하지 않고 서양이 오면 대포를 쏴서 공격하니, 서양 사람 역시 감히 나아가지 못했다. 일본 역시 그러했다. 가라호리空堀[27]부두 입구의 돌에 십자가를 새기고 무사들이 칼을 차고 길에 서 있었다. 그 나라에 장사하러 가는 사람들은 반드시 십자가를 밟고 들어갔으며 만일 밟지 않으면 칼을 맞았는데, 비록 서양인이라도 전혀 예외가 없었다. 또한 성문에 예수의 석상을 묻어 두고 이를 밟고 지나가게 했다. 대체로 외국에서는 이와 같이 삼엄하게 대처했는데, 중국 사람들은 믿고 받들면서 따라가지 못할까 두려워했다. 명나라 대신 장덕경蔣德璟[28]은 『파사집破邪集』[29] 서문에서 또한 그 사이를 절충했다. 무릇 양주楊朱에게서 빠져나오면 유가로 귀의하게 될 것이니, 귀의하면 받아 줄 뿐이다[30]라는 것은 그래도 말이 된다. 그런데 유가를 끌어들여 묵자에게로 귀의하니, 이처럼 끌어들여 부회하는 것은 말이 안 된다. 따라서 반드시 청조가 그 역법은 사용하되 사교는 배척하면 일거양득일 것이다.

조익趙翼의 『첨폭잡기簷曝雜記』에 다음 기록이 있다.

천주당[31]은 선무문宣武門 안에 있는데 흠천감欽天監 감정監正 페르디난드 아우구스틴 할러 폰 할레르슈타인Ferdinand Augustin Haller von Hallerstein[32]과 호세 데스피나José d'Espinha[33]가 거주한 곳이다. 천주당의 건축물은 둥글고 높이 치솟아 마치 성문처럼 통해 있고, 햇빛이 밝게 비추어 일반적이지 않았다. 천주로 받들어지는 미소년의 이름은 예수로, 그들의 성인이다. 벽에는 성상이 그려져 있는데 돌출되어 마치 떨어져 서 있어 벽에 붙어 있지 않은 것 같았다. 천주당의 옆에는 별을 관측할 수 있는 천문대[34]가 있는데 선반에 천리경을 설치했다. 천리경은 나무로 통을 만들었으며, 길이는 7~8자이고 안은 비었으며 유리를 끼워 넣었는데, 1단·2단·3단으로 되어 있다. 나는 일찍이 그 천문대에 올라가서 천리경으로 하늘을 보았는데 대낮에도 별들이 보였다. 성 바깥을 보니 옥천산玉泉山 보탑寶塔이 지척에 있는 것같이 가까워 벽돌을 쌓은 틈새도 역력히 셀 수 있었다. 그런데 유리를 1단으로 하면 산과 강 인물이 모두 바로 보였지만, 2단으로 하면 모두 거꾸로 보였으며, 3단으로 하면 다시 바로 보였다. 누각에는 음악을 연주하는 곳이 있어 수염이 덥수룩한 사람이 앉아서 파이프 오르간을 연주했는데, 생황·퉁소·경쇠·피리·종·북·바라·징 소리가 모두 어우러져 울렸다. 파이프오르간의 설치는 전체 판 위에 나무틀을 설치해서 파이프 수십 개를 매달아 아래로 마루에서 1치 남기고 늘어트렸다. 전체 틀은 2단으로, 그 틀의 이음매는 각 파이프의 구멍과 서로 마주하고 있어 한 사람이 동남쪽 구석에서 풀무질[35]을 해서 기운을 불러일으키면 기운은 협판의 파이프 아래쪽 이음매로 모두 퍼져 나가 이음매를 거쳐 곧장 파이프에 도달한다. 파이프에는 각각 하나의 구리 실이 오르간의 현에 연결되어 있어 수염이 덥수룩한 사람이 현을 뜯으면 각각의 실이 스스로 당겨지면서 갑자기 그 파이프 속의 장치에 연동되어 소리를 낸다. 파이프의 길이는 일정하지 않고 안은 각각 구멍이 나 있어 여러 악기의 소리를 내기 때문에, 한 사람이 오르간을 치는데 여러 파이프에서 일제히 소리가 나서 다양한 악기 소리가 나니 참으로 기이하고 절묘했다. 또한 악종樂鐘이 있어 사람이 번거롭게 쳐서 울리지 않아도 시간이 되면 저절로 울리는데, 역시 여러 악기의 소리가 나서 더욱 기이했다.

유정섭兪正燮의 『계사류고癸巳類稿』에 다음 기록이 있다.

서역에는 총신叢神이 있는데, 이를 천사天祠[36]라고 한다. 사祠를 주관하는 자는 마치 무당처럼 그 가르침을 궁구히 해 무리를 이루는데, 오직 본사本師를 받들 뿐 다시 천신天神을 받들지는 않으니, 형세가 그러하다. 불장佛藏[37]의 『현우인연경賢愚因緣經』에 다음 기록이 있다. 과거 제바영노왕提婆令奴王[38]이 바야흐로 천사에 이르자, 흙과 나무로 된 천상天像이 몸을 일으켜 예를 취했다고 한다. 이전 영노대왕의 5백 명의 아들 중에 설령 천사에 이르러 스스로 천상에 예를 갖추더라도 모든 흙과 나무로 된 천상들은 다 예를 갖추지 않았다고 한다. 또한 다음 기록이 있다. 갠지스강 강변에는 마니발라천사摩尼跋羅天祠가 있었는데, 비사문왕毗沙門王이 제석천帝釋天[39]에게 고해서 말하길 "저에게는 마니발라라는 한 명의 신하가 있는데, 그가 전한 바에 따르면 천사에서 아들을 얻게 해 달라고 했다고 합니다"라고 했으니, 그가 바로 천신이다. 불과 태양을 섬기고 또한 여러 신을 잡다하게 섬기는데, 이른바 주관자인 신관神官[40]은 마치 마한馬韓에서 각각 한 사람을 세워 천신의 제사를 주관하게 하면서 이 사람을 천군天君[41]이라고 한 것과 같다. 그런 사람은 한둘이 아니지만, 오직 예수만이 대종大宗이 될 수 있었다. 예수는 또한 이식爾息이라고도 하고 이살爾撒이라고도 하는데 각각의 음역에 대해서는 알 수가 없다.

부처님 시대 건달바乾闥婆[42]와 아수라阿修羅[43]의 가르침이 예수에게 전해져 그 종교가 비로소 번창하게 되었다. 예수가 태어난 것은 한나라 애제 원수 2년(기원전 1)에 해당하며 유다 땅에서 밝고 큰 별이 기쁜 소식을 알렸다. 당나라 건중建中 2년(781) 대진사의 승려 아담Adam[44]의 『대진경교유행중국비大秦景教流行中國碑』에 의하면 대진사는 정관 12년(638) 7월에 세워졌는데, 비문에서 삼위일체의 성부는 시작도 없는 참된 주님 여호와라고 하며, 또한 그 모체는 삼위일체의 분신으로 그리스도 메시아라고 한다. 동정녀가 대진국에서 성자聖子를 낳았다고 한다. 또한 말하기를 여호와가 수염을 기르고 정수리를 깎으며 일곱 가지 성사[45]를 드리고 7일에 한 번씩 제사를 드리는 것은 마니교와 예법을 같이한다고 한다. 당나라 이후 송나라 원나라 시기 역사에는 보이지 않는다. 명나라 만력 9년(1581) 마테오 리치가 다시 광동에 이르러 29년(1601) 북경에 도착했다. 『명사』에 의하면 예부禮部 낭중郎中 서여가徐如珂[46]가 천주교 신부 두 사람을 불러 붓과 종이를 주었는데, 기술한 것이 어긋나 서로 맞지 않았다고 한다. 이슬람의 『간이새경幹爾塞經』에 의하면, 예수 성인은 역시 아담 성인의 후손으로, 가르침을 세워 하늘을 공경해 주인으로 삼고 전하는 무리가 번성해져 싸워 이겨 승리했다. 어떤 사람이 예수의 아내와 사통해 요상한 술책을 의탁해 구했다고 한다. 예수가 아내에게 사람들이 자기의 머리 묶는 것을 두려워한다고 하자, 그날 저녁 아내가 캄캄한 밤에 예수의 머리를 묶었는데, 원수에게 사로잡혀 즉시 죽임을 당했다. 그 무리는 하늘이 도와주지 않은 것에 울분을 품고 마침내 천주만을 받들고 다시는 하늘을 섬기지 않았다고 한다. 천주교에서는 예수가 가르침을 전파하자 그 나라의 왕이 십자가에 매달았다고 한다. 그 무리가 전한 줄리오 알레니 Giulio Aleni의 『만물진원萬物眞源』과 조제프안마리 드 모이리아크 드 마이야 Joseph-Anne-Marie de Moyriac de Mailla[47]의 『성년광익聖年廣益』[48] 전편全編 및 스스로 깨달음을 설명한 경전은 쓸모없고 비루해서 채택할 만한 말이 없다. 십자가는 경교 비문에서 십자를 나누어서 사방을 정했다는 것에서 나온 것이다.

『현우인연경』·『우바국제연품優婆鞠提緣品』에 의하면 범지梵志[49] 중 혹자는 해와 달을 섬겨 발돋움해서 향하고, 혹자는 불을 섬겨 아침저녁으로 불을 피웠다고 한다. 『통전通典』[50]의 주석에 대진 사람들은 불을 섬기며 주문을 외웠다고 한다. 『대당서역기大唐西域記』[51]에 의하면 발라나가천사鉢羅那迦天祠에서는 사람이 옷을 걸치지 않은 채 해가 뜰 때면 높은 기둥에 올라가서 한 손은 기둥의 끝을 잡고 한 발은 그 옆의 말뚝을 밟고 섰다. 다른 한 손과 한 발은 허공에 늘어져 밖을 향해 있는데, 해를 보며 삶과 죽음에서 벗어나기를 구하니, 이른바 벌거벗은 채로 신선이 되기를 구하는 것으로, 이것을 니건법尼犍法이라고 한다. 그러므로 십자가는 높은 기둥과 말뚝이다. 후에는 태양을 섬기지 않았으나 여전히 그 방식이 남아 있는 것이다. 예수가 옷을 벗은 채 십자가에 매달린 것은 예수가 다른 일로 죽임을 당한 것이지만, 그 십자가상은 구체적으로 살아 있을 때 벌거벗은 채로 높은 기둥 위에 올라가 손과 다리를 들며 해를 응시한 것이다. 그 무리들이 꾸며서 사방을 정했다고 하고, 망령되게 예수가 십자가 형벌을 받았다고 한 것이다. 예수가 진실로 십자가 형벌을 받아서 죽었다면 어째서 그 비참한 형구를 보물로 여겨 극진히 떠받드는가? 게다가 예수의 어미는 어째서 그 자식을 내버려 두었는가? 『대당서역구법고승전大唐西域求法高僧傳』에 의하면 여러 외도外道는 예전에는 96부가 있었으나 지금은 단지 10여 부뿐이고 재회齋會[52]에서는 각각 한곳에 모였다고 한다. 그때에는 그래도 불교도와 함께 재회에 참가했으나 확연히 나뉘게 된 것이 언제부터인지는 알 수 없다. 지금 천주교는 모두 불교를 극력 배척하며 스스로 지식은 머리에 있지 마음에 있지 않으며, 대체로 인간은 지극히 정교한 존재로서 심안을 열 수 없다고 한다. 이는 그 나라에서는 당연하겠지만, 중국에서는 괴이하다. 이에 사람을 잘 유혹하고 스스로 예수[53]의 행적을 서술하면서도 역시 본질을 추구하지는 않는다. 그러므로 예수는 서양에서 세상을 지탱하는 사람이므로 다른 부족 사람들이 그 종교에 입문하는 것은 역시 마음이 없는 사람들이 된다. 생각하건대, 예수가 십자가에 못 박혀 죽었다는 것은 아담 샬의 저서에 있는데 당연히 아담 샬도 천주의 사적을 모르지는 않을 것이다.

흡현歙縣 양광선楊光先[54]의 『벽사론闢邪論』 「상편」에 다음 기록이 있다.[55]

역관曆官 이조백李祖白은 천주교 신자로, 저서 『천학전개天學傳概』 1권에서 다음과 같이 언급하고 있다. "천주이신 상제가 천지를 개벽하고 최초의 인간을 만드시니 남녀 각각 한 사람으로, 최초 인간의 자손들은 유다국에 모여 살았으며, 그 밖의 동서남북에는 전혀 사람이 살지 않았다. 이때에는 한 분이신 주님을 섬기고 하나의 가르침만을 믿어서 무분별하게 사설邪說이 생겨나지 않았다. 그 후 인구가 날로 번성해져 먼 지역으로 흩어지면서 동양과 서양에도 사람이 살기 시작했으니, 그 시기는 대략 비슷하다. 역사서에 근거해서 햇수를 따져 보면 중국의 복희씨에 해당한다. 복희씨가 아니라면 또한 반드시 복희씨보다 그다지 멀지 않은 시기로, 중국에도 사람이 살기 시작했다. 이들은 중국 최초의 인간이지만, 실제로는 유다의 후손으로, 서쪽에서 동쪽으로 오면서 본래 천학天學을 품고 온 것이다. 자손을 낳고 키우면서 집마다 대대로 전하고 학습해서 당시 중국에서 이 천학은 반드시 오늘날보다 갑절이나 번영했을 것이다. 이어 요·순·삼대三代[56]에 이르는 동안 임금과 신하가 조정에서 아뢰거나 훈계하고, 성현이 후세에 가르침을 내릴 때는 종종 천제天帝를 부르면서 서로 경계하고 힘쓰게 했다. 『서경』에 '명백히 상제를 받아들이면 하늘이 거듭 명을 내려 축복할 것이다'라는 말이 보인다. 『시경』에 '문왕이 하늘에 계시니 아 하늘이 밝구나'라고 한다. 『논어』[57]에 '하늘에 죄를 지으면 기도한들 무슨 소용이 있으랴'라고 한다. 『중용』에 '교사의 예(郊社之禮)[58]

는 상제를 섬기기 위한 것이다'라고 한다. 『맹자』에 '하늘을 즐기고(樂天)', '하늘을 두려워하며(畏天)', '하늘을 섬긴다(事天)'라고 하니 어찌 천학의 오묘한 말씀과 진리의 말씀이 아니겠는가? 이를 살피면 중국의 가르침 중 천학보다 앞서는 것은 없다."

아아! 소인으로서 거리끼는 바가 없음이 이 지경까지 이르렀구나! 오늘날의 천하가 삼황오제의 천하임을 생각하지 못하는 것이다. 이조백은 말하길, 역대의 어진 임금과 어진 신하가 이 사교邪教의 후예이고, 육경·사서가 이 사교의 오묘한 말씀이라고 하니, 장차 어찌 우리 위대한 청조의 군신을 분별해서 사교의 후예가 되지 않게 할 수 있겠는가? 이 책의 서문에 "강희 3년(1664) 주하사柱下史[59] 곤릉昆陵[60] 사람 허지점許之漸[61]이 삼가 짓다"라고 쓰여 있다. 아아, 괴이하구나! 사신史臣으로서, 간관諫官으로서 어찌 이를 쓸 수 있단 말인가? 비록 이전 명나라 말기 서광계徐光啓·이지조李之藻[62]·이천경李天經[63]·풍응경馮應京[64]·번량추樊良樞[65]와 같은 학사대부 중에도 천주교 서적의 서문을 쓴 적이 많지만, 역법의 서문 혹은 의기儀器[66]의 서문이거나 산수算數책의 서문이거나 했다. 『진정서상進呈書像』[67]은 서문을 쓴 자가 없지만 사실 아담 샬 자신이 서문을 썼으며, 서광계, 이지조 등 여러 사람은 그래도 공공연하게 명교名教의 죄를 얻는 짓은 하지 않았다. 아담 샬은 서적에서 이르기를, 남녀 각 한 사람이 인류의 처음 조상이라고 하고 있지만, 천지간 모두가 그 종교를 믿는 사람들의 자손이라고 감히 배척하는 말을 하지는 않고 있다. 그런데 이조백의 서적에서는 우리 중국을 모두 유다의 것이라고 하고 우리 중국의 옛 선제와 성인 모두를 다 사교의 후예라고 했으며, 우리 역대 성현의 경전을 모두 다 사교에서 비롯된 것이라고 하니, 어찌 단지 망령될 뿐이겠는가?

천주교는 군주와 어버이의 위패를 모시는 것을 허락하지 않고 조상과 부모의 제사도 허락하지 않으니, 진실로 온 천하에 군주도 없고 아비도 없게 하는 것이다. 그런데 시어侍御 허지점은 서문에서 말하길, "불가와 도가[68]는 군신 부자로서의 삶만을 살게 해서 하늘의 존재를 알지 못하게 했는데, 그렇다면 유가라고 폐단이 없겠는가?"라고 했다. 아아! 이것은 무슨 말인가?

불가와 도가의 사찰과 도관에서는 용패龍牌[69]를 받들어 모시니, 이는 오히려 군신 간의 도리를 아는 것이다. 불경에서 말하길 벽지불辟支佛[70]에 공양하는 것은 집에 계시는 부모님에 효도하는 것만 못하다고 하니, 이는 오히려 부자간의 도리를 아는 것이다. 하물며 하늘의 질서와 천륜·천성의 가르침을 세운 우리 유자는 어떠하겠는가! 단지 천주 예수는 그 나라의 법을 어겨 못 박혀 죽었으니, 이는 군신 간의 도리를 알지 못한 것이다. 예수의 어머니 마리아에게는 요셉이라는 지아비가 있었음에도 말하기를 예수는 아버지에게서 태어나지 않았다고 하며, 또한 그 종교에 귀의한 사람들은 조상과 부모의 신주를 받들어 모시지 않으니, 이는 부자간의 도리를 알지 못하는 것이다. 그런데도 선생[71]은 전도됨이 심해서 심지어 유가에게 본래 폐단이 있다고 하는데, 이는 옛 성인인가? 옛 현인인가? 분명히 특정한 사람을 가리켜서 무리와 함께 공격하는 것은 무방하다. 그러나 만약 그런 사람이 없다면 이렇게 성인을 비방하는 글을 지어서 스스로 주공과 공자의 가르침을 훼손해서는 안 된다.

양자楊子와 묵자墨子가 도를 해쳤다고 해 봐야 겨우 '나를 위하고(爲我)' '모두를 사랑하는 것(兼愛)'에 불과한데도 맹자는 극력으로 이를 배격해서 말하길, "양자와 묵자의 도를 끊지 않으면 공자의 도가 드러나지 못한다"[72]라고 했다. 『천학전개』가 도를 해친 정도는 우리 군신을 저들의 후예라고 하고, 우리 주공과 공자를 저들의 제자로 삼은 것이다. 이조백의 뜻은 공자의 도가 끊이지 않으니, 천주교가 드러나지 못한다는 것과 같다. 맹자가 그들을 배격한 것은 사람들이 아비도 없고 군주도 없게 되는 지경에 이를까 두려워한 것이지만, 이조백의 저술은 사람들이 아비도 있고 군주도 있는 지경에 이를까 두려워한 것이다. 그런데 선생이 이조백을 위해 서문을 써 준 것은 공자와 맹자를 배격하고 이조백을 따르는 것이다. 유가에게도 폐단이 없을 수 없다는 것은 선생이 스스로 한 말이다.

사교[천주교]는 북경의 선무문宣武門 안, 동화문東華門의 동쪽, 부성문阜城門의 서쪽, 산동의 제남齊南, 강남의 회안淮安·양주揚州·진강鎭江·강녕江寧·소주蘇州·상숙常熟·상해上海, 절강의 항주杭州·금화金華·난계蘭溪, 복건의 복주福州·건녕建寧·연평延平·정주汀州, 강서[73]의 남창南昌·건창建昌·공주贛州, 광동[74]의 광주廣州, 광서[75]의 계림桂林, 사천[76]의 중경重慶·보녕保寧, 호광[77]의 무창武昌, 섬서[78]의 서안西安, 산서[79]의 태원太原·강주絳州, 하남[80]의 개봉開封 등지에 무릇 30개의 예배당을 열어 소굴로 삼았다. 광동의 마카오[81]에서는 만 명이 넘는 사람들이 그사이에 자리를 잡고는 하나의 대도시를 이루고서 암암리에 오가는 사람을 보내고 맞이하고 있다. 아담 샬은 역법을 구실로 궁궐[82] 안에 몸을 숨기고 사교 무리를 청나라의 13개 성 요충지에 바둑알처럼 깔아 두고 있으니 그 의도가 무엇인가?

명나라의 법도로 이를 단속하지 못한 것은 조종의 법도를 폐지했기 때문이고, 바다를 통해 새어 나는 법률이 느슨해졌기 때문이다. 서광계는 역법을 구실로 마테오 리치 등을 조정에 추천해서, 수만 리에서 조공도 바치지 않는 사람들이 찾아와도 어디에서 왔는지 따지지 않고, 가더라도 어디로 가는지 살피지 않으며, 돌아다녀도 구금하지 않고, 머물러도 관여해서 막지 않아, 13개 성의 산천 형세, 군마와 군량을 지도와 서적에 기록하는데도 금하지 않았다. 고금을 막론하고 이처럼 외국인을 환대한 조정이 있었는가? 청나라는 명나라가 서양인을 이처럼 대했던 것 때문에 습관적으로 대해서 숲속에 매복한 군사도 살피지 않고 있으니, 만일 암암리에 난리를 일으킨다면 백여 년 후에 장차 내 말이 부득이했음을 알게 될 것이다.

그 「하편」[83]에 다음 기록이 있다.

천주교에서 섬기는 신주상의 이름을 예수라고 하는데, 손에 하나의 둥근 상을 들고 있기에 무슨 물건인지 물으니, 곧 하늘이라고 한다. 하늘은 어찌해서 예수의 손에 잡혀 있는가 하고 물으니, 곧 만물이 스스로 만물이 될 수 없듯이 하늘도 스스로 하늘이 될 수 없는 것으로, 반드시 하늘을 만들어 낸 자가 있은 다음에 이루어졌다고 한다. 천주는 만물이 생겨난 처음부터 존재해서 그에게는 시작이 없으나 만물에는 시작이 있으며, 형체와 소리를 초월해서 보이지도 들리지도 않는다. 이에 무에서 유를 창조해 내는데, 재료·기구·시일도 필요하지 않았으며, 먼저 헤아릴 수 없이 많은 무형의 천신(성령)을 만들고 그다음에 사람을 만들었다. 사람을 만들기 위해서는 반드시 그 전에 하늘과 땅과 모든 종류의 만물을 만들어 [하늘과 땅을] 덮고 채워 편하게 부양할 필요가 있었다. 그래서 먼저 하늘과 땅을 만든 후 날짐승·길짐승·어패류 및 각종 식물 등을 만들고 나서 비로소 사람을 만들었다. 남녀 각각 한 사람이었는데, 남자의 이름은 아담,[84] 여자의 이름은 하와[85]로서 이들이 인류의 시조가 되었다. 하늘에는 시작이 있지만 천주는 시작이 없는데, 시작이 없는 것에서 시작이 있음이 생겨났기 때문에 천주라고 부르는 것이다. 다음으로 천당을 만들어 천주를 섬기는 영혼들에게 복을 내렸고, 지옥을 만들어 천주를 섬기지 않는 영혼들에게 고통을 주었다. 사람이 죄를 지으면 당연히 지옥에 들어가야 하지만, 예수 앞에서 애원하고 참회하며 예수의 어머니에게 기도해서 천주에게 전달해 달라고 하면 그 사람의 죄를 용서하고 영혼 역시 천당에 올라갈 수 있었다. 다만 모든 불교도는 마귀로서 지옥에서 영원히 벗어날 수 없었다.

예수가 누구인가 물으니 천주라고 한다. 천주는 천지만물을 주재하는 분인데 어찌해서 인간 세상에 내려와 태어났는가 하고 물으니, 천주는 아담의 원죄로 인해 그 화가 대대로 후손들에게 미치는 것을 불쌍히 여겨 몸소 강림해서 태어나 [사람들을] 구원하고 대신 속죄했다고 한다. 5천 년 동안 천사를 보내 강림을 알리고, 때로는 예언자의 입을 통해 강림을 대대로 전했으며, 세상에 있는 동안의 사적은 미리 그 단서를 제시하고, 이를 그 나라의 역사에 기록하게 했다. 강생降生의 시기에 이르러 천사가 동정녀 마리아에게 천주를 잉태할 것이라는 사실을 알리자, 마리아는 즐겁고 기쁘게 순종해서 마침내 아들을 낳으니, 이름을 예수라고 했다. 따라서 마리아는 천주의 어머니가 되면서도 동정녀의 몸은 그대로 훼손되지 않았다고 한다. 예수는 어느 시대 어느 시기에 태어난 것인가 하고 물으니, 한나라 애제 원수 2년(기원전 1) 경신년에 태어났다고 한다.

아아! 황당무계하기가 또한 이 지경까지 이르렀구나! 무릇 하늘은 음과 양의 두 기운이 결합해서 이루어진 것이지, 창조해서 이루어진 것이 아니다. 설령 하늘에 과연 천주가 있다면 천지 안 세상 모든 나라 중에 하나라도 천주가 다스리지 않는 나라는 없을 것이니, 반드시 단지 유다 한 나라만 다스리는 주인일 리가 없다. 오로지 한 나라만의 주인이라면 어찌 천주라고 부를 수 있겠는가? 기왕 천주라고 부른다면 하늘 위와 땅 밑, 세상 모든 나라의 수많은 종류의 만물은 모두 천주의 주재를 기다려야 할 것이다. 천주가 내려와서 산 33년 동안 누가 천주를 대신해서 그

일을 주재했는가? 하늘과 땅은 이미 주재하는 분이 없으니, 하늘도 운행하지 않고 땅도 양생하지 않으며, 사람도 태어나거나 죽지 않고, 만물 또한 번식하거나 무성하지 않았을 것이니, 만물은 거의 사라졌을 것이다. 천주가 아담을 구하고자 했다면 어찌해서 천지를 창조한 시초에 강림하지 않고 한나라 원수 경신년이 되어서야 태어났는가? 천주가 사람을 만들 때 당연히 덕이 훌륭하고 지극히 선한 사람을 만들어서 인류의 시조로 삼아도 여전히 후세 사람들이 훌륭히 이어 갈 수 있을지 염려되는데, 어찌 교만 방자해서 악한 아담을 만들어 자손 대대로 화를 입게 하기에 이르렀는가? 또한 그 자손 중에는 성인·현인·지자·인자가 있는데 모두 아담의 행위를 닮지 않았으니, 또한 누가 그런 사람을 만들었다는 것인가? 천주가 강림해서 세상을 구원하매 마땅히 교화해서 신을 받아들이게 하고, 어진 마음을 본받아 겸양을 가르쳐서 세상을 밝고 빛나게 이루어 놓았다면 그래도 괜찮았을지도 모르겠다. 그러나 큰 요체를 알지 못하고 작은 은혜만을 베풀기 좋아해서 단지 사람들의 병을 고치거나 사람을 죽음에서 살리고, 바다 위를 걷거나 요술로 음식을 만들어 내며, 천당과 지옥 같은 것들을 일삼으니, 어찌 세상의 자손[86]을 구해서 악을 없애고 선으로 나아가 고유의 교화로 돌아갈 수 있단 말인가?

불교에서 죄를 없애려면 반드시 참회해야 한다고 하는데, 천주교에서는 단지 예수 모자를 받들어 모시기만 하면 천당에 올라갈 수 있고, 받들지 않으면 지옥에 떨어진다고 한다. 가령 받드는 자는 모두 선한 사람이고, 받들지 않는 자는 모두 악한 사람이라면 그래도 말이 된다. 그러나 받드는 자가 모두 악한 사람이고, 받들지 않는 자가 모두 선한 사람이라면 상벌의 기준이 전도된 것이 아닌가? 불교 신자들은 지옥에 떨어져서 영원히 벗어날 수 없다고 하는데, 누가 보기라도 했단 말인가? 그런데 예수가 산 채로 십자가에 못 박힌 것은 현재 몸이 검수고해劍樹苦海[87]에 떨어진 것이니, 어찌 천지만물을 다스리는 사람이 스스로 일신의 생명조차 주재하지 못한단 말인가? 어찌 세상을 창조한 상제를 세상 사람들이 해치고 죽일 수 있단 말인가? 불교의 천당과 지옥의 하찮은 견해를 표절해서 오히려 불교를 비방하니, 하물며 도교의 방사가 불교를 표절하고 불교를 비방하는 것도 이보다 심하지는 않았다. 게다가 유교를 끌어다가 유교를 비방하는데, 육경에 나오는 상제를 문장의 [앞뒤를] 잘라 두루 인용해서 [예수가] 천주임을 증명하면서 다음과 같이 말한다. "푸르고 푸른 하늘은 상제가 부리는 것으로, 동쪽에도 있고 서쪽에도 있으며, 머리도 없고 몸통도 없고, 손도 발도 없어 받들 만하지 못하다. 하물며 땅은 온갖 사람들이 발로 밟고 더러움이 모이는 곳이니, 어찌 받들 만한 권위가 있겠는가?"

무릇 하늘과 땅을 받들지 않으면서 상제를 받든다는 것은 그래도 말이 되지만, 예수를 상제로 삼아 받든다는 것은 말이 되지 않는다. 예수가 진실로 하늘의 덕을 온전히 한 성인이라면, 반드시 한마디 말로 행위가 후세의 모범이 되고, 한 가지 일로 은택이 사해에 미쳐서, 복희·문왕처럼 역상易象을 밝히고, 요임금·순임금처럼 세상을 화평하게 하며, 우임금처럼 물과 토지를 다스리고, 주공처럼 예악을 제정하며, 공자처럼 도덕을 밝혔을 것이니, 이것이야말로 만세의 공덕인 것이다. 예수에게 이 같은 공덕이 한 가지라도 있는가? 만일 사람의 병을 치료하고 죽은 사람을 살린 것을 공덕이라고 한다면, 이는 화타華陀와 같은 양의良醫나 축유祝由[88] 같은 요술사의 일이지 대성인이 할 일은 아니며, 게다가 천지만물을 주재하는 자가 할 일은 아니다. 가령 이를 공덕이라고 한다면 사람을 병들지 않게 하고 사람을 죽지 않게 하는 공덕이 더욱 크지 않겠는가? 상제의 성신聖神과 광운廣運으로 일일이 병든 자를 만나 치료하고 죽은 자를 만나 살려 낸다면 이미 매우 수고로울 것이다. 예수를 만난 사람은 한둘이고, 예수를 만나지 못한 사람은 헤아릴 수 없으니, 구세주의 공덕은 어디에 있단 말인가? 또한 마테오 리치의 서적에는 단지 예수가 세상을 구원하는 공덕을 마치고서 다시 하늘로 승천했다고만 기록하고 형벌[89]을 받아 죽었다는 사실은 언급하고 있지 않다. 아담 샬은 영리함이 마테오 리치만 못해서 이에 죄를 지어 [예수가 십자가에] 못 박혀 죽은 것을 그림으로 그려 직접 드러냈는데, 황건 오두미도五斗米道의 장도릉張道陵[90]이 승천했다는 것과 무슨 차이가 있는가? 그런데 세상에서는 그 기기 제작이 정밀하고 교묘한 것을 기뻐하기도 하고, 혹은 혼인하지 않고 벼슬하지 않는 것을 중시하기도 한다. 의기儀器가 정밀한 것과 병기가 정밀한 것이 우리의 잠재적 근심이 된다는 것을 모르고 하는 소리이다. 혼인하지 않고 벼슬하지 않는 것은 그 뜻이 작은 데에 있지 않으니, 바로 우리 백성들을 유혹해서 [천주교로 이끌고] 가려는 데 있다. 예를 들면 일본을 도모하고 루손을 취한 기왕의 일을 거울로 삼을 만하다. 『시경』에 이르기를 "큰 눈이 내리기 전에 싸라기눈이 내리네"라고 했다. 『전傳』에서 또한 이르기를 "매가 변해서 비둘기가 된다고 해도 군자君子는 여전히 그 눈을 증오하네"라고 했다. 지금 연해 지방의 정세가 평온하지 못하니, 잘 살펴서 엄중하게 도적을 단속해야 하고, 문호를 연 후의 우환을 마땅히 경계해야 할 것이다. 설령 오늘 내가 투기 심한 아낙네라고 욕을 먹을지언정, 훗날 내가 귀신같이 앞날을 알고 있었다고 하는 일은 없었으면 하니, 그것이 중국으로서는 참으로 다행스러운 일일 것이다. 생각하건대, 복음서에서 예수는 스스로 상제의 아들이라고 하고, 상제를 가리켜 신부神父라고 하며, 일찍이 예수를 상제라고 한 적은 없다. 여기에서 논한 것은 다소 정곡을 벗어나기는 하지만 그 외에는 대체로 타당하다.

유럽 각 나라는 한나라 이후 모두 천주교를 믿으며, 교황은 로마에 거주한다. 명나라 초기 독일[91]인 마르틴 루터Martin Luther[92]가 별도로 예수교를 세운 이후 여러 나라 중 절반은 천주교를 믿고 절반은 예수교를 믿게 되었다. 그러나 이른바 천주가 곧 예수로, 그 책[성서]은 같았으나 해석상의 차이가 있었다. 생각하건대, 예수가 태어난 곳은 유다이지만, 그 종교는 로마에서 성행했으며 왕과 제후가 그 가르침을 따랐다. 따르지 않는 자가 있으면 그 나라는 즉시 침략을 당했기 때문에 수백 년간 감히 거스르지 못하고 예수를 하늘의 주재자로 삼았다. 루터가 예수를 구세주로 여기고 그 종교를 예수교라고 하자 천주교를 믿는 여러 나라가 번연히 이를 따르니 막을 수가 없었다. 지금 유럽에서 천주교를 믿는 곳은 이탈리아·프랑스[93]·벨기에[94]·스페인·포르투갈이며, 예수교를 믿는 곳은 영국·네덜란드[95]·덴마크[96]·스위스[97]·프로이센[98]·미국[99]이다. 이 외에 두 종교가 혼재해 있는 곳은 오스트리아[100]·독일이다. 천주교에서는 규정으로 십자가를 세워 동상을 만들어, 예수 초상이 못 박혀 수난당하는 것을 형상화하고 있으며, 곁에는 예수의 어머니 마리아 여인상이 있다. 예수교에는 이것이 없다. 그 외 제7일에 예배를 드리거나 안식일 등은 모두 같다. 또한 별도로 그리스정교회가 있는데, 역시 천주교와는 별개의 유파이다.

『영환지략』에 다음 기록이 있다.

화신을 섬긴다는 것은 떠오르는 태양을 숭배하는 것으로, 간혹 섶을 살라 이를 향해 예배하기도 한다. 사람들은 불의 작용이 없으면 살아갈 수 없고 태양이 없으면 우주를 볼 수 없다. 따라서 페르시아와 인도[101]는 예로부터 이 풍속을 가지고 있었으니, 그 의미는 근본을 보답하는 것에서 기인하는 것이므로 사악한 신은 아니다. 하느님을 섬기게 된 것은 모세[102]에서 비롯되니, 당시는 상나라 초기 옥정沃丁[103] 연간이다. 에 해당되는데, 하느님이 시나이산Sinai Mountain[104] 아라비아 경내에 있다. 에 강림해 계시해서 십계를 내려 세상 사람들을 가르치니, 7일에 안식하고 예배를 드리는 것은 이로부터 시작되었다. 예수가 태어나기까지 아직 천수백 년의 간극이 있으므로 천주교가 처음 나왔을 때는 곧 [지금의] 천주교가 아니었다. 인도는 불교가 흥성해지고 나서 불을 제사하는 풍속을 바꾸었는데, 지금 서역의 칸주트Kanjut[105]·남인도의 뭄바이Mumbai[106]에 여전히 불을 숭배하는 풍속이 남아 있으니, 이것이 명확한 증거이다. 페르시아는 당나라 이전에는 아직 개종하지 않았으나 후에 그 나라가 이슬람에게 정복당하면서 비로소 이슬람교로 개종했다. 그러나 지금도 여전히 예배를 드리면서 불의 신을 아울러 섬기고 있기 때문에 호르무즈Hormuz[107]에는 태양과 불의 신을 숭배하는 옛 궁전이 있다. 중국에는 남조南朝와 수隋나라[108] 시기부터 현신사祆神祠가 있었으며, 또한 호현사胡祆祠, 화사火祠가 있었다. 당나라 시기에 페르시아의 경교가 들어와 천보天寶 4년(745) 조서를 내려 장안과 낙양의 파사사를 대진사로 변경했다. 또한 『경교유행중국비』가 있는데, 건중 2년(781) 대진사 승려 아담이 찬술했다. 지금 생각하건대, 현祆 자는 시示와 천天에서 나왔으니, 즉 천신天神이다. 그 가르침은 불림拂菻 유다로 모세가 처음 이 나라를 세웠으며, 예수는 그 후손이다. 에서 시작되었으며, 본래 대진국의 동쪽 지경 대진은 이탈리아 로마국이다. 한인들은 그 사람들이 풍채가 좋고 단정해서 중국과 유사하다고 여겼기 때문에 대진이라고 칭했다. 그 나라에는 결코 이 이름이 없다. 에 위치한다. 그 나라에서는 호현胡祆이 현신祆神이고 현신은 즉 천신 현祆 자는 본래 중국인이 만든 것으로, 서방은 문자가 같지 않은데 어찌 이러한 글자가 있었겠는가? 으로 대진에 속한다고 했는데, 그런 것 같다. 불림은 한나라 초기에는 로마에 예속되었다가 당나라 시기에 이르러 아라비아에 정복

되었다. 이는 즉 예수교의 효시이다. 만약 화신교火神教가 페르시아에서 나왔다면 대진과는 무관하며, 화현火祆이라고 한다면 화신을 천신으로 혼동한 것이고, 파사교가 대진에서 나왔다고 한다면 또한 그 근본으로 거슬러 올라가면 뿌리가 다르다. 경교 비문은 더욱 황당무계하다. 경교는 즉 화교로, 비문에 나오는 "밝고 큰 별이 기쁜 소식을 알리고(景宿告祥)", "밝은 태양이 높이 걸려 어둠의 세계를 타파하고(懸景日以破暗府)", "한낮에 하늘로 올라갔다(亭午昇眞)" 등등은 모두 태양신과 화신을 가리키는 것이다. 또한 "십자를 나누어서 사방을 정하고(判十字以定四方)", "7일에 한 번씩 제사를 드린다(七日一薦)" 등등은 역시 천주교와 관련된 것이다. 이른바 삼위일체의 성부·시작도 없으신 참된 주 여호와[109]는 누구인지 모르겠다. 그런데 모든 문구는 역시 불교의 찌꺼기를 포장한 것으로, 화신도 아니고 천신도 아니며 불교도 아니어서 어떤 종교를 말하는지 알 수 없다. 대체로 페르시아에서 화신을 기리는 것은 본래 오랜 풍속이다. 불교가 일어난 인도는 바로 그 동쪽 인근이고, 천신교天神教가 일어난 대진은 바로 그 서쪽 인근이다. 당대에 이르면 대진의 천주교가 또한 이미 성행해서 호승胡僧 중에 뛰어난 자가 삼교를 합일해서 경교라고 이름 지으니, 스스로 우수하며 탁월하다고 했는데, 중국에서는 그 근원을 알지도 못하면서 숭배해서 믿었다. 바로 한유韓愈[110]가 말한 "오직 괴이한 것만을 듣고자 하는"[111] 자들이구나. 또한 비문에 의하면 정관 12년 대진국의 상덕 알로펜이 멀리서 성경과 성상을 가지고 장안성에 와서 바쳤다고 한다. 알로펜이 과연 대진국에서 왔다면 그것이 천주교라는 것은 의심할 여지가 없으며, 성경은 유럽에서 전해져 온 성서 복음이고, 성상은 예수가 십자가에 못 박힌 상일 것인데, 당시 이것이 있다고는 듣지 못했다. 그리고 이른바 경교라는 것은 페르시아에서 신봉하는 화신火神인데, 불교의 외관으로 윤색했다는 것은 이해할 수가 없다. 당나라 이후 불교가 성행하여 호현사·화현사와 파사교·대진교는 모두 다시는 볼 수 없게 되었다. 서양인의 기록에 따르면, 단지 아프리카 북방의 에티오피아Ethiopia[112]에서는 여전히 대진교라는 이름이 있는데, 역시 페르시아의 화신일 뿐이다.[113]

一

明文秉『烈皇小識』: 崇禎初始行天主教. 上海徐光啓, 教中人也, 入政府力進其說, 宮府供養諸銅佛像盡毁碎. 至是, 悼靈王病篤, 上臨視之, 王言九蓮華娘娘立空中, 歷數毁壞三寶及苛求武淸云云, 言訖而薨. 上大驚懼無及. 京師天主堂有二西人主之, 龍華民·湯若望也. 皈其教者, 先命取其家佛像來. 天主殿前有石幢一·石池一, 其黨取佛像至, 卽於幢上撞碎, 棄池中, 率以爲常. 某年六月初一日, 復建此會. 方日正中, 天無纖雲, 適擧火, 忽大雷一聲, 將佛像·爐炭盡攝去. 衆皆汗流, 合掌念阿彌陀佛, 遂絶此會.

『澳門紀略』曰: 澳中凡廟所奉天主, 有誕生圖·被難圖·飛昇圖. 其說以耶穌行教至一國, 國人裸而縛之十字木架, 釘其首及四肢, 三日蘇飛還本國, 更越四十日而上升, 年三十有三. 故奉教者必奉十字架, 每七日一禮拜, 至期男女分投諸寺, 長跪聽僧演說. 歲中天主出遊, 三巴則以十月, 板樟以三月·九月, 支糧以三月, 大廟則二月·五月·六月, 凡三出遊. 率先夕詣龍鬆廟, 迎像至本寺, 然燈達旦, 澳衆畢集, 黑奴舁被難像前行, 番童誦咒隨之. 又以番童象天神, 披髮而翼, 來往騰躍, 諸僧手香獨步其後, 又用老僧抱一耶穌像, 上張錦棚, 隨從如前儀. 歲三月十五日爲天主難日, 寺僧皆瘖, 越十七日復鳴, 諸番徹酒肉三日, 雖果餌啖不至飽. 番僧不一類, 三巴寺僧削髮, 披青冠斗帽. 司教者曰法王, 由大西洋來. 澳酋無與敵體者, 有大事·疑獄, 兵頭·番目不能決, 則請命, 命出奉之惟謹. 其出入張蓋, 樹幡幢, 僧雛擁衛之. 男女見者輒前跪捧足, 俟過然後起. 法王或摩其頂, 以爲大幸. 婦女尤信向之. 龍鬆廟僧亦削髮蒙氈, 內衣白而長, 外覆以青. 板樟廟僧不冠, 曳長衣, 外玄內白, 復以白布覆其兩肩. 噶斯蘭僧服粗布衣, 帶索草屨, 不冠不襪, 出入持蓋. 是二廟僧有盡削其髮者, 有但去其頂髮者. 他如大廟·風信·花王·支糧諸廟, 則係本澳, 自行焚香, 禿頂而圓, 被長青衣, 無妻室. 而左右列侍番女, 於廟於家, 惟所便, 蓋火居衲子之流. 其通曉天文曾遊京師者, 皆留髭鬚, 解華語, 分住各廟中. 諸僧往來番人家, 其人他出, 徑入室, 見其婦, 以所攜藤或雨傘置諸戶外, 其人歸, 見而避之. 惟三巴戒律綦嚴. 番婦入寺者, 爲之持咒禳解, 寺僧不苟出入, 卽出必以人伴之, 書其名於版以爲志.

尼曰聖母, 其敬奉尤甚於法王. 一女爲尼, 其家人罹重闢, 得女尼片紙, 立宥之. 然必捐千金致諸公, 故入寺者鮮. 寺中尼凡四十有奇. 三巴寺在澳東北, 依山爲之, 高數尋. 屋側啓門, 制狹長. 石作雕鏤, 金碧照耀, 上如覆幔, 旁綺疏瑰麗. 所奉曰天母, 名瑪利亞, 貌如少女, 抱一嬰兒, 曰天主耶穌. 衣非縫製, 自頂被體, 皆采飾平畫, 障以琉璃, 望之如塑. 旁貌方論說狀, 鬚眉豎者如怒, 揚者如喜, 耳重輪, 鼻隆準, 三十許人, 左手執渾天儀, 右叉指若動, 目若矚, 口若聲.

又曰: 天主教者, 西土曰天主耶穌. 漢哀帝元壽二年庚申生於如德亞國, 爲天主肇生人類之邦, 西行教至其國, 奉之至今. 甚且沾染中土, 誘惑華人, 在明則上至公卿, 下逮士庶. 邇日奉詔禁, 而博士弟子尙有信而從之者. 其徒著書闡述, 多至百餘種, 士大夫又爲潤色其文詞, 以致談天言命, 幾於亂聽. 今就澳門取其書觀之, 所云五經十誡, 大都不離天堂地獄之說, 而詞特陋劣, 較之佛書尤甚. 閒嘗尋求其故, 西洋諸國, 由來皆崇佛教·回回教, 觀其字用梵書, 曆法亦與回回同源, 則意大里亞之教, 當與諸國奉佛·奉回回者無異. 特其俗好奇喜新, 聰明之士遂攘回回事天之名, 而擄如來天堂地獄之實, 以兼行其說. 又慮不足加其上也, 以爲尊莫天若天有主則尊愈莫若. 蓋其好勝之俗爲之, 不獨史稱曆法云爾也.

昔西人有行教於安南者, 擧國惑之. 王患之, 逐其人, 立二幟於郊下, 令曰: "從吾者立赤幟下. 宥之. 否則立白幟下. 立殺之." 竟無一立赤幟下者, 王怒, 然砲殺之盡. 至今不與西洋通市, 至則擧大砲擊之, 西人亦卒不敢往. 倭亦然. 噶羅巴馬頭石鑿十字架於路口, 武士露刃夾路立. 商其國者必踐十字路入, 否則加刃, 雖西人亦不敢違. 又埋耶穌石像於城閾以蹈踐之. 蓋諸番嚴惡之如此, 中土人士, 乃信而奉之如恐弗及. 明臣蔣德璟序『破邪集』, 且爲調停其間. 夫逃楊歸儒, 歸斯受之, 猶可說也. 援儒入墨, 援而附之, 不可說也. 必如聖朝用其曆法而放斥其邪教, 庶乎兩得之矣.

趙翼『簷曝雜記』曰: 天主堂在宣武門內, 欽天監正西洋人劉松齡·高愼思等所居也. 堂之爲屋, 圓而穹, 如城門洞, 而明爽異常. 所供天主如美少年, 名耶穌, 彼中聖人也. 像繪於壁而突出, 似離立不著壁者. 堂之旁有觀星臺, 列架以貯千里鏡. 鏡以木爲筒, 長七八尺, 中空而嵌以玻璃, 有一層者·兩層者·三層者. 余嘗登其臺以鏡視天, 赤日中亦見星斗. 視城外, 則玉泉山寶塔近在咫尺間, 磚縫亦歷歷可數. 而玻璃之單層者, 所照山河人物皆正, 兩層者悉倒, 三層者則又正矣. 有樓爲作樂之所, 一虯髯者坐而鼓琴, 則笙·簫·磬·笛·鐘·鼓·鐃·鐲之聲,無一不備. 其法設木架於樓架之上, 懸鉛管數十, 下垂不及樓板寸許. 樓板兩層, 板有縫與各管孔相對, 一人在東南隅鼓韛以作氣, 氣在夾板中盡趨於鉛管下之縫, 由縫直達於管. 管各有一銅絲繫於琴絃, 虯鬚者撥絃則各絲自抽, 頓其管中之關捩而發響矣. 鉛管大小不同, 中各有竅竅, 以象諸樂之聲, 故一人鼓琴而衆管齊鳴, 百樂無不備, 眞奇巧. 又有樂鐘, 竝不煩人挑撥而按時自鳴, 亦備諸樂之聲, 尤爲巧絶.

兪正燮『癸巳類稿』曰: 西域有叢神, 謂之天祠. 有主祠者如巫覡, 至其教, 成其徒, 惟奉本師, 不復奉天神, 勢則然也. 佛藏『賢愚因緣經』云: 過去提婆令奴王將至天祠, 泥木天像起身爲禮. 前王五百子中設至天祠, 自禮天像, 諸餘泥木天像悉不作禮. 又云: 恒河邊有摩尼跋羅天祠, 毗沙門王白帝釋言, 我有一臣摩尼跋羅, 有轉相從其祠求子, 是所謂天神者. 事火事日, 又雜兼衆神, 所謂主者廟祝, 如馬韓各立一人, 主祭天神, 名之曰天君也. 其人非一, 惟耶穌能成大宗. 耶穌亦作爾息, 亦作爾撒, 對音字不能審也.

佛時乾闥婆·阿修羅皆其教, 傳之耶穌, 其教始盛. 耶穌生當漢哀帝元壽二年, 景宿告祥在如德亞地. 唐建中二年, 大秦寺僧景淨立『景教流行中國碑』, 言大秦寺始貞觀十二年七月, 碑稱三一妙身無元眞主阿羅訶, 又稱其母爲三一分身, 景尊彌施訶. 云室女誕聖於大秦. 又言阿羅訶存鬚削頂, 七時禮讚, 七日一薦, 則兼摩尼法. 唐以後, 宋元不見于史. 明萬曆九年, 其人復至廣東, 二十九年至京師.『明史』云: 禮部郎中徐如珂召天主教二人, 授以筆札, 所記舛繆不相合. 回回『幹爾塞經』則云, 爾撒聖人者, 亦阿丹聖人之後, 立教敬天爲主, 傳徒繁盛, 戰勝攻克. 或通其妻, 託求異術. 爾撒告妻, 畏人縛髮, 妻於是夜暗繫其髮, 仇至遭擒, 便被殺害. 其徒憤恨, 天不垂佑, 乃奉天主, 不復事天. 天主教則言, 耶穌行教, 國王磔之十字架上. 其徒所傳艾儒略『萬物眞源』·馮秉正『聖言廣益』全編, 及其詮自證等經, 冗鄙無可採語. 十字架者, 景教碑所言, 判十字以定四方者也.

『賢愚因緣經』「優婆鞠提緣品」云, 梵志或事日月, 翹腳向之, 或復事火, 朝夕然之. 卽『通典』注言, 大秦胡事火咒詛也. 『西域記』云, 鉢羅那迦天祠, 人露形旦上高柱, 一手執柱端, 一足躡旁杙. 一手一足, 虛懸向外, 視日影求出生死, 所謂裸形求仙, 是尼犍法. 然則十字架者, 高柱及杙. 後不事日, 猶留其式. 耶穌裸體張十字架上者, 耶穌以他事被殺, 而遺像具生時露形上高柱, 翹手腳視日也. 其徒文言之則曰定四方, 妄言之則曰耶穌磔於十字架. 耶穌誠磔死架上, 何忍寶其受慘刑具而頂禮之? 且耶穌母何爲以弄其兒哉? 『大唐西域求法高僧傳』云, 諸外道先有九十六部, 今但十餘, 齋會聚集各爲一處. 是彼時猶與佛教同赴齋請, 其截然分判, 不知始於何時. 今天主教皆力拒佛, 其自言知識在腦不在心, 蓋爲人窮工極巧, 而心竅不開. 在彼國爲常, 在中國則爲怪也. 乃好誘人爲之, 而自述本師之事, 亦不求所本. 然則耶穌在西洋爲持世之人, 而他部之人入其教, 則亦無心肝之人矣. 案: 耶穌磔死十字架, 湯若望書有之, 不應湯若望不知天主事蹟也.

歙縣楊光先『闢邪論』「上篇」曰: 曆官李祖白, 天主教之門人也, 著『天學傳概』一卷, 其言曰: 天主上帝, 開闢乾坤而生初人, 男女各一, 初人子孫聚居如德亞國, 此外東西南北竝無人居. 當是時, 事一主, 奉一教, 紛歧邪說無自而生. 其後生齒日繁, 散走遐逖, 而大東大西有人之始, 其時略同. 考之史冊, 推以曆年, 在中國爲伏羲氏. 卽非伏羲, 亦必先伏羲不遠, 爲中國有人之始. 此中國之初人, 實如德亞之苗裔, 自西徂東, 天學固其所懷來也. 生長子孫, 家傳戶習, 此時此學之在中夏, 必倍昌明於今之世矣. 延至唐虞三代, 君臣告誡於朝, 聖賢垂訓於後, 往往呼天稱帝, 以相警勵. 其見之『書』曰: "昭受上帝, 天其申命用休.”『詩』曰: “文王在上, 於昭于天.”『魯論』曰: “獲罪於天, 無所禱也.”『中庸』曰: “郊社之禮, 所以事上帝也.”『孟子』曰: “樂天·畏天·事天,” 何莫非天學之微言法語乎? 審是則中國之敎, 無先天學者.

噫, 小人而無忌憚, 亦至此哉! 不思今日之天下, 卽三皇五帝之天下也. 祖曰, 謂曆代之聖君聖臣, 是邪教之苗裔, 『六經』·『四書』, 是邪教之微言, 將何以分別我大淸之君臣, 而不爲邪教之苗裔乎? 而弁其端者, 曰: “康熙三年, 柱下史昆陵許漸敬題.” 噫吁, 異哉! 以史臣, 以諫官, 而亦爲此言耶? 雖前明之季, 學士大夫如徐光啓·李之藻·李天經·馮應京·樊良樞者, 多爲天主教作序, 然或序其曆法, 或序其儀器, 或序其算數. 至『進天主書像圖說』, 則罔有序之者, 實湯若望自序之, 可見徐·李諸人, 猶知不敢公然得罪名教也. 若望之爲書也, 曰男女各一, 以爲人類之初祖, 未敢斥言覆載之內, 盡是其教之子孫也. 祖白之爲書也, 則盡我中國而如德亞之矣, 盡我中國古先帝聖師而邪教苗裔之矣, 盡我曆代之聖經賢傳而邪教緖餘之矣, 豈止妄而已哉?

天主教不許供君親牌位, 不許祀祖先父母, 眞率天下而無君父者也. 而許侍御序之曰: “二氏終其身於君臣父子, 而莫識其所爲天, 卽儒者或不能無弊?” 噫, 是何言也?

二氏寺觀供奉龍牌, 是尙識君臣. 佛經言供養於辟支佛, 不如孝堂上二親, 是尙識父子. 況吾儒以天秩·天序·天倫·天性立教乎! 唯天主耶穌以犯其國法釘死, 是莫識君臣. 耶穌之母瑪利亞有夫名若瑟, 而曰耶穌不由父生, 及皈依彼教人不得供奉祖父神主, 是莫識父子. 許君顚倒之甚, 至謂儒者言天有弊, 是先聖乎? 先賢乎? 不妨明指其人, 與衆攻之. 如無其人, 不宜作此非聖之文, 自毁周·孔之教也.

楊·墨之害道也, 不過曰爲我兼愛, 而孟子亟拒之, 曰: “楊·墨之道不息, 孔子之道不著.”『傳槪』之害道也, 苗裔我君臣, 學徒我周·孔. 祖白之意若曰: 孔子之道不息, 天主之敎不著. 孟子之拒, 恐人至於無父無君, 祖白之著, 恐人至於有父有君. 而許君爲祖白作序, 是拒孔·孟矣, 遵祖白矣. 儒者不能無弊, 許君自道之也.

邪敎開堂於京師宣武門之內, 東華門之東, 阜城門之西, 山東之濟南, 江南之淮安·揚州·鎭江·江寧·蘇州·常熟·上海, 浙之杭州·金華·蘭溪, 閩之福州·建寧·延平·汀州, 江右之南昌·建昌·贛州, 東粤之廣州, 西粤之桂林, 蜀之重慶·保寧, 楚之武昌, 秦之西安, 晉之太原·絳州, 豫之開封, 凡三十窟穴. 而廣東之香山嶴, 盈萬人盤踞其間, 成一大都會, 以暗地送往迎來. 若望藉曆法以藏身金門, 而棋布邪敎之黨羽於大淸十三省要害之地, 其意欲何爲乎?

明綱之所以不紐者, 由廢祖宗之法, 弛通海泄漏之律. 徐光啓以曆法薦利瑪竇等於朝, 以數萬里不朝貢之人, 來而弗譏其所從來, 去而弗究其所從去, 行不監押之, 止不關防之, 十三直省之山川形勢·兵馬錢糧, 靡不收歸圖籍而弗之禁. 古今有此翫待外國人之政否? 大淸因明之待西洋如此, 習以爲常, 不察伏戎於莽, 萬一竊發, 百餘年後將有知予言之不得已者.

其「下篇」云: 天主敎所事之像名曰耶穌, 手執一圓象, 問爲何物, 則曰天. 問天何以持於耶穌之手, 則曰天不能自成其爲天, 如萬有之不能自成其爲萬有, 必有造之者而後成. 天主爲萬有之初有, 其有無元而爲萬有元, 超形與聲, 不落見聞. 乃從實無造成實有, 不需材料·器具·時日, 先造無量數天神無形之體, 次及造人. 其造人也, 必先造天地品彙諸物, 以爲覆載安養之需. 故先造天造地, 造飛走鱗介種植等類, 乃始造人. 男女各一, 男名亞當, 女名厄襪, 以爲人類之初祖. 天爲有始, 天主爲無始, 有始生於無始, 故稱天主焉. 次造天堂, 以福事天主者之靈魂, 造地獄, 以苦不事天主者之靈魂. 人有罪應入地獄者, 哀悔於耶穌之前, 竝祈耶穌之母以轉達於天主, 卽赦其人之罪, 靈魂亦得升於天堂. 惟諸佛爲魔鬼, 在地獄中永不得出.

問耶穌爲誰? 曰卽天主. 問天主主宰天地萬物者也, 何爲下生人世, 曰天主憫亞當造罪, 禍延世世苗裔, 許躬自降生救贖. 於五千年中或遣天神下告, 或托前知之口代傳降生, 在世事蹟, 預題其端, 載之國史. 降生期至, 天神報童女瑪利亞胎孕天主, 瑪利亞怡然允從, 遂生子名曰耶穌. 故瑪利亞爲天主之母, 童身尙猶未壞. 問耶穌生於何代何時, 曰生於漢哀帝元壽二年庚申.

噫! 荒唐怪誕, 亦至此哉! 夫天二氣之所結撰而成, 非有所造而成者也. 設天果有天主, 則覆載之內, 四海萬國, 無一而非天主之所宰制, 必無獨主如德亞一國之理. 獨主一國, 豈得稱天主哉? 旣稱天主, 則天上地下, 四海萬國, 物類甚多, 皆待天主宰制. 天主下生三十三年, 誰代主宰其事? 天地旣無主宰, 則天亦不運行, 地亦不長養, 人亦不生死, 物亦不蕃茂, 而萬類不幾息矣. 天主欲救亞當, 胡不下生於造天之初, 乃生於漢之元壽庚申? 天主造人當造盛德至善之人, 以爲人類之初祖, 猶恐後人之不善繼述, 何造一驕傲爲惡之亞當, 致子孫世世受禍? 且其子孫中又有聖·有賢·有智·有仁, 不盡肖亞當所爲, 又何人造之哉? 天主下生救之, 宜造化存神, 型仁講讓, 以登一世於皞熙, 其或庶幾. 乃不識其大而好行小惠, 惟以瘳人之疾, 生人之死, 履海幻食, 天堂地獄爲事, 又安能救一世之雲礽, 去惡而遷善, 以還造化之固有哉?

釋氏銷罪, 必令懺悔, 彼敎則但崇事耶穌母子者卽升之天堂, 不奉之者卽下之地獄. 使奉者皆善人, 不奉者皆惡人, 猶可言也. 苟奉者皆惡人, 不奉者皆善人, 不皆顚倒賞罰乎? 謂佛墮地獄中, 永不得出, 誰則見之? 而耶穌生釘十字架, 則現身劍樹苦海, 豈有主宰天地萬物之人, 而不能自主其一身之性命者乎? 以造化世界之上帝, 而世人能戕之戮之者乎? 剽竊釋氏天堂地獄之唾餘而反脣謗佛, 則雖道敎方士之剽佛謗佛, 不如是甚也. 且又援儒而謗儒, 歷引『六經』之上帝而斷章以證其爲天主, 曰:蒼蒼之天, 乃上帝所役使. 或東或西, 無頭無腹, 無手無足, 未可爲尊. 況於下地乃衆足所踐, 汙穢所歸, 安有可尊之勢?

夫不尊天地而尊上帝猶可言也, 尊耶穌爲上帝則不可言也. 耶穌而誠全天德之聖人也, 則必一言而爲法後世, 一事而澤被四海, 若伏羲·文王之明易象, 堯·舜之致時雍, 大禹之平水土, 周公之制禮樂, 孔子之明道德, 斯萬世之功也. 耶穌有一於是乎? 如以瘳人之病, 起人之死爲功, 此華陀良醫·祝由幻術之事, 非大聖人之事也, 更非主宰天地萬物者之事也. 苟以此爲功, 則何如不令人病·不令人死之功更大也? 以上帝之聖神廣運, 一一待其遇病瘳之, 遇死起之, 則已不勝其勞. 遇耶穌者一二, 不遇耶穌者無量無邊, 其救世之功安在也? 且利瑪竇之書, 止載耶穌救世功畢, 復升歸天, 而諱其死於王難. 至湯若望, 黠不若利瑪竇, 乃竝其釘死受罪, 圖寫而直布之, 其去黃巾五斗米之張道陵幾何? 而世尙或以其制器之精奇而喜之, 或以其不婚不宦而重之. 不知其儀器精者, 兵械亦精, 適足爲我隱患也. 不婚宦者, 其志不在小, 乃在誘吾民而去之. 如圖日本·取呂宋之已事可鑒也.『詩』曰: "相彼雨雪, 先集爲霰."『傳』又曰: "鷹化爲鳩, 君子猶惡其眼." 今者海氣未靖, 譏察當嚴揖盜, 開門後患宜毖. 寧使今日詈予爲妒口, 毋使異日神予爲前知, 斯則中國之厚幸也夫. 案: 福音書耶穌自稱爲上帝之子, 而稱上帝爲神父, 未嘗謂耶穌卽上帝也. 此所論稍未中肯, 其餘大概得之.

歐羅巴諸國, 漢後皆奉天主教, 教王居於羅馬. 明初, 日耳曼人路得別立耶穌教, 自是諸國從天主教者半, 從耶穌教者半. 然所謂天主者卽耶穌, 其書同而講解異. 按耶穌生於猶太, 教之盛行起於羅馬, 王侯聽其頤指. 有不從者, 國輒被兵, 數百年無敢違異, 以耶穌爲上天之主宰也. 路得稱耶穌爲救世主, 名其教爲耶穌教, 諸國之奉天主教者翻然從之, 不可止. 今歐羅巴從天主教者, 曰意大里亞·曰佛郞西·曰比利時·曰西班亞·曰葡萄亞, 從耶穌教者, 曰英吉利·曰荷蘭·曰槤國·曰瑞國·曰普魯士·曰米利堅. 此外兩教參雜者, 曰奧地利·曰日耳曼. 天主教規立十字架作銅人, 肖耶穌被釘受難之形, 旁有女人像肖耶穌之母馬利亞. 耶穌教無之.

其餘七日禮拜·安息之類皆同. 又別有希臘教者, 亦天主教別派.

『瀛環志略』曰: 事火神者拜旭日, 或燃薪向之拜. 民非火化不生, 非白日則宇宙無睹. 故兩地之夷古有此俗, 義起報本, 非邪神也. 事天神始於摩西, 時在有商之初, 沃丁年間. 托言天神降於西奈山, 在阿剌伯境內. 垂十誡以教世人, 七日安息· 禮拜卽起於此. 距耶穌之生尙隔一千數百年, 乃天主教之所自出, 非卽天主教也. 天竺自佛教興而祀火之俗改, 今西域之乾竺特·南印度之孟買仍有拜火之俗, 是其明證. 波斯則自唐以前尙未改, 後其國爲回回所奪, 始改從回教. 然至今禮拜仍兼拜火神, 故惡末嶼有太陽火神古殿也. 中國自前五代時, 有祆神祠, 又有胡祆祠, 火祠. 唐時有波斯經教, 天寶四年, 詔改兩京波斯寺爲大秦寺. 又有「景教流行中國碑」, 建中二年大秦寺僧景淨述. 今考祆字從示從天, 卽天神. 其教起於拂箖 卽猶太摩西初建此國, 耶穌乃其裔孫. 本大秦國之東境. 大秦卽意大里之羅馬國. 漢人因其人長大平正, 有類中國, 故稱爲大秦. 其本國竝無此名. 謂胡祆之卽祆神, 祆神之卽天神 祆字, 本中國人所造, 西土不同文, 安得有此等字? 而屬之大秦, 似也. 拂箖自漢初隷羅馬, 至唐時乃爲阿剌伯所奪. 是卽耶穌教之嚆矢也. 若火神教則出自波斯, 與大秦無涉, 謂爲火祆, 則已混火神於天神, 謂波斯教出於大秦, 則又溯本支於異姓. 景教一碑尤爲荒誕. 景教卽火教, 中間"景宿告祥"·"懸景日以破暗府"·"亭午昇眞", 云云. 皆指太陽火也. 又云"判十字以定四方", "七日一薦", 云云. 又牽涉天主教. 其所謂三一妙身·無元眞主·阿羅訶者, 不知何人. 而一切詞語又皆緣飾釋氏糟粕, 非火·非天·非釋, 竟莫名爲何等教矣. 蓋波斯之祠火神, 本其舊俗. 而佛教行於天竺, 乃其東隣, 天神教行於大秦, 乃其西隣. 至唐代則大秦之天主教又已盛行, 胡僧之黠者牽合三教而創爲景教之名, 以自高異, 中國不知其原委, 遽從而崇信之. 正昌黎所謂惟怪之欲聞者耳. 又碑中云: "貞觀十二年, 大秦國大德阿羅本遠將經像來獻上京.” 阿羅德果自大秦來, 其爲天主教無疑, 其經當卽歐羅巴所傳之聖書福音, 其像當卽耶穌被釘十字架之像, 乃當時不聞有此. 而其所謂景教者, 依傍於波斯之火神, 潤色以浮屠之門面, 是不可解也. 自唐以後, 佛教盛行, 胡祆·火祆之祠, 波斯大秦之敎, 俱不復見. 據泰西人所紀載, 惟阿非利加北土之阿北西尼亞, 尙有大秦敎名, 亦仍是波斯火神耳.

주석

1 문병文秉: 문병(1609~1669)은 강소성 장주長洲 사람이다. 명대 대학사 문진맹文震孟의 아들로, 동림당에 가담해 마사영馬士英, 완대성阮大鋮 등과 함께 엄당閹黨에 저항했다. 명나라가 멸망한 이후에는 명조의 유민을 자처해서 은거하면서 청나라에는 출사하지 않았다. 저서로는 『열황소지』 등이 있다.

2 『열황소지烈皇小識』: 편년체로 서술한 명대의 야사野史로, 총 8권이다. 숭정제 주유검의 즉위에서부터 이자성李自成의 북경 공격, 숭정제의 자살 및 이자성의 죽음까지 기록하고 있다.

3 숭정崇禎: 명나라 제16대 황제 사종思宗 주유검朱由檢의 연호(1628~1644)이다.

4 서광계徐光啓: 서광계(1562~1633)는 명대의 정치가이자 학자이다. 1600년에 마테오 리치를 처음 만났고, 1603년에 세례를 받아 천주교로 개종해 천문학과 수학을 배웠다.

5 도령왕悼靈王: 숭정제의 다섯째 아들 주자환朱慈煥을 가리킨다. 5살 때 요절한 뒤에 도령왕에 추증되었으며, 시호는 유효도령왕현기자응진군孺孝悼靈王玄機慈應眞君이다.

6 삼보三寶: 불교도의 세 가지 근본 귀의처인 불보佛寶·법보法寶·승보僧寶를 가리킨다. 불보는 부처님, 법보는 부처님의 가르침, 즉 교리를 말하고, 승보는 부처님의 가르침을 철저히 받들어 믿고 진실히 수행하는 제자를 말한다.

7 니콜로 롱고바르도Nicolò Longobardo: 원문은 '용화민龍華民'이다. 롱고바르도(1559~1654)는 1582년에 예수회에 들어갔고, 1597년에 중국에 도착해서 선교 활동을 했다. 그는 다른 예수회 선교사들과는 달리 공개적으로 중국에서 활동하면서 입교자에게 중국의 풍습은 버릴 것을 요구했다.

8 아담 샬Adam Schall: 원문은 '탕약망湯若望'이다. 아담 샬(1591~1666)은 예수회

소속 중국 선교사로, 서양 선교사로서는 최초로 정식 중국 관료가 되어 중국의 역법과 과학 발전에 기여했다.

9 석지에 버렸으며: 원문은 '기지중棄池中'이다. 『열황소지』 원문에 의거하면, 석지에 버린 것은 불상의 머리와 손발이고, 나머지는 화로에 넣어 녹였다고 한다.

10 수난도受難圖: 원문은 '피난도被難圖'이다.

11 부활도復活圖: 원문은 '비승도飛昇圖'이다.

12 행진: 원문은 '출유出遊'이다. 파소스 성채의 행진Procession of the Passion of Our Load, the God Jesus이라고 한다. 매년 사순절 첫째 주일에 열리는 행사로, 십자가를 지고 있는 예수상을 따라 고난의 길을 걷는 엄숙한 행렬이다.

13 상파울루성당Igreja de São Paulo: 원문은 '삼파三巴'이다.

14 상도밍구스성당Igreja de São Domingos: 원문은 '판장板樟'이다. 성당이 나무로 건축된 데서, 판장당板樟堂이라고 불렀다.

15 자비의 성채Santa Casa da Misericórdia: 원문은 '지량支糧'으로, 지금의 인자당仁慈堂을 가리킨다. 당시 인자당 소속의 인자기구仁慈機構가 모두 인자당에서 월급을 받았기에 중국인들은 이를 지량묘支糧廟라고 했다.

16 대성당Cathedral: 원문은 '대묘大廟'로, 대당大堂이라고도 한다. 오랫동안 마카오의 주교좌主教座 성당이었다.

17 산투아고스티뉴성당Igreja de Santo Agostinho: 원문은 '용송묘龍鬆廟'이다.

18 법왕法王: 본래 로마 교황청의 교황을 가리키는데, 여기에서는 마카오 교회를 주관하는 주교로 추정된다.

19 상프란시스쿠성당Igreja de São Francisco: 원문은 '갈사란噶斯蘭'으로, 가사란묘加斯蘭廟라고도 한다.

20 상로렌수성당Igreja de São Lourenço: 원문은 '풍신風信'으로, 풍순당風順堂이라고도 한다.

21 산투안토니우성당Igreja de Santo Antônio: 원문은 '화왕花王'이다.

22 상파울루성당은 … 아름다웠다: 상파울루성당은 1835년 태풍으로 인

한 화재로 인해 소실되어 지금은 정면 파사드 부분만 남아 있다. 그 자체만으로도 정교하고 웅장함을 자랑해 세계문화유산에 등록되어 있다. 이 부분은 현재 소실되어 알 수 없는 상파울루성당의 모습을 설명하고 있다는 점에서 중요하다.

23 애제哀帝: 전한 제13대 황제 유흔劉欣(재위 기원전 7~기원전 1)이다.

24 원수元壽: 전한 애제의 두 번째 연호(기원전 2~기원전 1)이다.

25 유다국: 원문은 '여덕아국如德亞國'이다.

26 이탈리아Italia: 원문은 '의대리아意大里亞'이다.

27 가라호리空堀: 원문은 '갈라파噶羅巴'이다. 지금의 오사카를 가리키는 것으로 추정된다.

28 장덕경蔣德璟: 장덕경(1593~1646)은 자가 중보中葆, 호는 팔공八公 또는 약야若椰로, 명대 복건성 천주泉州 사람이다. 진사 출신으로, 강서부사江西副使, 내각수보內閣首輔를 역임했다.

29 『파사집破邪集』: 『성조파사집聖朝破邪集』 또는 『황명성조파사집皇明聖朝破邪集』이라고도 한다. 명대 숭정 12년(1639) 절강에서 간행되었다. 이 책은 모두 8권으로 이루어져 있는데, 군신群臣·유자儒子·승려僧侶들이 천주교를 비판한 글을 모아 놓은 것으로, 명말 천주교에 반대한 주요 저작이다.

30 양주楊朱에게서 빠져나오면 … 받아 줄 뿐이다: 『맹자』「진심장구」하편 제26장에 "묵적墨翟의 무리에서 빠져나오면 양주楊朱에게로 돌아가고, 양주에게서 빠져나오면 반드시 유가儒家로 귀의하게 될 것이니, 이렇게 귀의하면 받아 줄 뿐이다(逃墨翟必歸於楊, 逃楊必歸於儒, 歸斯受之而已矣)"라는 말이 있다.

31 천주당: 북경에는 4개의 대표적 성당이 있다. 왕부정王府井의 동당東堂, 서십고西什庫의 북당北堂, 선무문宣武門의 남당南堂, 서직문西直門의 서당西堂이 그것이다. 따라서 여기에서 언급하는 천주당은 선무문의 남당을 가리키는데, 이는 1605년 마테오 리치가 세운 것이다.

32 페르디난드 아우구스틴 할러 폰 할레르슈타인Ferdinand Augustin Haller von

Hallerstein: 원문은 '유송령劉松齡'이다. 할레르슈타인(1703~1774)은 유고슬라비아 출신의 예수회 선교사이다. 1721년 예수회에 입회해서 오스트리아와 리스본에서 공부한 뒤, 중국의 선교사로 임명되어 1738년 마카오에 도착했다. 1739년 건륭제의 명으로 북경에서 천문과 역법, 산술 서적 편찬에 참여했다. 1746년 이그나츠 쾨글러Ignaz Kögler의 뒤를 이어 흠천감 감정이 되어 천문과 역법, 산술 서적 편찬을 담당했다. 저서로는 『의상고성儀象考成』 등이 있다.

33 호세 데스피나José d'Espinha: 원문은 '고신사高愼思'이다. 데스피나(1722~1788)는 포르투갈 출신의 예수회 선교사이다. 1739년 예수회에 입회해서 10여 년간의 학업을 마친 후, 1750년 마카오에 도착했다. 천문역법에 뛰어나 흠천감에 들어가 천문을 담당했으며, 1780년에는 흠천감 감정에 올랐다. 중국의 천문학과 지도학 방면에 뛰어난 업적을 남겼다.

34 천문대: 원문은 '관성대觀星臺'이다.

35 풀무질: 원문은 '고구鼓鞲'로, 고풍鼓風이라고도 한다. 구鞲는 소가죽을 이용해 만든 바람을 일으키는 도구이다.

36 천사天祠: 산스크리트어 데바쿨라deva-kula의 번역으로, 인도에서 대자재천大自在天 등과 같은 천부의 제신을 제사 지내는 곳이다.

37 불장佛藏: 불교 경전의 총칭으로, 통칭 대장경大藏經 또는 일체경一切經이라고 한다.

38 제바영노왕提婆令奴王: 『현우인영경』에 의하면 영노대왕은 약 8만 4천 개의 소국을 거느린 대국의 왕으로, 약 2만 명의 부인과 궁녀를 거느리고 있었는데, 제바발제提婆跋提는 그중 첫 번째 부인이다. 영노대왕은 500명의 아들이 있었는데 제바발제는 그중 마지막 아들을 낳았다. 이 아들이 아버지 영노대왕과 어머니 제바발제의 이름을 딴 제바영노왕이다.

39 제석천帝釋天: 불교의 수호신으로, 고대 인도의 신인 인드라Indra를 수용한 것이다. 제석천은 수미산 정상에 있는 하늘인 도리천의 주인으로, 수미산 중턱의 사천왕을 거느리고 불법과 불제자를 보호한다.

40 신관神官: 원문은 '묘축廟祝'이다.

41 천군天君: 『후한서後漢書』「동이열전東夷列傳」에 마한에는 각 지역에서 천신에 대한 제사를 주관하는 사람이 있는데, 이를 천군이라고 한다는 기록이 있다.

42 건달바乾闥婆: 긴나라緊那羅와 함께 제석천帝釋天을 모시면서 음악을 담당하는 천신을 가리킨다.

43 아수라阿修羅: 인도 브라만교의 고대 문헌인 리그베다 초기에 아수라는 절대영, 생명 있는 자 등을 의미하며, 고대 페르시아의 최고신으로 빛의 신인 아후라 마즈다Ahura Mazda와 어원이 같으므로 인도에서는 선신善神으로 여겨졌다. 이것이 시대의 변천과 사상의 변화에 따라 ‘비非, A천天, Sura’, 곧 ‘신이 아니다’라는 해석이 생겨나 차츰 악신惡神으로 인식되었다.

44 아담Adam: 원문은 ‘경정景淨’이다.

45 일곱 가지 성사: 원문은 ‘칠시예찬七時禮讚’이다. 그리스도교회의 세례성사, 견진성사, 성체성사, 고해성사, 병자성사, 성품성사, 혼인성사를 가리킨다.

46 서여가徐如珂: 서여가(1562~1626)는 자가 계명季鳴이고 강소성 오현吳縣 사람이다. 만력 23년(1595)에 진사에 급제해서 형부주사刑部主事, 낭중郎中, 광록시경光祿寺卿 등을 역임했다.

47 조제프안마리 드 모이리아크 드 마이야Joseph-Anne-Marie de Moyriac de Mailla: 원문은 ‘풍병정馮秉正’으로, 프랑스 출신의 예수회 신부이다. 마이야(1669~1748)는 32살에 중국에 건너와서 1748년 79살에 북경에서 사망했다.

48 『성년광익聖年廣益』: 광서 2년본에는 ‘『성언광익聖言廣益』’으로 되어 있으나 지금의 명칭에 따라 고쳐 번역한다. 『성년광익』은 중국에서 활동하던 마이야 신부가 쓴 책으로서, 교회 전례력에 따라 기념하는 성인聖人들과 그 행적을 소개한 후, 묵상을 할 수 있도록 이끌어 주는 묵상서이다. 성인들에 대한 소개가 대부분이지만, 때로는 전례력의 중요한 시기를 설명하기도 하는데, 1738년 처음 출간되었다. 이 책은 우리나라에도 전해져서 초기 천주교 신자들에게 큰 도움을 주었다.

49 범지梵志: 고대 인도에서 불가 이외의 외도外道에 출가한 수도인을 가리키는 말이다.

50 『통전通典』: 당나라 두우杜佑가 편찬한 중국의 역대 제도와 문물을 기록한 책이다. 총 200권이다. 위로는 요·순에서 당나라의 숙종·대종에 이르기까지 중국 전장 제도의 연혁을 기록하고 있어 고대 제도와 문물을 연구하는 데 중요한 자료이다.

51 『대당서역기大唐西域記』: 원문은 '『서역기西域記』'이다. 당나라의 삼장법사 현장玄奘이 태종 정관 3년(629) 8월 장안을 출발하여 정관 19년(645) 정월 다시 장안으로 돌아오기까지 자신이 체험하고 견문한 서역과 인도의 기후·풍토·민족·습속·언어·지리·물산·전설 등을 기록한 서적이다.

52 재회齋會: 불교 사찰에서 승과 비구니가 모여 함께 식사와 다과를 하는 행사이다.

53 예수: 원문은 '본사本師'이다.

54 양광선楊光先: 양광선(1597~1669)은 자가 장공長公으로, 남직예(지금의 안휘성) 흡현 사람이다. 명말 청초의 유학자로, 흠천감 감정을 역임했다. 1659년 『적유론摘謬論』을 써서 서양 역법을 비판하고, 또한 기독교 교리를 공격하는 『벽사론』을 저술했다.

55 흡현歙縣 양광선楊光先의 … 다음 기록이 있다: 이 글은 1664년 허지점許之漸이 흠천감 관원 이조백의 저서 『천학전개』에 서문을 써 준 것에 대해 양광선이 보낸 항의성 글이다.

56 삼대三代: 하夏·은殷·주周 삼대 왕조를 가리킨다.

57 『논어』: 원문은 '『노론魯論』'이다. 이는 한나라 시기 판본으로, 노나라 사람들에 의해 전해진 것이라고 한다. 이 문장은 『논어』 「팔일八佾」편에 실려 있다.

58 교사의 예(郊社之禮): 천지에 제사를 드리는 것으로, 동지冬至에 하늘에 제사 드리는 것을 교郊, 하지夏至에 땅에 제사 드리는 것을 사社라고 하였다.

59 주하사柱下史: 궁전의 기둥 밑에서 시립하여 직무를 봤기 때문에 붙은

직명으로, 한나라 이후 어사에 해당한다.

60 곤릉昆陵: 강소성 상주常州 일대이다.

61 허지점許之漸: 광서 2년본에는 '허점許漸'으로 되어 있으나 역사적 사실에 따라 고쳐 번역한다.

62 이지조李之藻: 이지조(1571~1630)는 자가 아존我存 또는 진지振之, 호는 양암거사涼庵居士로, 절강성 항주 사람이다. 명대 후기의 학자이다. 1595년 진사에 급제해서 1601년 마테오 리치를 만나 서양의 과학 기술을 배웠다. 1610년에 개종해서 교인이 되었다. 중국 최초의 서양 산술 서적인 『동문산지同文算指』를 번역 간행하고, 『천학초함天學初函』을 비롯해 다수의 천문학 관련 저작을 남겼다.

63 이천경李天經: 이천경(1579~1659)은 자가 인상仁常 또는 장덕長德으로, 북직예 조주趙州(지금의 하북성 조현) 사람이다. 명말 정치가이자 천주교인이며, 수학 및 천문역법을 연구했다. 서광계의 사후 편찬 사업을 이어받아 『숭정역서崇禎曆書』 137권을 완성했다.

64 풍응경馮應京: 풍응경(1555~1606)은 자가 가대可大, 호는 모망慕岡이고 안휘성 사주泗州 사람이다. 만력 연간 진사에 급제해서 호광감찰어사湖廣監察御史 등을 역임했다. 한때 이탁오를 탄핵하기도 했으나, 마테오 리치의 권고를 받아 천주교에 귀의했다.

65 번량추樊良樞: 번량추는 자가 남직南植, 호는 치허致虛이며 강서성 진현進賢 사람이다. 1604년 진사에 급제했으며 저작으로 시집 4권을 남기고 있다.

66 의기儀器: 과학 기술의 실험·계량·관측·검사 등에 사용하는 기구 및 장치를 가리킨다.

67 『진정서상進呈書像』: 광서 2년본에는 '『진천주서상도설進天主書像圖說』'로 되어 있으나 이조백의 원문에 의거해서 고쳐 번역한다. 이 책은 아담 샬이 예수의 생애를 모두 64장의 그림에 담아 설명해서 숭정제에게 선물한 것이다. 양광선은 이 그림 중 3장을 뽑아서 『사교삼도설평邪教三圖說平』을 저술했다.

68 불가와 도가: 원문은 '이씨二氏'이다. 여기에서는 유가에 의해 비판받은 불가와 도가를 가리킨다.

69 용패龍牌: 용의 무늬가 새겨진 위패로서 황제를 상징한다.

70 벽지불辟支佛: 산스크리트어 pretyeka-budda를 번역한 말이다. 벽지辟支, 지불支佛이라고도 하는데, 부처님의 가르침에 의하지 않고 홀로 깨달은 자라는 의미를 지닌다. 소승불교의 성자이다.

71 선생: 원문은 '허군許君'이다.

72 양자와 묵자의 도를 … 드러나지 못한다: 『맹자孟子』 「등문공장구滕文公章句」 하편에 나온다.

73 강서: 원문은 '강우江右'이다.

74 광동: 원문은 '동월東粵'이다.

75 광서: 원문은 '서월西粵'이다.

76 사천: 원문은 '촉蜀'이다.

77 호광: 원문은 '초楚'이다.

78 섬서: 원문은 '진秦'이다.

79 산서: 원문은 '진晉'이다.

80 하남: 원문은 '예豫'이다.

81 마카오: 원문은 '향산오香山澳'이다.

82 궁궐: 원문은 '금문金門'이다. 아담 샬이 당시 흠천감 감정으로 재직하고 있었던 것을 의미한다.

83 「하편」: 이 글은 실제로는 『벽사론』 「상편」에 수록되어 있다.

84 아담: 원문은 '아당亞當'이다.

85 하와: 원문은 '액말厄襪'이다.

86 자손: 원문은 '운잉雲礽'이다. 구름이 멀리 떠 있는 것에서 후세의 자손을 의미한다.

87 검수고해劍樹苦海: 검수는 검수도산劍樹刀山으로, 비수처럼 날카롭고 칼날처럼 뾰족한 나무로 이루어진 지옥이다. 고해는 삼계고해三界苦海로, 세상이 온통 고통의 바다라는 의미이다.

88 축유祝由: 고대 의술의 하나로, 질병 치료를 위해 기도나 부적, 주문, 제사 등의 초자연적, 종교적인 의식을 치르는 것을 말한다.

89 형벌: 원문은 '왕난王難'이다. 국왕의 명을 위반한 죄목으로 받은 수난이나 형벌을 가리킨다.

90 장도릉張道陵: 장도릉(34~156)은 전한 패국沛國 풍현豐縣(지금의 강소성 풍현) 사람으로 장로張魯의 할아버지이다. 일찍이 서천西川 곡명산鵠鳴山에서 도서道書를 제작하고 오두미도를 창립했다. 여기에 들어오려는 자는 쌀 5말을 내야 했기에 이렇게 불렀다. 장도릉은 노군老君의 법을 얻은 뒤에 승천했다고 한다.

91 독일: 원문은 '일이만日耳曼'이다.

92 마르틴 루터Martin Luther: 원문은 '로득路得'이다. 마르틴 루터(1483~1546)는 95개조 반박문을 통해 종교개혁을 촉발시켰다.

93 프랑스: 원문은 '불랑서佛郎西'이다.

94 벨기에: 원문은 '비리시比利時'이다.

95 네덜란드: 원문은 '하란荷蘭'이다.

96 덴마크: 원문은 '연국嗹國'이다.

97 스위스: 원문은 '서국瑞國'이다.

98 프로이센: 원문은 '보로사普魯士'이다.

99 미국: 원문은 '미리견美利堅'이다.

100 오스트리아: 원문은 '오지리奧地利'이다.

101 페르시아와 인도: 원문은 '양지兩地'이다. 『영환지략』 권3에 의거해 페르시아와 인도 두 곳임을 밝힌다.

102 모세: 원문은 '마서摩西'이다.

103 옥정沃丁: 상나라 제5대 왕 소왕昭王(재위 기원전 1570~기원전 1542)이다.

104 시나이산Sinai Mountain: 원문은 '서내산西奈山'이다.

105 칸주트Kanjut: 원문은 '건축특乾竺特'으로, 겸주특謙珠特, 객초특喀楚特, 감거제坎巨提라고도 한다. 지금의 카슈미르 서북부 기르기트Girgit 동쪽 지역에 위치한다.

106 뭄바이Mumbai: 원문은 '맹매孟買'이다.

107 호르무즈Hormuz: 원문은 '오말서惡末嶼'이다. 광서 2년본에는 '말악서末惡嶼'로 되어 있으나, 『영환지략』 권3에 따라 고쳐 번역한다.

108 남조南朝와 수隋나라: 원문은 '전오대前五代'로, 당나라 이후의 오대인 후오대(혹은 오대)와 구분하기 위해 전오대라 부른다.

109 여호와: 원문은 '아라하阿羅訶'이다.

110 한유韓愈: 원문은 '창려昌黎'이다. 한유(768~824)는 자가 퇴지退之, 호는 창려이며, 시호는 문공文公이다. 당나라를 대표하는 문장가·정치가·사상가로서 당송팔대가의 한 사람이다. 그는 유교 중심주의를 주창하면서 불교와 도교 등을 맹렬하게 공격했다.

111 오직 … 듣고자 하는: 한유의 『원도原道』에 나오는 구절이다.

112 에티오피아Ethiopia: 원문은 '아북서니아阿北西尼亞'이다.

113 화신을 섬긴다는 것은 … 화신일 뿐이다: 이 내용은 본래 『영환지략』에서 서계여의 안에 해당하나 여기에서는 위원이 본문으로 처리했다.

천주교 고찰 상

위원

『천학초함天學初函』[1]에 수록된 여러 서적은 보지 못했다. 내가 본 것으로 서양인이 저술한 『구세주야소신유조서救世主耶蘇新遺詔書』[2]를 중국어로 번역해 간행한 것은 모두 10여 종이다. 제1권 『마태오가 전한 복음서(馬泰傳福音書)』, 제2권 『마르코가 전한 복음서(馬可傳福音書)』, 제3권 『루카가 전한 복음서(路加傳福音書)』, 제4권 『요한이 전한 복음서(約翰傳福音書)』는 모두 예수의 탄생·전교·신비스러운 행적을 서술하고 있다. 제5권 『사도행전(聖徒言行傳)』은 예수의 사후 여러 사도의 전교에 대한 사적을 서술하고 있다. 『사도 바오로가 보낸 편지(聖徒保羅寄人書)』 10편, 『사도 요한이 보낸 편지(聖徒約翰寄人書)』 3편, 또한 『사도 야고보 서한(聖徒耶哥伯書)』·『베드로·유다 서한(彼得羅猶大士書)』은 모두 그 문인이 스승의 가르침을 널리 전한 것으로, 중국인이 학문을 논한 서적과 유사하다. 또한 『성인 요한이 전한 하늘의 계시(聖人約翰天啓之傳)』는 천지가 멸망하고서 하느님이 인간과 만물을 다시 만든 이야기로, 천지가 개벽해서 지금에 이르기까지 약 6천

년 정도이다. 예수가 탄생해서 1,830여 년이 지나 예수를 그리스도라 고 불렀으며, 그 선대인 아브라함Abraham[3]에서 다윗David[4]에 이르기까지 14대, 다윗에서 바빌론 유수까지 14대, 바빌론 유수에서 그리스도에 이르기까지 14대 해서 모두 42대이다. 그 어머니 마리아는 동정녀의 몸으로 잉태하는 신비로운 경험을 하니, 이는 하느님의 아들이 강생해서 하늘을 대신해 교화를 행한 것을 말한다. 성장해서는 병든 자를 치료하고 죽은 자를 살리며, 듣지 못하는 자를 듣게 하고 말 못 하는 자를 말하게 하며, 눈먼 자를 보게 하고 걷지 못하는 자를 걷게 했다. 바다 위를 걸으며 사악한 마귀를 복종시키고 말라죽은 나무를 싹 트게 했으며, 다섯 개의 떡과 두 마리의 물고기[5]로 4천 명을 먹이고 각 나라의 언어에도 능통했다. 열두 명의 제자를 각지에 파견해 상제를 하느님, 예수를 하느님의 아들이라고 해서 그 아들을 공경하는 것이 곧 하늘을 공경하는 것이라고 했다. 나이가 32살이 되어 유다국 이교도들의 질시를 받아 고초를 겪었고, 국왕에게 체포되어 십자가에 못 박혔다. 죽은 후에 3일 만에 부활해서 모자가 다시 만난 후 하늘에 올라 하느님 오른편에 앉았다. 그 육신이 죽음으로써 많은 사람의 죄를 대신했기 때문에, 오직 예수를 공경해야만 죄 사함을 받고 복을 얻을 수 있었으며, 지옥에서 벗어나 하늘나라에 올라갈 수 있게 되었다. 만력 연간 엠마누엘 디아스Emmanuel Diaz junior[6]는 『천문략天問略』에서 다음과 같이 말하고 있다. 하늘은 12중천으로 되어 있는데, 가장 높은 12중천은 하늘의 주인인 하느님과 여러 신이 있는 신성한 곳으로, 영정부동천永靜不動天이라고 하며 비할 데 없이 광대하니, 곧 천국이다. 그중 제11중천은 종동천宗動天이고, 제10중천·제9중천은 동서세차천東西歲差天, 남북세차천南北歲差天인데, 그 움직임이 극히 미미해서 겨우 미루어 짐작할 수 있으나 매우 미묘하다. 또한 그 안에 있는 각 중천은 일월성신이 움직이는 하늘로, 모두 서에서 동으로, 종동천은 동에서 서로 움직이기 때문에 예전의 학설인 9중천설[7]은 12중천설에 미치지 못한다. 『복음서』에서는 말하기를, "본래 태초에 말씀이 있었으니, 말씀은 곧 하느님이며, 만물은 말씀으로 만들어졌다"라고 한다. 생명을 창조하니 인류의 빛이다. 빛이 어둠 속에서 밝게 빛났지만, 어둠에 처한 자는 알지 못했다. 하느님이 파견한 요한이라는 자가 와서 그 빛을 증거 하고 사람들에게 참된 빛이 세상을 비출 것이라고 믿게 하니, 곧 예수이다. 예수의 육신은 사사로운 정욕에 의해 태어나지 않았으니, 바로 하느님의 아들이다.

예수의 가르침은 아시아대륙에서 시작되어 서쪽 유럽으로 전파되었으며, 근래에는 아메리카에까지 전파되었다. 서양인이 발간한 천주교 서적에 의하면, "대서양 각 나라에서는 오직 한 분이신 하느님만을 숭배하며, 그 밖에 다른 것에는 기도하지 않는다"라고 한다. 그렇다면 이 종교는 어떻게 시작된 것인가? 대답하면 다음과 같다. 『구약성서』가 있으니, 하느님이 모세 성인에게 지시해서 기록한 것으로, 모세의 자손이 후세에 전한 것이다. 여기에서는 첫째, 하느님의 출몰出沒을 언급하고, 둘째, 만백성의 본분을 언급하며, 셋째, 후세의 영원한 복락과 영원한 재앙을 언급하고 있다. 무릇 하느님은 천지만물에 앞서기 때문에 그 유래를 알 수가 없지만, 오직 알지 못하는 바가 없고 능하지 못한 바가 없으며, 존재하지 않는 바가 없고 지극히 바르고 지극히 크며, 지극히 지혜롭고 지극히 정성스럽다. 그러므로 사람들이 믿을 만하기 때문에 바람·우레·구름·비, 해와 달·별, 초목과 화훼, 날짐승과 들짐승, 어패류와 곤충 등 무릇 하늘과 땅에 존재하는 만물 중 하느님이 창조하지 않은 바가 없다. 따라서 하느님 아버지라 하고 구세주라고 하며, 성신聖神이라고 부르지만 실상은 하느님 한 분일 뿐이니, 이는 마땅히 알아야 할 첫 번째이다. 사람은 세상에 태어나 하늘의 은총을 입지 않음이 없고, 이미 하늘의 은총을 입은즉 이 육신과 영혼은 모두 하느님이 낳은바, 하느님은 곧 인류의 어버이이다. 어느 자식이 그 큰 부모를 사랑하고 공경하지 않을 수 있겠는가? 다음으로 나를 낳은 부모의 지극히 큰 은혜에 보답하듯이 형제자매와 천하의 모든 사람에게도 그렇게 해야 하니, 이는 마땅히 알아야 할 두 번째이다. 또한 사람은 누구나 영혼을 가지고 있는데, 항상 쉬지 않고 불멸하기 때문에 하느님을 믿고 선을 행하면 사후에 그 영혼은 영생복락을 누리게 된다. 그러나 하느님을 어겨서 악을 행하면 사후에 그 영혼은 영원히 고통의 벌을 받게 되니, 이는 마땅히 알아야 할 세 번째이다. 하느님은 형체도 없고 소리도 없으나 사람들이 알지 못할까 우려해서 성서를 남겨 세상을 구한 것이다. 이 성서는 하夏나라에서 시작해서 한漢나라에서 끝난다. 전자는 이미 3천 년이 지났고, 후자는 이미 2천여 년이 지났다. 이 성서의 절반은 아시아의 서쪽 히브리인이 기록한 것이고, 나머지 절반은 유럽의 동쪽 그리스인이 기록한 것이다.

또한 『신리론神理論』에 다음 기록이 있다. 하늘과 땅 사이에 신神이 있는데, 지극히 전지전능해서 만물을 창조하고 만물을 주관한다. 사람은 스스로 태어날 수 없으며 만물은 스스로 만들어질 수 없는데, 해와 별이 어떻게 순환하고 산과 하천이 어떻게 만들어지며, 초목이 어떻게 번창하고 쇠락해지며 날짐승과 들짐승 어패류와 곤충은 어찌 보고 듣고 울고 움직이겠는가? 이른바 영靈, 혼魂, 심心, 성性은 모두 신이 행한 바이다. 이 신은 유일무이하며 가장 처음으로 그에 앞서는 것은 없다. 만일 상대함이 있고 후에 일어났다면 곧 하느님(神天)의 신은 아니다. 하느님은 천지天地보다 더 크다. 그러므로 천지는 형체가 있어 볼 수 있으나 하느님은 형체가 없다. 천지는 처음과 끝이 있으나 하느님은 처음과 끝이 없다. 천지는 창조된 것이며 창조한 자는 신이다. 천지는 움직이는 기기機器인데 이를 운행하는 것은 신이다. 천지는 또한 신이라고 부를 수 없는데, 세상 사람들은 여러 신·수많은 신을 공경해서 해와 달, 구름과 우레, 산과 바다, 사직처럼 찬란하고 빛남을 존대해 신으로 섬긴다. 예전 사람은 문무가 걸출하고 공덕이 있는 사람을 신으로 섬겨, 천상지하에 오직 한 분인 신이 있어 다스린다는 것을 알지 못했으며, 게다가 필적할 만한 다른 신이 없다는 것을 알지 못했다. 따라서 오로지 신神만 말한다면 지귀祗鬼에 가까울 것이고, 천天만 말한다면 형기形氣에 구애될 것이다. 오직 신과 천을 합해서 말해야만 지극히 크고 지극히 영적인 것의 으뜸이 될 수 있으니, 즉 유가 경서에서 언급하는 조화, 상제로, 세속의 옥황상제를 가리키는 것은 아니다. 신은 영靈이라고도 할 수 있으나, 다만 인령人靈, 선령仙靈, 천령天靈이 있다. 인령이 신체와 결합하면 육신에서 벗어나지 못하니, 역시 신이 만든 것으로 신은 아니다. 선령은 곧 신의 사자로서 육중한 몸은 없으나 현묘한 몸이 있으니, 역시 신이 만든 것으로 신은 아니다. 오직 천령은 즉 하느님으로, 전혀 신체가 없고 방향과 장소도 없으며, 존재함도 없고 존재하지 않음도 없다. 따라서 『역경』에서는 "음양을 헤아릴 수 없는 것을 신이라고 하고, 만물을 신묘하게 하는 것을 신이라고 하며, 서둘지 않아도 빠르며, 가지 않아도 이르는 것을 일러 신이라고 한다"라고 한 것이다.

天主教考上

魏源

『天學初函』諸書, 未之見也. 所見者, 西夷述『救世主耶穌新遺詔書』, 用漢文譯刊, 凡十餘卷. 曰: 『馬泰傳福音書』第一, 『馬可傳福音書』第二, 『路加傳福音書』第三, 『約翰傳福音書』第四, 皆述耶穌降生·行教·靈蹟始末也. 『聖徒言行傳』第五, 述耶穌死後諸大弟子傳教事迹也. 『聖徒保羅寄人書』十篇, 『聖徒約翰寄人書』三篇, 又『聖徒耶哥伯書』·『彼得羅猶大士書』, 皆其門人闡揚師教, 猶中土人論學之書也. 又『聖人約翰天啓之傳』, 則言天地劫毁, 天主重造人物之事, 計自開闢至今, 將六千年. 自耶穌降生千有八百三十餘年, 稱耶穌爲基督, 其先世自亞伯喇罕至大辟十四代, 自大辟至流巴庇倫十四代, 自流巴庇倫至基督亦十四代, 共四十二代. 其母曰馬里亞, 童女有身, 徵兆奇異, 言是上帝之子降生, 代天行化. 及長, 能使病者愈, 死者生, 聾者聰, 瘖者語, 盲者視, 跛者行. 能履海濤, 能服邪鬼, 能榮槁木, 能以七餠分給四千人之食, 能通各國語言. 遣其十二門人行化各郡國, 言上帝爲神父, 耶穌爲神子, 敬其子卽敬天. 年三十有二爲猶太國異教所嫉, 毁之, 國王禽而釘之十字架. 死後三日復活, 母子重逢, 生於天上, 坐於上帝之右. 其現身酷死所以代衆生之罪, 故惟敬耶穌可以免罪獲福, 免地獄生天上. 萬曆中, 陽馬諾著『天問略』曰: 天有十二重, 最高之十二重爲天主上帝諸神聖處, 永靜不動, 廣大無比, 卽天堂也. 其內第十一重, 爲宗動天, 其第十·第九重, 爲東西歲差天, 南北歲差天, 其動極微, 僅可推算而甚微妙. 又其內各重爲日月諸星本動之天, 皆自西而東, 宗動天自東而西, 故先論九重, 未及十二也. 『福音書』曰: "元始有道, 道卽上帝, 萬物以道而造." 其造生者, 人類之光也. 光輝耀於暗, 而居暗者不識. 有上帝所遣之人名約翰, 來爲其光所證, 令衆得信眞光照世, 卽耶穌也. 其身非由私欲而生, 乃上帝之子也.

耶穌之教, 始於阿細亞州, 而西行於歐羅巴, 近則竝行於墨利加. 其西洋人發揮彼敎之書曰: "大西各國惟知崇拜一上帝, 此外無所祈禱." 此教何所始? 曰: 有一『舊遺聖書』, 乃上帝指示摩西聖人所錄, 而摩西子孫傳於後世也. 其一言上帝之出沒, 其二言萬民之本分, 其三言後世之永福永禍. 夫上帝先乎天地萬物, 不可得知其所由來, 惟無所不知, 無所不能, 無所不在, 至正至大, 至智至誠. 則人人可信, 故風雷雲雨, 日月星辰, 草木花卉, 飛禽走獸, 鱗介昆蟲, 凡天地所覆載, 莫非上帝創造. 故名之曰天父, 曰救世, 曰聖神, 其實一上帝而已, 此當知者一. 人生於世, 莫不稟受於天, 旣稟受於天, 則此身心皆上帝所生, 上帝卽人之親矣. 惟子者可不愛敬其大父母乎? 次則生我之父母, 亦當報罔極之恩, 推及同氣與天下同類之人, 此當知者二. 且人莫不有靈魂, 常不息不滅, 故信上帝而爲善, 則死後其靈永享天福. 違上帝而爲惡, 則死後其靈永受苦罰, 此當知者三. 上帝無形無聲, 恐人不知, 故留書以救世. 其聖書始於夏, 終於漢. 前者已閱三千年, 後者已閱二千年餘矣. 其書半是亞細亞之西希伯來人所錄, 半是歐羅巴之東希臘人所錄.

又有『神理論』曰: 天地內有神, 爲極大全能, 造化萬物, 管理萬物. 人不能自生, 物不能自造, 日星何以循環, 山川何以凝載, 草木何以榮落, 飛走潛介何以視聽鳴動? 曰靈, 曰魂, 曰心, 曰性, 皆神之所爲也. 是神獨一無二, 最始無前. 儻有對待有後起, 卽非神天之神也. 莫大於天地. 然天地有形可見, 神天無形. 天地有終始, 神天無終始. 天地乃受造之物, 所造之者神也. 天地乃運動之機器, 所以運之者神也. 天地尙不可稱神, 而世人常敬數神·千百神, 如日月雲雷, 山海社稷, 則以其尊大顯赫而神之. 古人有文武出衆, 功德在人者, 則神之, 不知天上地下, 止有一神所管, 更無二神可抗. 故專言神, 恐隣於祇鬼, 專言天, 恐泥於形氣. 惟合言神天, 乃足該至大至靈之宗, 卽儒書所謂造化, 所謂上帝, 非世俗玉皇大帝之謂者也. 謂神曰靈亦可, 但有人靈, 有仙靈, 有天靈. 人靈與身體相結, 不脫於物, 亦神所造, 非神也. 仙靈乃神之使者, 無麤重之身而有細妙之身, 亦神所造, 非神也. 惟天靈卽神天, 全無身體, 無方所, 無在無不在. 故『易』曰, "陰陽不測之謂神, 妙萬物之謂神, 不疾而速, 不行而至之謂神."

주석

1 『천학초함天學初函』: 명말 이지조李之藻(1571~1630)가 서양의 서적들을 모아 1628년에 간행한 서적이다. 『천주실의天主實義』 이래 출간된 주요 서학서들을 체계적으로 모아 총서로 발간한 것이다.

2 『구세주야소신유조서救世主耶蘇新遺詔書』: 1837년 월터 헨리 메드허스트Walter Henry Medhurst가 저술한 『신유조서』를 가지고 카를 프리드리히 아우구스트 귀츨라프Karl Friedrich August Gützlaff가 1840년 수정 출간한 서적이다.

3 아브라함Abraham: 원문은 '아백라한亞伯喇罕'이다.

4 다윗David: 원문은 '대벽大辟'으로, 달미덕達味德이라고도 한다.

5 다섯 개의 떡과 두 마리의 물고기: 원문은 '칠병七甁'으로 되어 있으나, 성서의 내용에 따라 고쳐 번역한다.

6 엠마누엘 디아스Emmanuel Diaz junior: 원문은 '양마락陽馬諾'이다. 광서 2년본에는 '풍마락馮馬諾'으로 되어 있으나 실제 중국명에 따라 고쳐 번역한다. 디아스(1574~1659)는 포르투갈 사람으로, 예수회 선교사이다. 1610년에 중국에 와서 1613년에 북경에 들어왔다.

7 9중천설: 원문은 '구중九重'이다. 마테오 리치의 『천주실의』에 의하면 하늘은 월륜천月輪天·수성천水星天·금성천金星天·일륜천日輪天·화성천火星天·목성천木星天·토성천土星天·수상천宿象天·종동천宗動天의 9중천으로 이루어져 있다고 한다.

천주교 고찰 중

천주는 세상에 십계명을 내렸다. 십계명이란 중국 상商나라 시기에 하느님이 유다국[1]의 시나이산에 강림해서 돌로 된 비석에 글을 새긴 것이다. 또한 큰 음성으로 명령을 선포해서 오직 성인 모세만 산 위로 불러 하느님의 명을 받아 천년 동안 금궤짝에 간직하게 했다. 예수가 강림해서 비로소 그 법을 사람들에게 보이니, 무릇 하늘과 땅 사이의 모두가 섬기고 따랐다. 첫째, 하느님이 말씀하시길 나 이외에 다른 신을 섬기지 말라. 무릇 사람의 손으로 만든 목우·토석 및 산천·조종祖宗 등 신은 모두 받들어서는 안 되고, 대체로 예배하고 제사 지내는 예는 오로지 하느님에게만 해야 하고 다른 이에게 해서는 안 되며, 이 마음으로 마땅히 마음을 다해 한뜻으로 하느님을 경배해야 한다. 둘째, 하느님이 말씀하시길, 나를 위해서 우상을 세우지 말며, 사당을 세우거나 위패를 모시고 제사 음식을 차리거나 음악을 연주하며 노래를 해서 신을 섬기지 말라. 예배일에는 비록 예수 및 성모상, 십자가라 해도 모두 세워서는 안 된다. 대체로 무형의 성스러운 하느님은 형체가 있으면 곧 하느님이 아니다. 셋째, 하느님이 말씀하시길, 너희는 가벼이 하느님의 이름을 부르지 말라. 예전 이스라엘[2] 백성은 하느님으로부터 말씀을 받을 때, 하느님의 이름을 여호와[3]라고 했는데, 한역하면 자연히 그러하신 하느님이라는 의미이다. 무릇 소원을 빌거나 맹세하거나 기도하고 한가로이 이야기할 때 마구잡이로 하느님을 일컬어서는 안 되며 반드시 지극히 정성스럽게 불러야 한다. 넷째, 하느님이 말씀하시길, 예배일(撒巴日)에는 마땅히 예를 지키며, 그 전 엿새 동안은 너희 생업을 영위해도 좋으나 오직 제7일은 다른 일을 해서는 안 되니, 너희 자녀·노복·가축·문객 모두 그러하다. 대체로 엿새 동안 하느님이 하늘과 땅, 바다를 창조하시고 제7일을 하느님이 안식일로 삼았기 때문에 마땅히 이를 지켜야 한다. 살파撒巴는 곧 예배일이다. 제7일은 오직 다른 일을 해서는 안 되며, 또한 내면의 생각도 멈추고, 과거와 미래 일체의 일을 염두에 두지 말며, 오로지 하느님만을 생각해야 하는데, 예배하거나 성서를 읽거나 자신의 마음을 성찰하며, 혹은 타인에게 권면해서, 모두 영혼과 육신의 조화를 보호해야 한다. 이상 4가지 계명은 모두 하느님을 공경하는 것에 속한다. 이하 6가지 계명은 오상五常에 해당한다. 다섯째, 하느님이 말씀하시길, 너의 부모를 공경하라. 여섯째, 살인을 하지 말라. 단지 남의 영혼을 해치는 것만 불가한 것이 아니라, 자신을 해치는 자도 그 영혼이 지옥에 떨어지기 때문에, 어려움에 처해 죽을 수는 있으나 스스로 죽어서는 안 되니, 이는 가장 큰 죄이다. 일곱째, 남의 아내를 간음하지 말라. 단지 외도를 금할 뿐만 아니라, 첩을 들여서도 안 된다. 무릇 부귀한 자는 하녀를 많이 고용할 수 있으나, 다만 첩을 두어서는 안 되며, 자식이 없으면 역시 운명으로 받아들여야지, 계명을 어겨서는 안 된다. 여덟째, 남의 물건을 훔치지 말라. 아홉째, 네 이웃에 대해 거짓 증언을 하지 말라. 열째, 남이 가진 것을 탐하지 말라. 위의 몇몇 계명은 모두 외부로 드러나는 일이지만, 이는 아울러 마음속 내면의 탐욕을 경계하는 것이기도 하다.

예수는 말한다. 너희는 모든 마음과 모든 영혼, 모든 밝은 지혜를 가지고 너희 주, 너희 하느님을 사랑해야 하니, 이는 곧 첫째로 큰 계명이다. 둘째, 반드시 너희 이웃을 네 몸과 같이 사랑하라. 이는 예수가 십계명의 대의를 경천敬天과 애인愛人 두 가지로 귀의해서 설명한 것이나, 경천은 애인이 아님이 없기 때문에 두 가지 중에 역시 경천이 중요하다. 사도 바오로는 말한다. 나쁜 소식으로 세 가지가 있으니, 첫째, 현 세상의 여러 환난, 둘째, 사망의 큰 고통, 셋째, 사후의 영원한 고통이다. 무릇 죄지은 자는 여기에서 벗어날 수 없고, 오직 예수를 믿는 자만이 구원받을 수 있다. 왜 그런가? 예수가 세상에 있을 때 모든 율법을 완성한 커다란 공로가 있으니, 믿으면 즉 그 공로가 나에게로 오는 것이다. 또한 예수는 일찍이 수난을 받아 우리의 죄를 대신하였으니, 그를 믿으면 즉 우리의 죄를 그에게 돌릴 수 있는 것이다. 크구나! 성하구나! 생명을 버려서 우리의 고통을 면하게 하시고, 그 고통으로써 우리를 평안하게 하셨다. 그의 죽음으로써 우리를 살게 하셨다. 그가 박해를 받음으로써 우리에게 영원한 복을 주셨다. 천상의 신선神仙은 그 힘에 한계가 있고 그 지위는 높지 않아 예수만큼 힘이 크고 존귀하지 못하다. 신의 아들로서 존귀하고 지위는 하늘만큼 높지만, 스스로 하늘의 영광을 버리고 이 세상에 강림해서 사람들을 대신해 고통을 받으시고 온 세상을 구하셨네. 믿지 않는 자는 비록 선한 자라도 역시 지옥에 떨어질 것이며, 믿는 자는 악한 자라도 천국에 올라갈 것이다. 수많은 세월이 지나도 여전히 상서로움이 넘치고 있네.

天主教考中

天主垂世爲十大誡. 十大誡者, 當中國商朝時, 神天降於如大國之西奈山, 文留石碑. 又以大聲音宣其命令, 惟召聖人摩西上山, 受上帝之命藏在金匱千年. 至耶穌興, 始以其法示人, 凡戴天履地皆宜祇遵. 其一, 神天曰: 除我外, 不可有別神也. 凡人手所作之木偶土石及山川祖宗等神, 皆不可奉, 蓋拜祭之禮, 止可施於神天, 不可施於他人, 以分此心, 宜全心一意以敬神天也. 其二, 神天曰: 不可爲我而造雕畫之像, 不可立廟設位, 陳牲酒, 施鼓樂, 讚誦而事神也. 禮拜之日, 雖耶穌及聖母之像, 十字之架, 皆不可設. 蓋無形之聖神, 有形則非神矣. 其三, 神天曰: 爾不可輕用神名. 古時以色耳國民受神遺詔, 述神名曰耶何瓦, 漢譯言自然而然之神也. 凡發願·發誓·祈禱·閒語時, 不可泛稱神名, 必至誠用之. 其四, 神天曰: 撒巴日宜守禮, 其前六日可兼營爾業, 惟第七日不可務別業, 竝爾子女·婢僕·牲口·門內之客皆然. 蓋六日內神主造天·地·海, 第七日乃神主安息日, 故宜守之. 撒巴即禮拜日也. 第七日不惟罷外事, 乃亦息內念, 已往未來, 一切閒事勿念, 一心專念神天, 或拜神, 或讀聖書, 或省察己心, 或勸化他人, 皆所以保靈魂體造化.

以上四誡皆屬敬天. 以下六條乃及五常. 其五, 神天曰: 敬爾父母. 六曰, 不可殺人. 不但害人靈魂不可, 卽自戕者其靈魂陷入地獄, 故臨難可死, 不可自戕, 最爲大罪. 七曰, 不可姦人妻. 不惟禁外淫, 竝不許養妾. 凡富貴之人, 可用婢僕無數, 惟不可置妾, 無子亦聽於命, 不可違戒. 八曰, 不可盜人物. 九曰, 不可妄證及爾隣者. 十曰, 不可貪人之所有. 上數戒皆外事, 此則竝心內貪念戒之.

耶穌曰: 爾以全心全靈魂全明悟而愛爾主爾神, 此乃第一大誡. 其第二則必愛爾隣如己焉. 此耶穌述十誡大意歸此敬天·愛人二者, 然敬天則無不愛人, 故二者中又以敬天爲要. 聖徒保羅曰: 惡報有三, 一者今世諸難, 二者死亡大痛, 三者死後永苦. 凡有罪者不能脫免, 惟信耶穌可得救之. 何者? 耶穌在世, 成全律法有大功勞, 信之則其功歸我. 又耶穌曾受艱苦, 代我當罪, 信之則我罪歸他. 大哉! 盛哉! 施舍生命以免我苦, 以其痛苦, 我得平安. 以其死亡, 我得生活. 以其禍害, 我得永福. 天上神仙, 其力有限, 其位非高, 不如耶穌力大尊極. 貴爲神子, 位爲參天, 自棄天光, 降此紅塵, 代人受苦, 以救萬世. 不信之者, 雖善人亦墮落, 能信之者, 卽惡人立升天堂. 至萬萬年, 還有餘祥焉.

주석

1 유다국: 원문은 '여대국如大國'이다.

2 이스라엘: 원문은 '이색이국以色耳國'이다.

3 여호와: 원문은 '야하와耶何瓦'이다.

천주교 고찰 하

『천학초함』에 수록된 서적들은 『사고전서』 목록에 나열되어 있는데, 지금 대략 그 제요를 서술하면 다음과 같다.

『이십오언二十五言』 1권, 명대 마테오 리치 찬. 서양인으로 중국에 들어온 사람은 마테오 리치가 처음이며, 서양의 교법이 중국에 전해진 것도 역시 여기 25조항에서부터 시작된다. 대체적인 요지는 대부분 불교를 표절했으며 문장은 더욱 유치하다. 대개 서방의 종교에는 단지 불교 서적만 있어 유럽인은 그 뜻을 취해서 변환變幻했지만, 여전히 그 근본을 크게 벗어나지는 못했다. 그 후 중국에 들어와서 유가의 서적을 보고 배워 가차해서 그 말을 꾸몄으나, 점점 더 길어지고 조리가 없어져 캐고 따져 물을 수 없자 스스로 세 종교(유불도)를 초월해서 위에 있다고 여겼다. 부록으로 남겨진 목록을 통해 대체로 천주교의 처음을 알 수 있으니, 보이는 것이 전부이다.

『천주실의』 2권, 명대 마테오 리치 찬. 이 책은 만력 계묘년(1603)에 완성되어 무릇 8편으로 이루어져 있다. 1편은 하느님이 처음 천지만물을 창조하고 그것을 주재하며 편안하게 부양한 일을 논하고 있다. 2편은 세상 사람들이 하느님을 잘못 알고 있는 것에 대해 설명하며, 3편은 사람의 영혼은 불멸하여 금수와 크게 다름을 논하고 있다. 4편은 귀신 및 사람의 영혼에 관한 다른 논점을 분석해서 천하 만물은 일체라고 할 수 없음을 논하고 있다. 5편은 육도六道[1] 윤회와 살생을 경계하는 오류를 논박하며 재계齋戒와 소식素食의 의지가 뜻을 바르게 하는 데 있다는 것을 밝히고 있다. 6편은 의지는 소멸할 수 없음을 설명하고, 아울러 사후에 반드시 천당과 지옥의 상벌이 있음을 논한다. 7편은 사람의 본성은 본래 선하다는 것을 논하고 아울러 천주교인의 배움을 서술한다. 8편은 서양 풍속이 숭상하는 바를 총괄해서 거론하고, 사제들이 결혼하지 않는 이유를 논한다. 아울러 천주께서 서양에 강림하신 이유를 해석하고 사람들에게 천주를 따르고 믿게 해서 그 가르침을 실행할 것을 요지로 하고 있다. 유교를 공격할 수 없음을 알고 『육경六經』 가운데 상제의 말에 부회해서 천주를 합치시키고 특히 불교를 공격해서 승리를 구했다. 그러나 천국·지옥의 설과 윤회의 설은 서로 거리가 멀지 않아 단지 불교의 설을 약간 변화시켰지만, 본원적으로 하나일 뿐이다.

『기인畸人』 10편 2권, 부록 『서금곡의西琴曲意』 1권, 명대 마테오 리치 찬. 이 책은 만력 무신년(1608)에 완성되었으며, 무릇 10편으로, 모두 문답 형식을 이용해 천주교에 대한 설명을 피력하고 있다. 1편 「사람의 목숨은 이미 다했지만, 아직도 남아 있다고 잘못 알고 있다(人壽既過誤猶爲有)」, 2편 「사람은 지금 세상에 단지 잠시 머물다 갈 뿐이다(人於今世惟僑寓耳)」, 3편 「항상 죽을 때를 생각해서 이롭게 행동하는 것이 좋다(常念死候利行爲祥)」, 4편 「항상 죽은 이후를 생각해서 죽은 이후의 심판을 준비하라(常念

死後備死後審)」, 5편「군자는 말을 아껴서 말을 하지 않으려 한다(君子希言而欲無言)」, 6편「재계하고 소식素食하는 바른 취지는 살생을 경계해서가 아니다(齋素正旨非由戒殺)」, 7편「스스로 살피고 스스로 질책해서 허물이 되는 행위를 하지 않는다(自省自責無爲爲尤)」, 8편「선과 악에 대한 응보는 육신이 죽은 후에 나타난다(善惡之報在身之後)」, 9편「망령되게 미래를 묻게 되면 스스로 몸에 재앙을 초래하게 된다(妄詢未來自速身凶), 10편「부유하되 탐욕스럽고 인색하면 가난하여 초라한 것보다 고통스럽다(富而貪吝苦於貧窶)」이다. 그 말이 거창하면서도 널리 분별하여 변론해 듣는 이의 마음을 움직이기에 족하나, 대저 불교의 생사무상生死無常, 죄복불상罪福不爽 등의 설을 뜯어 맞춘 것 같은데, 윤회輪廻와 계살戒殺, 불취不娶의 설은 취하지 않았으며, 유교의 이치에 부회해서 사람들이 쉽게 비판하지 못하도록 했다. 『천주실의』가 순진하고 지루하며 황당무계한 데 비해 이 책의 입론은 매우 교묘하다. 불교 서적에 비교하면 『천주실의』는 예배하고 참회하는 것(禮懺)에 해당하고, 이 책은 곧 선을 논하는 것(談禪)에 해당한다. 말미의 부록 『서금곡의』 8장은 곧 만력 경자년(1600)에 마테오 리치가 북경에서 황제를 알현하고 바친 것으로, 모두 중국어로 번역되어 있으나 본래의 종지는 아니다. 다만 『서금곡의』에는 단지 그 취지가 담겨 있어 『기인』 10편과 논점이 서로 어우러지기 때문에 부록으로 서적의 끝에 두었다.

『칠극七克』 7권, 명대 서양인 디에고 데 판토하Diego de Pantoja[2]가 편찬한 것으로, 이 책은 만력 갑진년(1604)에 출판되었다. 이 책은 천주가 금지하는 무릇 일곱 가지 죄의 근본에 대해 논하고 있다. 1권은 교만, 2권은 질투, 3권은 인색, 4권은 분노, 5권은 식탐, 6권은 색욕, 7권은 선에 대한 게으름에 대해서이다. 판토하는 이 책을 통해 첫째, 교만한 마음을 억제하고, 둘째, 질투를 다스리며, 셋째, 탐욕을 없애고, 넷째, 분노를 삭이며, 다섯째, 식탐을 절제하고, 여섯째, 음란함을 방지하며, 일곱째, 게으름을 채찍질하는 의의를 밝혔다. 그 말은 유가와 묵가 사이에서 나온 것으로, 논하는 바의 하나하나 일에 대해 말하면 이치가 없다고 할 수는 없으나, 모두 본질적으로 천주를 공경하고 섬겨 복을 구하는 것으로 귀의하고 있다는 점에서 오류는 그 종지에 있는 것이지 언설에 있는 것은 아니다. 동정의 몸을 지켜야 한다고 논하는 일조에 대해 혹자는 난색을 표하며 사람이 모두 정절을 지켜 결혼하지 않으면 인류는 장차 멸망할 것이라고 언급하고 있다. [판토하는] 이에 대답하길, 만일 세상 사람들이 모두 정절을 지켜 인류가 장차 멸망한다 해도 천주가 반드시 대처해 줄 터인데 어찌 번민해서 지나치게 염려하는가?라고 한다. 무릇 이 말은 이미 [불교로] 둔갑한 것이다. 또한 인류를 두고 말한다면, 태어나는 자가 있으면 죽는 자가 있는 법이고, 또한 시작과 끝, 성장과 소멸은 다반사라고 하는데, 만약 이것으로 끝내고 이것으로 소멸할 수 있다면 진실로 크게 원하던 바일 것이다. 그런즉 또한 말이 궁핍하고 이치가 바로 서지 못해 자신도 모르게 불교로 달아난 것이다. 그러면서 어찌 불교를 반박할 수 있단 말인가?

『변학유독辨學遺牘』 1권, 명대 마테오 리치 찬. 이 책은 마테오 리치가 우순희虞淳熙[3]와 더불어 불교의 서적에 대해 논하고 스님 연지蓮池[4]의 『죽창삼필竹窗三筆』[5]이 천주를 비판하는 견해에 대해 반박하고 있다.[6] 이것도 틀렸고 저것도 역시 틀렸다.[7]

『교우론交友論』 1권, 명대 마테오 리치 찬. 만력 기해년(1599) 마테오 리치가 남창南昌에 머물 때 건안왕建安王[8]과 더불어 교우의 도리를 논하고서 이 책을 저술해 바쳤는데, 그다지 황당무계하지는 않지만, 대체로 이해

利害를 가지고 언급하고 있어 순수함과 잡스러움이 절반씩 섞여 있다. 예를 들면, "친구가 지나치게 칭찬하는 것의 해로움은 원수가 지나치게 비난하는 언사보다 더 해롭다"라고 하니, 이는 이치에 맞는 것이다. 또한 말하길, "친밀한 친구가 많다는 것은 곧 친밀한 친구가 없다는 것이다"라고 하니, 이는 물정을 통찰한 것이다. 심지어 말하기를, "그 사람의 친구가 숲처럼 많은 것을 보면 그의 덕이 훌륭하다는 것을 알 수 있고, 그 사람의 친구가 새벽하늘의 별처럼 드물다면 그의 덕이 부족하다는 것을 알 수 있다"라고 하니, 이는 세상 사람들에게 친구를 마구 사귀라고 유도하는 것이다. 또한 "두 사람이 친구가 되는데, 한 사람은 부유하고 한 사람은 가난해서는 안 된다"라고 하는데, 이는 단지 [친구 사이에] 재물을 융통하는 의리가 있는 것만 알 뿐, 옛날 예법에 소공小功[9]을 같이하는 자는 재물을 공유하지만, 친구는 포함시키지 않았다는 것은 모르는 것이다. 친구가 되자마자 서로 재물을 공유한다면 이는 부유한 자에게는 차등 없이 사랑하게 하면서 가난한 자에게는 장차 이익에 부합하게 하는 것이니, 어찌 또한 중용의 도라 할 수 있겠는가? 왕긍당王肯堂[10]의 『울강재필주鬱岡齋筆麈』에 의하면 "마테오 리치가 나에게 보내 준 『교우론』은 그 말에 감칠맛이 있다. 그가 평소 중국의 언어 문자에 능숙했더라면, 이에 그치지 않았을 것이다. 이에 다소 윤색해서 책을 엮어 저술했다"라고 한다. 즉 이 책은 왕긍당이 문장의 자구를 수정한 것이다.

『서학범』 1권, 명대 서양인 줄리오 알레니 찬. 알레니는 이미 『직방외기』를 저술했다. 이 책은 천계天啓 계해癸亥년(1623)에 출판되었으며 『천학초함』에 실린 첫 번째 책이다. 모두 그 나라의 학문과 교육제도를 서술한 것으로, 무릇 6개 과로 분류하고 있다. 이른바 레토리카Rhetorica[11]는 문학文學이며, 필로소피아Philosophia[12]는 이학理學이다. 메디신Medicine[13]은 의학

醫學이며, 렉스Lex[14]는 법학法學이다. 카노니스Canones[15]는 교학敎學이며, 디오로지아Theologia[16]는 도학道學이다. 그 교수법에는 각각 순서가 있는데, 대체로 문학에서 이학으로 들어가며 이학은 문학의 강령이 된다. 문학은 중국의 소학小學과 같고, 이학은 중국의 대학大學과 같다. 의학·법학·교학은 모두 그 분야를 다룬다. 도학은 저들의 학문 중에서 이른바 본성을 다해 천명에 이르는 것의 극치이다. 진력하는 것 역시 격물궁리格物窮理를 근본으로 하고, 명체달용明體達用을 공功으로 삼으니, 유학과 절차가 대략 비슷하다. 다만, 배움에 이른다는 것(格物)은 모두 제기祭器의 숫자를 세는 것과 같이 지엽적인 일이고, 이치를 궁구하는 것(窮理) 역시 지리멸렬하고 황당해서 따질 수도 없다. 이것이 이단 학문이라고 하는 연유이다.

『영언려작靈言蠡勺』 2권, 명대 서양인 프란체스코 삼비아시Francesco Sambiasi[17]가 저술한 것으로, 서광계가 채록해서 편집했다. 이 책은 천계 갑자甲子년(1624)에 완성되었는데, 모두 아니마Anima[18]에 대한 학문을 논하고 있다. 아니마는 중국어로 영성靈性을 의미한다. 모두 4편이다. 첫째는 아니마의 본질을 논하고, 둘째는 아니마의 능력을 논하며, 셋째는 아니마의 존귀함을 논하고, 넷째는 아니마는 아름다움을 더불어 하려는 성정임을 논하는데, 전체적으로 천주를 공경하고 섬겨 복을 구하는 것으로 귀결되나 실제로는 불교의 각성覺性의 설을 교묘하게 부연한 것에 지나지 않는다. 명나라 말엽 심학心學이 서양에서 성행하여 영리하게 불경을 취해서 이를 변환해 시의적절하게 맞추었다. 이 설이 돌연히 나타난 것은 대체로 이러한 연유이다. 이른바 만물은 반드시 먼저 부패한 후에 벌레가 생기니,[19] 지론持論의 교묘함이 다는 아니다.

『공제격치空際格致』 2권, 명대 서양인 알폰소 바뇨니Alfonso Vagnoni[20] 찬. 서양 과학은 화(불)·기(공기)·수(물)·토(흙) 4대 원소가 운행하는 것으로 여겨, 중국의 오행에서 금(쇠)·목(나무)을 아울러 쓰는 것은 그릇되었다고 하는데, 바뇨니는 이 책에서 그 주장을 펼치고 있다. 그러나 천문을 관측해 보면 오성五星을 빼놓을 수는 없다. 억지스러운 말로 천지자연의 기운을 빼앗으려 하니, 어찌 가당키나 한가? 망령될 따름이다.

『환유전寰有詮』 6권, 명대 서양인 프란시스코 푸르타도Francisco Furtado[21]가 저술한 것으로, 천계 연간에 출판되었다. 이 책은 천주를 종주로 삼고 있다. 또한 「환만圜滿」·「순체純體」·「불괴不壞」 등 15편이 있는데, 모두 저들의 규범을 밝히고 있다.

생각하건대, 유럽인들이 천문 계산을 치밀하게 하고 공구 제작을 정교하게 하는 것은 실로 과거를 능가한다. 다만, 그 논의가 과장되고 괴이해서 이단 가운데 두드러진다. 국조(청조)에서 그 기능은 취하되, 그 학술을 전파하는 것을 금한 것은 참으로 깊은 뜻이 있었다. 그 책들은 본래 『책부원구』에 올릴 만한 것은 못되지만, 『환유전』 같은 책들은 『명사』 「예문지」에 이미 그 이름이 올라가 있어, 삭제해서 논하지 않는다면 오히려 혼란을 일으킬 염려가 있기 때문에 기록해 드러내서 비판하는 것이다. 또 『명사』에는 이 책들이 도가의 것으로 실려 있는데, 이제 그 내용을 살펴보면 삼교三教의 이치를 아울러 베꼈고, 또 삼교를 싸잡아 비판하고 있다. 변환變幻하고 지리멸렬한 것이 참으로 잡학이로다. 따라서 잡가雜家에 그 목록을 배치한다.[22]

위원이 말한다.

서역의 삼대 종교인 천주·천방天方은 모두 불교를 배척하고 하늘을 섬기니, 곧 불경에서 말하는 바라문 천사天祠이다. 그 종교는 모두 상고 시기부터 시작되어 점차 부처가 교화하던 시기에 쇠퇴했으나, 부처 이후 다시 성행하게 되었다. 그러나 내가 복음 서적을 읽어 보니 마음을 밝게 해주는 방법이나 수도의 일에 대해서는 한마디도 언급하고 있지 않고, 또한 책력을 다스려 사시를 밝혀 주거나, 기기를 제작해서 이용하게 해 주는 공로도 없다. 오직 질병을 치료하는 것을 신비롭게 여기거나 천부를 신의 아들이라고 일컬어 강요하고 또한 천방교의 조리에도 미치지 못하는데도, 어떻게 도처에서 성행해서 서역에 널리 퍼지게 되었으며 아버지로 받들어지게 되었는가? 어찌 그 종교는 중국에 들어와서 모두 미천한 사람들이 졸역하고 지식인들에게는 전파되지 않았는가? 천신은 본래 형기形氣도 없고 방체方體도 없는데, 마침내 음성이 유다국에 내려와 시나이산에서 돌에 새기니, 거의 조송趙宋[23] 상부祥符[24] 연간의 천서天書[25]보다 더 의심스럽다. 그런데 모세 혼자 산에 올라 천명을 받고 마침내 십계를 전하니, 곧 서역의 왕흠약王欽若[26]이다. 인도의 상고 시기 바라문이 하늘을 섬기는 종교가 있었는데, 천방·천주는 모두 그 종파의 지류에서 나온 것으로 더욱 황당하다. 이미 천신보다 존귀한 것이 없고 우상을 경계하며 조상에 대한 제사를 경계하면서, 예수와 성모의 상·십자가를 가가호호 모두 집에 걸어 놓고 섬기니, 어찌 천신이 분리되어 둘로 나뉠 수 있겠는가? 불교의 살생을 경계하는 것을 배척하고 사람의 영혼은 금수와 다르며 만물은 또한 일체가 될 수 없는데, 이로써 사람의 입과 배를 채우고 요리사의 욕심을 채우라고 역설하니, 하느님은 과연 살리는 것을 좋아하지 않고 죽이는 것을 좋아하는가? 사람의 영혼은 가장 존귀하기 때문에 사람은 죽여서도 안 되고 또한 자살해서도 안 되며, 의롭게 자살해서 죽어도 역시 반드시 지옥에 떨어진다고 하니, 신생申生[27]·부소扶蘇[28]·소홀召忽[29]·굴원屈原[30]은 모두 지옥의 사람으로, 오히려 위기에 직면해 구차하게 죽음을 면한 사람보다 못하지 않은가? 하느님이 처음 인류를 만들었을 때 단지 남자와 여자 한 사람씩 만들었기 때문에 사람에게는 각각 한 명의 아내가 있다고 한다. 그런데 아내가 도리가 없어도 쫓아낼 수 없고 자식이 없어도 첩을 들일 수 없다면 어찌하여 음란하다고 하고 불효라고 하는가? 또한 어찌하여 부귀한 사람에게는 수많은 노복을 허락하는가? 어찌 속으로는 그 실체를 허락하고 겉으로는 그 명분을 금지한단 말인가? 사람이 죽음에 임했을 때 선과 악이 모두 정해져 있고 그에 따라 고통과 즐거움을 받으며 영원히 바꿀 수 없고 다시 태어나 윤회하는 일도 없다면, 지금 생명은 태초의 사람으로, 사람은 모두 천주가 창조한바, 사악하게 창조하지 말고 어째서 선하고 신실하게만 창조하지 않았는가? 예수 자신이 중생의 죄를 대신해서 벌을 받았다면, 부처는 여러 겁 동안 난행과 고행, 머리와 눈 그리고 뇌수를 보시하는 것이 갠지스강의 모래알과 같다고 하니, 그 공덕은 마땅히 더욱 헤아릴 수 없을 것인데, 예수는 또한 어찌 그를 배척했는가? 공자와 부처, 노자는 모두 주나라 때의 사람으로 2천여 년이 지나도 명성이 대대로 전해졌지만, 단지 많은 사람 중의 한 사람이며 만물을 통제할 수 없는데, 예수는 진실로 서한 말기의 사람도 아니면서 어찌 천신을 대신해서 만물을 주재할 수 있단 말인가? 또한 성인이 태어남에 어느 누가 하늘의 자식이 아니겠는가? 예수는 스스로 천신의 아들이라고 하는데, 바로 무함마드[31]를 천사라고 부르는 것과 같으니, 어찌 유독 예수가 하늘을 대신하는 것은 옳고 무함마드가 하늘을 대신하는 것은 그르다고 하는가?

역대 서양 서적을 열람하면 오직 신神의 섭리는 자못 우리 유가의 상제가 만물을 만들어 낸 종지에 가까우며, 나머지는 모두 속세에서 떠도는 말로 군자의 도는 아니다. 또한 그 책은 모두 영국에서 간행되어 배포된 것인데, 영국은 예전부터 전해지기를 천주교를 믿지 않는다고 한다.[32]

『해국문견록』 및 포로 필립 앤스트러더Philip Anstruther[33]의 진술에 보인다. 그리고 『매월통기전』을 살펴보면, 영국인이 아메리카 신대륙으로 이주해서 물과 토양에 적응하지 못하고 역병이 유행하자 모두 천주당에 가서 구원을 부르짖어 안식을 얻으니, 이 나라 사람들도 천주를 받들어 섬겨 제7일에 예배를 드렸다고 한다. 그리고 영국에서 얼마 떨어져 있지 않은 아일랜드Ireland[34]가 무리를 결성해 종교에 저항하자 국왕이 강제로 개종시키면서 또한 예수의 도를 들어 흑인 노예무역을 금지했는데, 어째서 예전에는 이를 배척하다가 근래에는 이를 받드는가? 아니면 프로테스탄트Protestant[35]의 천주교를 따르고 가톨릭Catholic[36]의 천주교를 따르지 않는 것은 문호가 달라도 종지가 크게 다르지 않아서인가? 동중서董仲舒[37]가 말하길, "도의 커다란 근원은 하늘에서 나온다"라고 한다. 따라서 우리 유가가 하늘을 근본으로 하는 것과 불교가 마음을 근본으로 하는 것은 물과 불 같은데, 이에 천방·천주 역시 모두 하늘을 근본으로 하면서도 그 가르침은 물과 불보다 더 심하니, 말학에서 갈라져 나와 종지를 근본으로 삼는다고 하지만, 혹여 다 그렇지 않다는 것을 어찌 판별하겠는가? 주공·공자의 학문이 서쪽으로는 사막 지대를 넘지 못하고, 북쪽으로는 북해에 미치지 못하며, 남쪽으로는 남해에 이르지 못하니, 넓은 골짜기와 큰 강으로 풍속과 기운이 다름이 마땅해서 하늘이 한 사람을 낳아서 세상을 교화하고 다스릴 수밖에 없었다. 어리석은 무리는 지혜로운 무리를 두려워하고 송사를 일삼는 자는 정직한 자를 두려워한다. 『문중자文中子』[38]에 의하면 "[부처는] 서방의 성인이지만, 중국에서는 유행하지 않았다"라고 했다. 또한 『장자』에 의하면 "팔황八荒[39] 밖의 일에 대해서 성인은 논하기만 할 뿐 따지지는 않으며, 구주九州 밖의 일에 대해서 성인은 따지기만 할 뿐 옳고 그름을 변별하지는 않는다"라고 했다. 혹자는 다시 동해·서해에 성인이 각각 출현했지만, 마음의 이치는 같다고 하는데, 이는 또한 무엇을 말하는 것인가? 도광 25년 양광총독[40]의 상주에 의하면 프랑스가 천주교는 사람들에게 선한 행위를 권면하며 사교가 아니므로 중국인이 천주교를 믿는 것에 대한 금지를 풀어 달라고 요청했다. 상주문을 관련 부서에 넘겨 논의해서 항구에 천주당을 세우는 것을 허락하고 중국인의 입교를 승인했다. 다만 부녀자를 유혹하거나 병자들의 눈알을 편취하는 것은 금지했으며, 이를 위반할 시에는 즉시 죄를 다스리는 것으로 했다. 살펴보건대, 서양의 천주교에 대해서는 알 수 없으나 가령 중국의 천주교는 바야흐로 입교하게 되면 환약을 받아 삼키고 은량을 세 차례 수령하며, 조상의 신주를 없애고 교인들은 남녀가 한 건물에서 같이 자며 병으로 사망하면 사제가 와서 눈동자를 빼간다. 그리고 매번 은량 130냥을 주어 장사 밑천으로 삼고 손실이 나면 다시 수령해서 모두 세 차례 수령하면 다시 지급하지 않아도 평생 넉넉할 정도였다. 얼마 전 북경에 의사 아무개가 있었는데, 언제나 빈곤해서 단지 천주교에 들어가기만 하면 가난을 벗어날 수 있을 것으로 생각했지만, 역시 사교에 들어갈 수 없어 마침내 먼저 설사약 1첩 정도를 달여 놓고 아내에게 일러 말하길, "내가 돌아오길 기다려 만일 정신이 혼미하거든 서둘러서 나에게 설사약을 먹여라"라고 했다. 이에 천주당에 이르러 서양인에게 환약을 받았는데, 마치 작고 부드러운 전병 같아서 이를 삼켰다. 백여 금을 주어 집에 돌아와서는 손으로 신주를 집어 던지고는 입속으로 중얼거렸다. 아내가 서둘러서 앞서 말한 대로 설사약을 먹이니, 한참을 급히 설사를 하다가 깨어났는데, 뒷간에 꿈틀대는 것이 있어 씻어서 보니 1치쯤 되는 여자 형상으로 눈썹과 눈매가 살아 있는 것 같아 이에 약병에 넣었다. 날이 밝을 무렵 사제가 날카로운 칼을 들고 와서 원래의 물건을 돌려 달라고 요구했다. 의사가 말하길, 반드시 나에게 그것이 어떤 물건인지를 알려 주면 돌려주겠다고 했다. 사제가 말하길, "그것은 천주의 성모입니다. 입교해서 오랜 시일이 지나면 스스로 사람의 마음을 버리고 [하느님의 마음을 가져] 종신토록 믿어 개종하지 않을 것입니다"라고 했다. 마침내 그것을 돌려주자 떠났다. 또한 무릇 입교해서 신자가 병이 들어 장차 죽을 때가 되면 반드시 그 사제에게 알렸다. 사제가 이르면 아내와 자식은 모두 집 밖에서 무릎을 꿇고 들어가는 것을 허락하지 않았다. 한참이 지나 목숨이 다해 마침내 들어가길 허락하니, 사제가 흰 천으로 죽은 사람의 머리를 감싸서 풀어 보는 것을 허락하지 않는데, 아마도 눈동자는 이미 사라졌을 것이다. 거짓으로 입교한 자가 그 술책을 시험하고자 마침내 꾀병으로 며칠 동안 먹지 않고 그 사제에게 알리자 과연 작은 칼을 들고 가까이 와서 눈동자를 파내려 했는데, 그 사람이 떨쳐 일어나 칼을 빼앗아 공격하니, 사제는 비틀거리며 달아났다. 듣건대 오랑캐 시장에서는 중국의 납 100근으로 문은文銀 8냥을 제련할 수 있는데, 그 나머지 92근은 오히려 원가에 다시 팔 수 있었지만, 다만 그 은은 반드시 중국인의 눈동자로 점검을 해야 비로소 사용할 수 있었으니, 서양인의 눈동자는 쓸모가 없었다. 때문에 서양인 병자가 죽어도 눈동자를 취하는 일은 없었지만 유독 중국인이 입교하면 이런 일이 있었으니, 역시 아편이 서양에서는 유행하지 않고 중국에서만 유행한 것과 같다.

天主教考下

『天學初函』諸書, 『四庫全書』列諸存目, 今略錄其提要曰.

『二十五言』一卷, 明利瑪竇撰. 西洋人之入中國自利瑪竇始, 西洋教法傳中國亦自此二十五條始. 大旨多剽竊釋氏, 而文詞尤拙. 蓋西方之教惟有佛書, 歐羅巴人取其意而變幻之, 猶未能甚離其本. 厥後既入中國, 習見儒書, 則因緣假借以文其說, 乃漸至蔓衍支離, 不可究詰, 自以爲超出三教上矣. 附存其目, 庶可知彼教之初, 所見不過如是也.

又『天主實義』二卷, 明利瑪竇撰. 是書成於萬曆癸卯, 凡八篇. 首篇論天主始制天地萬物而主宰安養之. 二篇解釋世人錯認天主, 三篇論人魂不滅, 大異禽獸. 四篇辨釋鬼神及人魂異論, 論天下萬物不可謂之一體. 五篇排辯輪回六道戒殺生之謬, 而明齋素之意在於正志. 六篇解釋意不可滅, 竝論死後必有天堂·地獄之賞罰. 七篇論人性本善, 竝述天主門士之學. 八篇總擧泰西俗尙, 而論其傳道之士所以不娶之意. 竝釋天主降生西土來由, 大旨主於使人尊信天主, 以行其教. 知儒教之不可攻, 則附會『六經』中上帝之說, 以合於天主, 而特攻釋氏以求勝. 然天堂·地獄之說與輪迴之說相去無幾, 特小變釋氏之說而本原則一耳.

又『畸人』十篇二卷, 附『西琴曲意』一卷, 明利瑪竇撰. 是書成於萬曆戊申, 凡十篇, 皆設爲問答以申彼教之說. 一謂「人壽旣過誤猶爲有」, 二謂「人於今世惟僑寓耳」, 三謂「常念死候利行爲祥」, 四謂「常念死後備死後審」, 五謂「君子希言而欲無言」, 六謂「齋素正旨非由戒殺」, 七謂「自省自責無爲爲尤」, 八謂「善惡之報在身之後」, 九謂「妄詢未來自速身凶」, 十謂「富而貪吝苦於貧窶」. 其言宏肆博辯, 頗足動聽, 大抵攝釋氏生死無常·罪福不爽之說, 而不取其輪迴·戒殺·不娶之說, 以附會於儒理, 使人猝不可攻. 較所作『天主實義』純涉支離荒誕者, 立說較巧. 以佛書比之,『天主實義』猶其禮懺, 此則猶其談禪也. 末附『西琴曲意』八章, 乃萬曆庚子利瑪竇觀京師所獻, 皆譯以華言, 非其本旨. 惟『曲意』僅存以其旨, 與十論相發, 故附錄書末焉.

又『七克』七卷, 明西洋人龐迪我撰, 書成於萬曆甲辰. 其說以天主所禁罪宗凡七. 一謂驕傲, 二謂嫉妒, 三謂慳吝, 四謂忿怒, 五謂迷飮食, 六謂迷色, 七謂懈惰於善. 迪我因作此書發明其義, 一曰伏傲, 二曰平妒, 三曰解貪, 四曰熄忿, 五曰塞饕, 六曰防淫, 七曰策怠. 其言出於儒·墨之間, 就所論之一事言之, 不爲無理, 而皆歸本敬事天主以求福, 則其謬在宗旨, 不在詞說也. 其論保守童身一條, 載或人難以人俱守貞不婚, 人類將滅. 乃答以儻世人俱守貞, 人類將滅, 天主必有以處之, 何煩過慮? 其詞已遁. 又謂生人之類, 有生必有滅, 亦始終成毁之常, 若得以此終, 以此毁, 幸甚大願. 則又詞窮理屈, 不覺遁於釋氏矣. 尙何闢佛之云乎?

又『辨學遺牘』一卷, 明利瑪竇撰. 是編乃其與虞淳熙論釋氏書, 及辨蓮池和尙『竹窗三筆』攻擊天主之說. 齊固失矣, 楚亦未爲得也.

又『交友論』一卷, 明利瑪竇撰. 萬曆己亥, 利瑪竇遊南昌, 與建安王論友道,因著是編以獻, 其言不甚荒悖, 然多爲利害而言, 醕駁參半. 如云"友者過譽之害, 大於仇者過訾之言", 此中理者也. 又云, "多有密友, 便無密友", 此洞悉物情者也. 至云"視其人之友如林, 則知其德之盛, 視其人之友落落如晨星, 則知其德之薄", 是導天下以濫交矣. 又云, "二人爲友, 不應一富一貧", 是止知有通財之義, 而不知古禮惟小功同財, 不槪諸朋友. 一相友而卽同財, 是使富者愛無差等而貧者且以利合, 又豈中庸之道乎? 王肯堂『鬱岡齋筆塵』曰: "利君遺余『交友論』一編, 有味哉其言之也. 使其素熟於中土語言文字, 當不止是. 乃稍刪潤, 著於編." 則此書爲肯堂所點竄矣.

又『西學凡』一卷, 明西洋人艾儒略撰. 儒略有『職方外紀』, 已著錄. 是書成於天啓癸亥, 『天學初函』之第一種也. 所述皆其國建學育才之法, 凡分六科. 所謂勒鐸理加者, 文科也, 斐錄所費亞者, 理科也. 默第濟納者, 醫科也, 勒義斯者, 法科也. 加諾搦斯者, 敎科也, 陡祿日亞者, 道科也. 其敎授各有次第, 大抵從文入理, 而理爲之綱. 文科如中國之小學, 理科則如中國之大學. 醫科·法科·敎科者皆其事業. 道科則在彼法中所謂盡性致命之極也. 其致力亦以格物窮理爲本, 以明體達用爲功, 與儒學次序略似. 特所格之物皆器數之末, 而所窮之理又支離神怪而不可詰. 是所以爲異學耳.

又『靈言蠡勺』二卷, 明西洋人畢方濟撰, 而徐光啓編錄之. 書成於天啓甲子, 皆論亞尼瑪之學. 亞尼瑪者, 華言靈性也. 凡四篇. 一論亞尼瑪之體, 二論亞尼瑪之能, 三論亞尼瑪之尊, 四論亞尼瑪所同美好之情, 而總歸於敬事天主以求福, 其實卽釋氏覺性之說而巧爲敷衍耳. 明之季年, 心學盛行西士, 慧黠因摭佛經而變幻之, 以投時好. 其說驟行, 蓋由於此. 所謂物必先腐而後蟲生, 非盡持論之巧也.

又『空際格致』二卷, 明西洋人高一志撰. 西法以火氣水土爲四大元行, 而以中國五行兼用金木爲非, 一志因作此書, 以暢其說. 然其窺測天文不能廢五星也. 天地自然之氣而欲以強詞奪之, 烏可得乎? 適成其妄而已矣.

『寰有詮』六卷, 明西洋人溥汎際撰, 書亦成於天啓中. 其論皆宗天主. 又有「圜滿」·「純體」·「不壞」等十五篇, 總以闡明彼法.

案: 歐羅巴人天文推算之密, 工匠制作之巧, 實逾前古. 其議論誇詐迂怪, 亦爲異端之尤. 國朝節取其技能, 而禁傳其學術, 具存深意. 其書本不足登『冊府』之編, 然如『寰有詮』之類, 『明史』·「藝文志」中已列其名, 削而不論, 轉慮惑誣, 故著於錄而闢斥之. 又『明史』載其書於道家, 今考所言, 兼剽三教之理, 而又擧三教全排之. 變幻支離, 眞雜學也. 故存其目於雜家.

魏源曰: 西域三大教, 天主·天方皆闢佛, 皆事天, 卽佛經所謂婆羅門天祠. 其教皆起自上古, 稍衰於佛世, 而復盛於佛以後. 然吾讀福音諸書, 無一言及於明心之方·修道之事也, 又非有治曆明時·制器利用之功也. 惟以療病爲神奇, 稱天父神子爲劫制, 尙不及天方教之條理, 何以風行雲布, 橫被西海, 莫不尊親? 豈其教入中土者, 皆淺人拙譯, 而精英或不傳歟? 神天旣無形氣, 無方體, 乃降聲如德之國, 勒石西奈之山, 殆甚於趙宋祥符之天書. 而摩西一人上山受命, 遂傳十誡, 則西域之王欽若也. 印度上古有婆羅門事天之教, 天方·天主, 皆衍其宗支, 益之譎誕. 旣莫尊於神天, 戒偶像, 戒祀先, 而耶穌聖母之像·十字之架, 家懸戶供, 何又歧神天而二之耶? 斥佛氏之戒殺, 而力言禽獸異於人之靈魂, 萬物不可爲一體以濟其口腹庖宰之欲, 是上帝果不好生而好殺乎? 人之靈魂最貴, 故人不可殺, 亦不可自殺, 卽殉難自殺亦必陷地獄, 則申生·扶蘇·召忽·屈原, 皆地獄中人, 反不如臨難苟免之人乎? 謂上帝初造人類時, 止造一男一女, 故人各一妻. 妻卽無道不可議出, 卽無子不可娶妾, 則何以處淫悍不孝? 且何又許富貴人婢僕無數? 豈陰許其實而陽禁其名乎? 謂人一命終善惡皆定, 受報苦樂, 永無改易, 更無復生輪回之事, 則今生皆初世爲人, 人皆天主所造, 何不但造善信, 毋造邪惡乎? 耶穌自身受罪可代衆生之罪, 則佛言歷劫難行苦行, 舍頭目腦髓若恒河沙, 功德當更不可量, 耶穌又曷斥之乎? 謂孔子·佛·老皆周時人, 僅閱二千餘歲, 有名字朝代, 但爲人中之一人, 不能宰制萬有, 則耶穌詎非西漢末人, 又安能代神天以主造化? 且聖人之生, 孰非天之所子? 耶穌自稱神天之子, 正猶穆罕默德之號天使, 何獨此之代天則是, 彼之代天則非乎?

歷覽西夷書, 惟神理論頗近吾儒上帝造化之旨, 餘皆委巷所談, 君子勿道. 又其書皆英夷所刊布, 而英吉利舊傳不奉天主教. 見『海國聞見錄』及俘夷安突得口供. 及考『每月統紀傳』, 則又言英吉利民遷墨利加洲新地, 不服水土, 疫氣流行, 皆赴神天之堂籲救得息, 於是國人奉事天主, 七日禮拜. 又以耳得蘭島, 距國數里, 結黨抗教, 國王勒之歸順, 且禁買黑奴, 亦以耶穌之道, 豈昔闢之而近日奉之歟? 抑遵波羅特士之天主教而不遵加特力之天主教, 門戶不同, 旨歸小異歟? 董子曰: "道之大原出於天." 故吾儒本天與釋氏之本心若冰炭, 乃天方·天主亦皆本天, 而敎之冰炭益甚, 豈辨生於末學而本師宗旨或不盡然歟? 周·孔語言文字, 西不逾流沙, 北不暨北海, 南不盡南海, 廣谷大川, 風氣異宜, 天不能不生一人以敎治之. 群愚服智群, 嚚訟服正直. 『文中子』曰: "西方之聖人也, 中國則泥." 『莊子』曰: "八荒以外, 聖人論而不議, 九州以外, 聖人議而不辨." 或復謂東海·西海, 聖各出而心理同, 則又何說焉? 道光二十五年, 廣東總督奏佛蘭西國夷呈請天主敎勸人爲善, 非邪敎, 請弛漢人習天主敎之禁. 奏交部議, 準海口立天主堂, 華人入敎者聽之. 惟不許奸誘婦女, 誆騙病人眼睛, 違者仍治罪. 查西洋之天主敎不可知, 若中國之天主敎, 則方其入敎也, 有呑受藥丸·領銀三次之事,有掃除祖先神主之事, 其同教有男女共宿一堂之事, 其病終有本師來取目睛之事. 其銀每次給百三十兩爲貿易資本, 虧折則復領, 凡領三次則不復給, 贍之終身. 曩京師有醫某者, 歲終貧困, 思惟入天主教可救貧, 而邪教又不可入, 乃先煎泄藥升許, 與妻子議言: "俟我歸, 如惛迷者, 急取藥灌我." 於是至天主堂, 西洋人授以丸, 如小酥餅, 使呑之. 予百餘金, 歸至家則手擲神主, 口中喃喃. 妻子急, 如前言灌藥, 良久暴下而醒, 見廁中有物蠕動, 洗而視之, 則女形寸許, 眉目如生, 乃蓋之藥甁中. 黎明而教師至, 手持利刀, 索還原物. 醫言必告我此何物乃以相予. 教師曰: "此乃天主聖母也. 入教稍久則手抱人心, 終身信向不改敎矣." 乃予之而去. 又凡入教, 人病將死, 必報其師. 師至, 則妻子皆跪室外, 不許入. 良久氣絶乃許入, 則教師以白布裹死人之首, 不許解視, 蓋睛已去矣. 有僞入教者, 欲試其術, 乃佯病數日不食, 報其師至, 果持小刀近前, 將取睛, 其人奮起奪擊之, 乃踉蹌遁. 聞夷市中國鉛百斤可煎文銀八兩, 其餘九十二斤, 仍可賣還原價, 惟其銀必以華人睛點之乃可用, 而西洋人睛不濟事. 故西洋病終無取睛之事, 獨華人入教則有之也, 亦鴉片不行於夷, 而行於華之類也.

주석

1 육도六道: 천도天道·인도人道·아수라도阿修羅道·귀도鬼道·축생도畜生道·지옥도地獄道를 말한다.

2 디에고 데 판토하Diego de Pantoja: 판토하(1571~1618)는 스페인 출신의 예수회 신부로, 마테오 리치가 북경에서 전교 및 저술 활동을 할 때 보좌했으며, 궁정 악사에게 음악을 가르치기도 했다.

3 우순희虞淳熙: 우순희(1553~1621)는 명대 이부계훈원외랑吏部稽勛員外郎을 역임했으며, 불교 신자로서 마테오 리치와 천주교에 대한 논쟁을 벌였다.

4 연지蓮池: 연지(1535~1615)는 명대의 스님으로, 본명은 심주굉沈袾宏, 자는 불혜佛慧이며, 연지는 별호이다. 항주의 운서사雲棲寺에 오래 거주해서 운서대사로 일컬어진다. 정토종의 8대 조사祖師이다.

5 『죽창삼필竹窗三筆』: 명대 스님 연지가 편찬한 서적으로, 125조로 구성되어 있다.

6 스님 연지蓮池의 … 반박하고 있다: 『죽창삼필』에 의하면, "천주교에서 말하는 천주는 다만 불교에서 설하는 '삼천대천三千大天' 세계 중 억만 개 '도리천왕'의 하나에 지나지 않아 지고무상의 주재자가 아니며, 중국에는 이미 공자와 맹자 등을 통하여 '천天'에 관한 학설이 완벽하게 존재하므로, 천주교의 우주를 창조하였다는 '창위신설創爲新說'은 필요치 않다"라고 비판한다. 이에 대해 『변학유독』에서는 "천주를 도리천왕에 비유하는 것은 천주를 욕되게 하는 것이요, 오히려 불교의 부처는 바로 천주가 창조한 사람이고, 또한 천주는 추상적인 이치가 아니며, 천주교의 임무는 공자와 맹자의 '천학天學'의 부족한 점을 보충하려는 것"이라고 주장하고 있다.

7 이것도 틀렸고 저것도 역시 틀렸다: 원문은 '제고실의, 초역미위득야齊固失矣, 楚亦未爲得也'이다. 사마상여司馬相如가 한 무제를 위해 지은 「상림부

上林賦」에 나오는 고사이다. 백성의 고통은 생각하지 않고 사냥에만 빠져 있는 제나라와 초나라 국왕 모두 옳지 않다는 고사를 빗대어 마테오 리치와 우순희 양측 모두 옳지 않다는 것을 비유하고 있다.

8 건안왕建安王: 왕은 각지에 봉해진 명나라 황족으로, 당시 마테오 리치가 만난 건안왕은 주다절朱多㸅이다.

9 소공小功: 상례喪禮의 오복제도五服制度에 따른 상복이다. 『예기』에 따르면 소공은 5개월간 상복을 입는데, 소공복을 입는 친족의 범위로는 할아버지 형제의 내외(증조부·종조부·종조모), 아버지의 4촌 형제 내외(종숙부·종숙모), 6촌 형제, 4촌 형제의 아들(종질), 형제의 손자(종손) 등과 외가로 외조부·외조모·외삼촌·이모 등이 해당한다.

10 왕긍당王肯堂: 왕긍당(1549~1613)은 명대의 저명한 의사로, 자는 우태宇泰, 호는 손암損庵, 강소성 금단金壇 사람이다. 기공요법을 중시했는데, 마테오 리치 등 서방 선교사들과 교제하면서 학술을 토론했다

11 레토리카Rhetorica: 원문은 '륵탁리가勒鐸理加'로, 수사학을 의미한다.

12 필로소피아Philosophia: 원문은 '비록소비아斐錄所費亞'로, 철학을 의미한다.

13 메디신Medicine: 원문은 '묵제제납默第濟納'으로, 의학을 의미한다.

14 렉스Lex: 원문은 '륵의사勒義斯'로, 법률을 의미한다.

15 카노니스Canones: 원문은 '가낙닉사加諾搦斯'로, 교회의 법도를 의미한다.

16 디오로지아Theologia: 원문은 '두록일아陡祿日亞'로, 신학神學을 의미한다.

17 프란체스코 삼비아시Francesco Sambiasi: 원문은 '필방제畢方濟'이다. 삼비아시(1582~1649)는 1603년 예수회에 입회해서 1610년 마카오에 도착했고 1613년 북경에 이르렀다. 저서 『영언려작』은 18세기 초 조선에도 전래되어 많은 학자에게 읽혔다.

18 아니마Anima: 원문은 '아니마亞尼瑪'이다.

19 만물은 … 생기니: 원문은 '물부충생物腐蟲生'으로, 『순자』「권학편」에 나오는 말이다.

20 알폰소 바뇨니Alfonso Vagnoni: 원문은 '고일지高一志'이다. 바뇨니(1566~1640)는 이탈리아 출신 예수회 선교사로, 1605년부터 중국 남경에서 활동했

다. 1616년 남경교난南京教難 이후 마카오로 갔다가 1624년 고일지高一志로 개명하고 주로 산서성에서 선교 활동을 했다.

21 프란시스코 푸르타도Francisco Furtado: 원문은 '부범제溥汎際'로, 포르투갈 출신의 예수회 선교사이다. 여기에서는 푸르타도(1587~1653)가 『환유전』을 저술한 것으로 되어 있으나, 『환유전』은 본래 아리스토텔레스의 자연철학에 대한 저작을 이지조와 함께 번역한 것이다.

22 생각하건대 … 배치한다: 이 안은 『사고전서총목제요』에 실려 있는 안이다.

23 조송趙宋: 960년 조광윤趙匡胤이 세운 송 왕조로, 춘추 시대의 송, 위진남북조 시대의 송과 구별하기 위해 조송이라고 한다.

24 상부祥符: 송나라 제3대 황제 진종眞宗 조항趙恒의 세 번째 연호인 대중상부大中祥符(1008~1016)를 줄인 말이다.

25 천서天書: 송나라 진종은 요遼나라와의 전투에서 승리하고도 1004년에 매년 비단 20만 필, 은 10만 냥을 요나라에 보낸다는 굴욕적인 전연의 맹(澶淵之盟)을 맺는다. 진종은 약화된 자신의 입지를 강화하기 위해 꿈에 태산泰山으로부터 천서를 받았다며 2만 5천 명을 동원하여 봉선 의식을 치렀다. 현재 태산에는 1013년 진종 시기에 건립된 상부비祥符碑가 있다.

26 왕흠약王欽若: 왕흠약(962~1025)의 자는 정국定國으로, 송나라 시기의 정치가이자 학자이다. 왕흠약은 천서 사건을 조작해서 진종에게 태산 봉선을 단행하게 했다.

27 신생申生: 신생(?~기원전 656)은 춘추 시대 진晉나라 헌공獻公의 장남으로, 진 혜공과 진 문공의 맏형이다. 헌공이 애첩 여희驪姬를 총애해서 그 소생 해제奚齊를 후계자로 봉하고 신생을 사살하려고 하자 도망가지 않고 자결했다.

28 부소扶蘇: 부소(?~기원전 210)는 진시황의 장남이다. 총명해서 장래를 촉망받았으나, 분서갱유 사건에 대해 간언한 것이 진시황의 분노를 사서 장군 몽염과 함께 북방 경비를 명받았다. 훗날 진시황의 사후 환관 조고가 호해를 옹립하면서 부소에게 조서를 내려 자결할 것을 명하자, 거짓

조서임을 알면서도 스스로 자결했다.

29 소홀召忽: 소홀(?~기원전 685)은 춘추 시대 제齊나라 사람으로 관중과 함께 공자 규糾를 모셨다. 당시 관포지교로 유명한 포숙아는 공자 소백小白을 모시고 있었다. 훗날 후계자 싸움에서 소백이 승리하니, 이가 곧 제 환공이다. 제 환공이 공자 규를 죽이자 소홀도 신하의 예를 다해 자결했다.

30 굴원屈原: 굴원(기원전 342~기원전 278)은 전국 시대 초나라의 정치가이자 시인이다. 초나라로부터 추방령을 당해 동정호洞庭湖 남쪽으로 쫓겨나 방황하다가 초나라 멸망 소식을 듣고 멱라수汨羅水에 몸을 던져 자결했다.

31 무함마드: 원문은 '목한묵덕穆罕默德'이다.

32 천주교를 믿지 않는다고 한다: 영국은 헨리 8세(재위 1509~1547)와 캐서린 왕비의 결혼 무효 소송 사건을 계기로 1534년 국왕지상법國王至上法을 발표해 로마 가톨릭으로부터 독립해서 영국 국교회, 즉 성공회로 나아가게 되었다.

33 필립 앤스트러더Philp Anstruther: 원문은 '안돌득安突得'으로, 안돌덕安突德, 안사타랄타리晏士打剌打厘라고도 한다. 앤스트러더(1802~1863)는 영국 장교로 실론의 제4대 식민장관을 역임했다. 진해해전(1841) 당시 포로로 잡혔는데, 위원은 앤스트러더에게서 영국의 제반 상황을 전해 듣고 『영길리소기英吉利小記』를 저술했다.

34 아일랜드Ireland: 원문은 '이득란도耳得蘭島'이다.

35 프로테스탄트Protestant: 원문은 '파라특사波羅特士'이다.

36 가톨릭Catholic: 원문은 '가특력加特力'이다.

37 동중서董仲舒: 원문은 '동자董子'이다. 동중서(기원전 179~기원전 104)는 전한 무제 시대의 유학자이다. 유교 철학과 음양 사상을 통합한 새로운 학문을 탄생시켰으며, 유가 사상을 국교로 삼는 데 이바지했다. 주요 저서로는 『춘추번로春秋繁露』 등이 있다.

38 『문중자文中子』: 수나라 왕통王通의 저서이다. 왕통(584~617)은 자가 중엄仲淹이고 문중자는 그의 호이다. 『문중자』는 왕통이 제자들과의 대화를 기록한 것이다.

39 팔황八荒: 『설원說苑』 「변물辨物」 편에 "팔황 안에 사해四海가 있고 사해 안에 구주九州가 있다"라는 구절이 있다. 이 구주가 중원 지역이고 팔황은 중원에서 먼 바깥쪽 땅을 말한다.

40 양광총독: 원문은 '광동총독廣東總督'이나 역사적 사실에 따라 고쳐 번역한다.

海國圖志
卷二十八

해국도지
권28

유럽인(歐羅巴人) 원찬
후관侯官 임칙서林則徐 역
소양邵陽 위원魏源 중집

본권에서는 남터키의 지리·역사·정치·풍속·물산·외모·문화적 특색·주변국과의 관계, 그리고 전반적인 연혁에 대해서 기술하고 있다. 특히 남터키의 연혁과 관련하여 『만국지리전도집萬國地理全圖集』, 『지구도설地球圖說』, 『지리비고地理備考』, 『외국사략外國史略』, 『직방외기職方外紀』, 『문헌통고文獻通考』, 『곤여도설坤輿圖說』, 『신당서新唐書』 등에 나타난 내용을 인용, 소개하고 있다.

이 나라의 경계가 유럽과 서남아시아 사이에 있어서 별도로 한 권으로 한다.

남터키Southern Turkey[1]

당나라 이전에는 안식국安息國의 북쪽 경계였다.
여러 역사서에 보이는 서녀국西女國[2]은 이곳에 있었다.
당나라 이후에는 이슬람국에 병합되었다.
『직방외기職方外紀』에서는 도이격국度爾格國이라고 했으며,
유럽대륙의 북터키와 같은 나라로,
두 대륙에 나누어 걸쳐 있어서 러시아와 비슷한 상황이다.
토이기土爾幾, 토이기土爾其, 도로기都魯幾라고도 한다.

터키[3]의 영토는 아시아대륙과 유럽대륙에 반반씩 걸쳐 있다. 아시아대륙 쪽에 있는 것은 남터키라고 하는데, 땅이 넓고 비옥하며 옛날의 바빌로니아Babylonia,[4] 아르메니아Armenia,[5] 리디아Lydia,[6] 유다Judah[7]의 옛터이다. 유다는 예전에는 큰 나라였고, 부족민의 종족은 대부분 유대인이었다. 나라가 강성해지면서 이웃한 여러 나라를 작은 나라는 없애 버리고 큰 나라는 복속시켰다. [유다와] 대적할 수 있는 나라는 오직 시리아Syria[8]와 페니키아Phoenicia[9] 둘뿐이었다. 페니키아는 티레Tyre[10]에 도읍했는데, [도시가] 웅장하고 아름다웠으며, 크게 번성하여 이오니아Ionia[11]·아이올리스Aeolis[12]·리디아·카리아Caria[13]·아시리아Assyria[14]·바빌로니아 등 여러 나라보다 월등했다. 이 밖에 대국으로 칭해지던 나라로 바빌로니아·아시리아가 있었지만 오래 이어지지 못했고, 후에 모두 페르시아Persia[15]에 항복했다. 이때 페르시아의 다리우스 1세Darius I[16]는 나라가 강성한 것에 힘입어 서쪽으로는 소아시아를 빼앗고 남쪽으로는 이집트Egypt[17]를 취해 영

토가 여러 나라 중에서 가장 넓었다. 그럼에도 불구하고 오히려 만족하지 못하고, 다시 대군을 이끌고 북쪽으로 그리스Greece[18]를 공격했다. 그리스는 유럽의 대국으로, 액륵제厄勒祭라고도 한다. 이탈리아 동쪽에 위치하는데, 지금은 북터키에 병합되었다. 그러나 병사들이 오만하고 군대의 기강이 무너져 그리스 필리포스 2세Philippos II[19]의 아들 알렉산드로스 3세Alexandros III[20]와 전투를 벌여 패하는 바람에, 온 나라가 마침내 그리스에 복속되었다. 알렉산드로스 3세가 왕위에 오르자 나라는 더욱 부강해졌다. 알렉산드로스 3세 사후에 여러 자식[21]이 왕위 쟁탈전을 벌였는데, 대장 셀레우코스Seleucos[22]가 내란을 틈타 왕위를 찬탈했다. 오직 서쪽 모퉁이의 땅은 아직 알렉산드로스의 아들에게 속해 있었다. 그러나 오래지 않아 침략을 받아 할거되어 페르가몬Pergamon,[23] 폰토스Pontos,[24] 아르메니아로 분열되었는데, [각 나라에서는] 잇달아 왕을 칭했다. 후에 로마가 강성해졌을 때, 흑해·카스피해 사이에 있는 모든 나라가 로마에 굴복했다. 다만 안티고노스Antigonos[25]와 미트리다테스 6세Mithridates VI[26] 두 왕만이 굴복하지 않고 로마와 여러 해 혈전을 벌였지만, 결국 로마에 멸망해 나라가 지역으로 바뀌어 수백 년을 이어 왔다.

서기 700년에 로마가 점차 쇠퇴하고 전쟁이 잇따라 발생하자, 시리아 지역과 아시리아 지역은 모두 아라비아Arabia[27]의 이슬람교가 차지하여 다마스쿠스Damascus[28]에 수도를 세웠다. 이에 아라비아의 유민들이 몰려들어 와 소아시아 땅을 빼앗아 이슬람 기를 세워 속지를 모두 이슬람교로 개종시켜서 그 풍속과 정치가 일변했다. 얼마 후, 흑해의 남쪽에서는 전쟁이 끊이지 않았다. 또 뛰어난 지략과 용기를 겸비한 오스만Osman[29]이라는 우두머리가 나타났는데, 먼저 유럽의 북터키를 차지해 그 땅에 수도를 세웠고, 오래지 않아 남터키를 차지해서 하나의 나라로 만들었다. 오직 예루살렘Jerusalem[30] 지역만 유럽의 기독교인[31]들에게 점령당했다. 백 년이 채 안 되어 기독교인들은 동쪽에 거주하는 것에 흥미를 잃더니 돌연 물러나서 서쪽으로 돌아갔다. 그래서 예루살렘은 여전히 터키에 속하게 되었다. 남터키는 누차 변란을 겪어서 백성들의 삶이 고단했는데, 오스만이 나라를 차지한 이후로는 수백 년 동안 전쟁의 혼란을 겪지 않았다. 다만 이슬람교는 강압적으로 정치를 해서 풍속이 예전 같지는 않았다. 예컨대 지난날 티그리스강Tigris River[32] 가에 인접한 아시리아, 유프라테스강Euphrates River[33] 가에 인접한 바빌로니아 및 페르시아가 다스렸던 지중해[34]의 다마스쿠스[35]·아르메니아[36]·예루살렘·사마리아Samaria[37]·카리아[38]·페니키아는 모두 당시에는 강국으로 부락이 100개 이상이었다. 마을과 사원이 별처럼 늘어섰으며, 들에서 거친 땅은 찾아볼 수 없었다. 거리에는 쉼 없이 수레가 오갔으며, 가축들이 온 들판에 가득 찼고, 선박의 돛대가 즐비했으며, 일시를 풍미한 인물들이 대거 등장했다. 지금 그 지역은 존재하지만, 명칭은 대부분 다르다. 또한 니네베Nineveh[39]의 성채·바빌로니아의 성곽·페르세폴리스Persepolis[40]의 궁전·예루살렘의 신전은 어디에 있는가? 더불어 아라라트Ararat[41]의 조선소, 티레의 대형 선박, 시리아의 직물 상인, 수많은 병사, 수많은 가축, 남녀 농부들의 노랫소리는 또 어디에 있는가? 언덕은 골짜기가 되고 뽕나무밭이 푸른 바다가 되어 지금의 언덕이 예전의 골짜기이니, 사람이 땅을 흥하게 하는 것이지 땅이 사람을 흥하게 하는 것이 아니라더니 진실로 그러하구나! 정치는 유럽의 터키와 같았으며, 큰 부락들은 각각 한 명의 파샤Pacha[42]를 세워 부락을 다스렸다. 다스리는 땅이 넓고 권력이 커져서 [각 파샤는] 중앙을 위협할 정도로 큰 세력을 형성했다. 그래서 1700년, 강희 39년이다. 무스타파 2세Mustafa II[43] 때 명분상은 신하로 복속했으나 실제로는 각각 독자적으로 정치를 행했고, 군사를 징발해서 공을 세워 견제하며 횡행했다.

살펴보건대, 남터키는 한 대륙의 중앙에 위치해 있으며, 북터키와는 거리가 멀리 떨어져 있고, 또한 흑해로 가로막혀 있었지만, 항상 발호할 마음을 품었다. 예컨대 파샤가 다스리던 동쪽 모퉁이의 리제Rize[44]·파산부巴酸部·하란Haran[45]은 발호할 역량은 되지 못했고, 백성들이 낸 세금에 의지하면서도 왕실을 받들지 않았는데, 유다의 파샤 역시 마찬가지였다. 바빌로니아의 파샤인 아흐마드 샤 두라니Ahmad Shāh Durrānī[46] 역시 전후로 항거하여 나디르 샤Nadir Shah[47]와 셀림 3세Selim III[48] 때 결국 적국이 되었다. 1810년, 가경 8년이다. 몇 차례 교전을 통해 비로소 [아흐마드를] 제거할 수 있었다. 그러나 새로 파샤를 세워서 겨우 1, 2년 정도 지나 다시 무리를 모아 모반했다. 국왕이 군대를 이끌고 정벌에 나섰지만, 결국 어깨에 화살을 맞아 운명했다. 이로부터 왕실은 번성하지 못했는데, 다만 대대로 왕실을 섬기던 신하들이 좌우에서 보좌하여 아직 쇠퇴하지 않았을 뿐이다. 이집트는 원래 터키의 속국으로, 마찬가지로 예전에 파샤가 다스리던 곳 중 하나이다. 그런데 요사이 신하 된 도리를 다하지 않을 뿐 아니라, 터키의 시리아 부락을 침범해 빼앗았는데, 망명자를 받아들여 앞잡이로 삼아서 백성들의 고통이 또한 심했다. 각 지역의 파샤는 이익만을 따지고 백성들의 재물을 강탈했다. 소송이 발생하면 부유한 사람을 연루시켜 벌을 내리거나, 개종하겠다고 하면 사형을 선고했다가 속전을 내게 하거나, 부유하고 세력 있는 백성을 사형에 처해 그의 재산을 몰수하기도 했는데, 모두 그 나라에 큰 해를 끼쳤다. 성안의 산세가 험난하여 자연히 경계를 이루었으나, 인도의 히말라야Himalayas[49]·안데스Andes[50] 두 산의 형세만은 못했다. 아르메니아[51]에서는 아라라트산Mount Ararat[52]이 최고봉이며, 다음으로 시리아의 루브난산맥Jebel Lubnan[53]을 들 수 있는데, 일 년 내내 눈이 쌓여 있지만 산맥의 중간 부분은 대부분 평원으로 경작할 수 있다. 유다의 경우, 모두 산과 언덕으로 이루어져 있지만 높이 솟아오른 곳은 없다. 그 서쪽 모퉁이에는 두 산이 양쪽에 우뚝 솟아 있어서 그 가운데로 겨우 한 사람이 지나갈 정도인데, [그곳을 통과하면] 사방이 비옥한 들판이다. 산이 길게 이어져 있지만 그 높이는 유다의 산과 마찬가지이다. 모든 강은 이 산에서 발원했으며, 가장 큰 강은 유프라테스와 티그리스로, 하나는 곧게 흐르고 하나는 굽이굽이 흐르면서 모두 알쿠르나Al-Qurna[54]에서 합류하여 함께 150리를 흘러가다가 아라비아해로 들어간다. 유프라테스강은 길이가 1,400리이고 티그리스강은 겨우 800리에 불과한데, 하나는 굽이굽이 흐르고 하나는 곧게 흐른다. 이 외에 작은 하천에 대한 기록은 상세하지 않다. 호수로는 티베리아스호Lake Tiberias[55]·반호Lake Van[56]가 있는데, 그다지 크지는 않지만 산과 나무가 에워싸고 있어서 풍경이 매혹적이다. 풍속·종교·문학은 대략 유럽의 터키와 같지만, 각 부락의 종족과 그들의 품성은 아주 다르다. 각처의 해안과 섬에 사는 이들은 모두 그리스족으로, 최고의 인종으로 꼽는다. 산에 사는 이들은 쿠만족Cuman[57]으로, 파샤와 멀리 떨어져 있어서 구속받으려 하지 않았고, 용모와 풍속은 여사비엄如士比奄의 후예와 비슷하지만 유목 생활을 하고 싸움을 잘해서 완전히 타타르Tartars[58]와 같다. 만일 행군을 할 때 약탈을 허락하면 결국 군량미를 지급하지 않아도 되지만, 또한 군대를 통제하고 관할하기는 어렵다. 시리아 팔미라Palmyra[59]와 바빌로니아 각 지역에 사는 이들은 모두 아랍족으로, 멋진 수염에 말을 잘 타며, 장사를 해서 부를 축적했고, 고상하고 우아하기로는 온 나라에서 최고이다. 루브난산맥[60]에 거주하는 이들은 마론파Maronites[61]와 드루즈족

Druze[62]으로, 모두 아랍인이다.

마론파는 현자 마론[63]이 교화시킨 사람들이어서 붙은 이름으로, 원래는 칼케돈Chalcedon[64]의 산골짜기에 거주하며 기독교를 믿었는데, 이슬람이 군대를 일으켜 개종하도록 핍박하자 삶의 터전을 버리고 도망쳐 온 것이다. 세월이 흘러 종족이 번성하자 마침내 아라비아 인근을 공격했고, 아울러 예루살렘 지역을 차지하고자 했으나 결과적으로는 터키의 무라트 3세Murad III[65]가 1588년 명 만력 16년이다. 에 군대를 이끌고 예루살렘 깊숙이 들어가게 되었다. 마론파는 중과부적이라 전쟁에 져서 공물을 바치기 시작했고, 이슬람교로 개종했다. 그 풍속을 살펴보면, 모든 마을에는 반드시 사원이 하나 있으며, 도관道觀 200여 곳을 세웠는데, 도사는 농사를 짓고 승려는 목축을 하여 능히 소박한 삶에 만족했기에 사람들은 모두 그들을 공경했다. 비록 어린 승려라 할지라도 누구나 어느 곳에서 만나든지 반드시 승려의 손에 입 맞추었다. 관리와 백성은 신분의 높고 낮음을 따지지 않았고, 관리는 백성보다 더욱 절약했으나 생활용품은 여전히 부족했다. 정사를 논의하던 공소公所는 이슬람교가 차단해 버렸다. 서로 간에 원수를 지면 사사로운 보복을 허용했다. 인구는 11만 5천 명에, 병사는 3만 4천 명이다.

또한 드루즈족은 용맹하며 역시 이집트 파샤 파티마Fāṭima[66]가 세운 이슬람교를 받들었다. 서기 1000년, 송나라 함평咸平[67] 4년이다. 그 종교가 유행하기 시작했는데, 아라비아의 이슬람교와 완전히 같지는 않아서 아라비아에 억압당해 쫓겨나게 되자 마침내 루브난산맥의 가장 높은 곳으로 도망쳤다. 무라트 3세가 군대를 이끌고 마론파를 정복했을 때, 드루즈족 역시 귀순하여 복종했다. 그들로 하여금 스스로 수장을 세워 한 지역을 관할하게 하니, 카이로Cairo[68]를 수도로 삼아 해마다 공물을 바쳤다. 수장은 이후 이탈리아를 유람하며 화려하고 사치스러운 풍습에 물들어 다른 사람에게 중상모략을 당해 죽게 되었다. 그 가문에서는 따로 한 사람을 선출하여 계속 종교지도자를 맡게 했으며, 대대로 계승하여 외부인을 선출하지 않았다. 나라에 큰일이 생기면 곧 각 부족장에게 전달하여 회의하고 또한 부족민들의 회의 참여를 허용했는데, 영국의 정치 형태와 거의 비슷하다. 사람들은 용감하며 목숨을 가볍게 여겨서 전쟁이 났다는 소식을 들으면 무기를 찾을 겨를도 없이 앞다투어 맨손에 평상복 차림으로 거침없이 전쟁터로 싸우러 나갔다. 전쟁을 할 때, 평평한 육지에서는 잘 싸우지 못했으나 산세가 험준한 곳에서는 잘 싸웠다. 높은 곳에 올라 아래를 향해 조총을 쏘면 백발백중이었다. 그 지역에서 신을 숭배하는 곳으로는 기독교 사원과 이슬람교 사원이 있다. 매일 예배할 때가 되면 사람들은 두 사원에 모두 이르렀고, 차이는 없었으나 기독교 사원에 가는 이들이 더 많았다. 종교지도자는 경전을 하늘이 내려 주신 것이라 여겨서 경전 자체가 성서라고 큰소리쳤는데, 유럽인들이 그 경전을 보고자 했으나 끝내 보지 못했다. 대체로 [경전의 내용은] 그다지 뛰어나거나 심오하지 않은데, 동족 간 혼인과 자매를 아내로 취하는 것을 볼 때, 그 대강을 알 수 있다. 병사는 모두 4만 명이고, 인구는 약 20만 명이다.

햄신족Hemshin[69] 역시 루브난산맥의 가장 높은 곳에 거주하며 시리아에 속한다. 이슬람교를 믿는 것은 거의 페르시아와 같고, 음식과 식기는 자기 것이 아니면 사용하지 않는다. 자신의 죄를 씻어 내고자 반드시 다른 종교를 믿는 사람을 죽여 자신의 죄를 대신하게 했기 때문에, 터키인들은 모두 [이들의 종교를] 사교로 배척했다. 전쟁이 발생하면 죽음을 두려워하지 않고 떨쳐 일어나 아직까지 패한 적이 없고, 항상 수천 명의 병사로

만 명의 적을 상대했기에 나라도 이 덕분에 러시아에 병합되지 않았다. 또한 아르메니아 지역은 예전에 큰 변란이 연이어 일어났을 때 피해가 비교적 적었으며, 인구는 약 17만 명이다. 원래 동방정교회Oriental Orthodox Church[70]를 믿었는데, 로마[71] 사람이 이전에 일찍이 이곳에 오는 바람에 가톨릭Catholic[72]을 믿는 자들 역시 약 2만 명이나 된다. 다만 동방정교회 신부는 육식을 하지 않았을 뿐 여전히 모두 결혼을 했기에, 가톨릭 신부를 더욱 존경했다. 풍속·정치·종교는 유다[73]와 비슷했으나 인색하지는 않았다. 가깝게는 페르시아, 멀게는 유럽과 인도까지 가서 무역을 했으며, 아프리카대륙[74] 깊숙이까지도 들어갔다. 아르메니아 남쪽은 쿠르디스탄Kurdistan[75] 부락으로, 티그리스강에 인접해 있고 땅이 험해서 경작이 어려워 대부분 타타르에서 유목을 했다. 페르시아는 풍속이 특히나 억세고 걸핏하면 강탈을 일삼아서 전 아시아대륙에서 가장 난폭하다. 이 땅에서는 양가죽 옷·양탄자·건포도·베·생사·약재·생고무·보석·술·곡식·보리·오금五金[76]이 나며, 나라 안의 항구는 스미르나Smyrna[77] 지역에 있다.

남터키는 아시아대륙의 가장 서쪽에 위치하며 소아시아라고도 한다. 동쪽으로는 페르시아에 이르며 티그리스강을 경계로 하고, 서쪽으로는 지중해에 이르며, 남쪽으로는 아나비아阿那比阿 아나비아는 바로 아라비아이다. 를 경계로 하고, 북쪽으로는 흑해를 경계로 한다. 동서의 거리는 1,200리에 남북의 거리는 800리이며, 면적은 사방 50만 리이고, 인구는 1천만 명이다. 큰 부락 9개와 작은 부락 216개를 다스린다.

아나톨리아Anatolia[78]는 동쪽으로는 루멜리아Rumelia[79]·카라마니아Karamania[80]를 경계로 하고, 서쪽·남쪽·북쪽은 바다를 경계로 하며, 작은 부락 84개를 다스린다.

카라마니아는 동북쪽으로는 루멜리아, 서북쪽으로는 아나톨리아, 남쪽으로는 이첼İçel[81]을 경계로 하고, 작은 부락 16개를 다스린다.

이첼은 동쪽으로는 아시리아,[82] 남쪽으로는 지중해,[83] 북쪽으로는 카라마니아[84]·루멜리아를 경계로 하고, 작은 부락 16개를 다스린다.

루멜리아는 동쪽으로는 아르메니아, 서쪽으로는 아나톨리아·카라마니아, 남쪽으로는 아시리아[85]·이첼, 북쪽으로는 바다를 경계로 하며, 작은 부락 27개를 다스린다.

아르메니아는 동쪽으로는 페르시아, 남쪽으로는 쿠르디스탄[86]·아시리아, 서쪽으로는 루멜리아를 경계로 하고, 북쪽으로는 바다와 러시아를 경계로 하며, 작은 부락 24개를 다스린다.

쿠르디스탄은 동쪽으로는 페르시아, 남쪽으로는 이라크Iraq,[87] 서쪽으로는 아시리아, 북쪽으로는 아르메니아를 경계로 하며, 작은 부락 16개를 다스린다.

이라크[88]는 동쪽으로는 페르시아, 남쪽으로는 아라비아, 서쪽으로는 아시리아, 북쪽으로는 쿠르디스탄을 경계로 하며, 작은 부락 19개를 다스린다.

아시리아는 동쪽으로는 이라크·쿠르디스탄, 남쪽으로는 아라비아, 서쪽으로는 시리아, 북쪽으로는 루멜리아를 경계로 하며, 작은 부락 29개를 다스린다.

시리아는 동쪽으로는 아시리아, 남쪽으로는 아라비아·이집트, 서쪽으로는 바다, 북쪽으로는 이첼을 경계로 하며, 작은 부락 25개를 다스린다.

此國界西洋西南洋之間, 故別爲一卷.

南都魯機國

在唐以前爲安息北境. 諸史有西女國, 當在此境. 唐後爲回國所竝.
『職方外紀』作度爾格國, 與歐羅巴洲之北都魯機同是一國, 分跨二洲,
與俄羅斯相似. 一作土爾幾, 一作土爾其, 一作都魯幾.

都魯機國疆域在阿細亞洲者半, 在歐羅巴洲者半. 在阿細亞洲者曰南都魯機, 地廣而沃, 古時巴比羅尼阿國·阿彌尼阿國·厘底阿國·主底阿國舊基也. 主底阿舊爲巨國, 部民種類由斯爲多. 方其盛強, 隣近諸邦, 小者滅, 大者服. 可與敵者, 惟西厘阿與斐尼西阿二國耳. 斐尼西阿都於代厘, 雄麗蕃庶, 在埃阿尼呵·耶阿厘斯·厘底阿·加厘阿·阿西利阿·巴比羅尼阿諸國之上. 此外以大國稱者又有巴比羅尼阿·阿西尼阿, 然皆不能長久, 後均降於巴社. 斯時巴社之臘西王恃其強盛, 西奪小阿細亞, 南取伊揖, 疆甲諸國. 意猶未厭, 復統大軍北攻額力西. 額力西, 歐羅巴洲大國, 一作厄勒祭. 在意大里之東, 今竝于北都魯機. 兵驕無紀律, 爲額力西非厘王之子阿力山達一戰覆之, 擧國遂屬於額力西. 迨阿力山達嗣位, 尤稱富強. 身後數子爭立, 大將色力玉加斯乘內亂而篡之. 惟西隅之地, 尙屬阿力山達之子. 旋亦爲人所侵, 割據分裂, 一曰伯牙麻司, 一曰朋都司, 一曰阿彌尼阿, 相繼稱王. 後値羅馬盛強之日, 沿黑海·裏海之間悉服羅馬. 惟晏底古斯·彌特厘底斯二王不服, 與羅馬血戰多年, 終爲羅馬所滅, 改國爲部落

者數百年.

及耶蘇紀歲七百之際, 羅馬浸衰, 兵戈迭起, 西厘阿地·阿西利阿地均爲阿丹回教所據, 建都麻那. 於是阿丹之遊民蜂擁而至, 悉奪小阿細亞疆土, 樹建回旂, 令所屬地均改奉回教, 風俗政事一變. 未幾, 黑海之南干戈不息. 復有頭目荷多曼者, 智勇過人, 先得歐羅巴之北都魯機, 建都其地, 旋得南都魯機, 合爲一國. 惟耶路薩淩之地被歐羅巴之克力士頓教人所據. 不及百年, 克力士頓教人居東不樂, 忽退回西. 故耶路薩淩仍屬於都魯機矣. 南都魯機屢經變亂, 民生不聊, 自荷多曼得國以後, 歷數百年無干戈之擾. 惟回教政尙操切, 風俗終不如古. 如先日濱底格厘士河岸者, 有阿西利阿國, 濱歐付底斯河者, 有巴比羅尼阿國, 及巴社所轄印度河之那麻士加司·依路彌阿·耶路薩淩·薩麻利阿·巴厘阿·斐尼西阿, 皆當日鉅邦, 部落逾百. 里社星羅, 野無荒土. 衢無停轍, 牧畜遍野, 舟楫連檣, 極一時人物之盛. 今其地雖存, 名多不同. 且奈音位之軍牆·巴比羅尼阿之城郭·巴色波利士之宮殿·耶路薩淩之廟宇何在? 與夫阿臘之船廠, 代伊爾之巨舶, 西倫之機織商賈, 兵卒之衆, 牲畜之蕃, 農夫士女之謳吟又安在? 陵谷滄桑, 今古邱壑, 人能興地, 非地興人, 信夫! 政事與歐羅巴洲之都魯機同, 每大部落立一巴札轄之. 地廣權重, 勢成尾大. 故千七百年間, 康熙三十九年. 達哈荷麻王時, 名雖臣屬, 實各專制, 徵調貢獻, 羈縻闊略.

按: 南都魯機處一洲中央, 距北都遠, 又隔黑海, 常懷跋扈. 如東隅巴札之來沙部·巴酸部·荷羅部, 鞭長莫及, 食稅衣租, 不供王室, 卽主底阿之巴札亦復如是. 若巴比羅尼阿之巴札曰阿黑, 則先後抗拒, 於那達沙王·疏厘麻王竟成敵國. 千八百有十年, 嘉慶八年. 費幾經營, 始能黜革. 而新立之巴札甫經一二年, 復擁衆背叛. 國王率師往征, 竟遭射肩殞命. 從此王家不振, 特以世臣夾輔, 未及淪夷耳. 伊揖原其屬國, 亦舊設巴札之一. 近日不但不臣, 且侵奪都魯機之西厘阿部落, 收養亡命爲其爪牙, 居民荼毒亦甚矣. 各處巴札專利朘削. 遇訟獄則或株連富人而罰之, 或聽其入敎, 令人首報而勒贖之, 或置豪民於死刑, 而籍其財產, 皆彼國之大害. 城中山河表裏, 自成境界, 然亦不如印度希麻臘牙·唵底斯兩山之形勢. 在阿彌阿者以阿臘山爲最高, 次卽西厘阿之黎巴倫山, 終年積雪, 而中多平原可耕. 若主底阿全是山阜, 而無高聳. 其西隅有兩山夾峙, 中僅通人者, 有四面拱抱內皆沃野者. 雖綿亘邐迤, 而高則僅同主底阿之山. 諸河皆導源是山, 其最巨者曰歐付臘底斯河·底格厘士河, 一直一曲, 均會麻疏臘, 同行百有五十里而出印度海. 故歐付底司河長千四百里, 而底格厘阿河僅八百里, 曲直之別也. 此外小河紀載未詳. 湖有底比厘阿湖·晩湖, 雖不甚大, 山環樹繞, 風景宜人. 風俗·敎門·文學大約與歐羅巴洲之都魯機同, 而各部種類性情絶異. 在各處海岸·海島者, 俱額力西種也, 謂之上等人. 在山中者, 戈達曼種也, 遠隔巴札, 不服約束, 容貌·風俗, 似是如士比奄之後裔, 而遊牧爲生, 好勇鬪狠, 全類韃韃里. 如遇行軍, 但許其虜掠, 竟可毋給行糧, 然亦難以禦節制之師. 其在西厘阿巴里士達·巴比羅尼阿各部者, 俱阿丹種也, 美髯善騎, 經商致富, 文雅甲通國. 在里麻倫山居住者, 有二種, 一馬羅奈底士, 一特魯西士, 均阿丹人也.

馬羅奈底士乃賢者馬倫所化導之人, 因此得名, 原居於格斯羅晩山谷, 俗奉克力士頓敎, 阿丹以兵勒令改敎, 棄家逃來. 日久蕃庶, 遂攻阿丹近邊, 竝欲侵據耶路薩淩部落, 致都魯機之阿母臘王于千五百八十八年, 明萬曆十六年. 率兵深入其地. 馬羅奈底士寡不敵衆, 始輸貢獻, 改從回敎. 其俗每村必有一廟, 立道觀二百餘所, 道士業耕種, 僧則牧畜, 能甘淡泊, 人咸敬之. 雖幼小之僧, 有人遇諸途, 亦必口嘬其手. 官民毋分尊卑, 節儉甚于百姓, 而日用尙有不足.

政事會議公所, 以阿丹之教斷之. 彼此有仇, 准私報復. 其戶口十一萬五千, 兵三萬四千.

又有特魯西士者, 種類強悍, 亦宗伊揖巴札伐底美所立之回教. 在耶穌紀年一千時, 宋咸平四年. 其教始行, 與阿丹回教不盡同, 被阿丹禁逐, 遂逃於里麻倫山極高之地. 迨阿母臘王統兵征服馬羅奈底士之時, 特魯西士亦往歸服. 令其自立頭目, 約束一方, 以麥羅爲首部, 歲貢方物. 後因遊於意大里, 染習奢華, 爲人中傷而死. 其家別選一人續充教師, 世代相繼, 不選外人. 部落有大事, 卽傳各小頭目會議, 竝許部衆參議, 與英吉利政事略同. 其人勇敢輕生, 聞戰爭先恐後, 不暇覓器械, 徒手短衣, 長驅赴敵. 其戰不長平陸, 而長山險. 居高臨下, 鳥鎗發無不中. 境內所崇祀者, 一克力士頓廟, 一回教廟. 每逢禮拜, 兩廟俱至, 雖無區別, 而至克力士頓廟者多. 其教師以爲經典天神所授, 大言自聖, 歐羅巴人欲見其經典, 從不可得. 大抵亦無甚精奧, 觀於同族聯姻, 自娶娣妹, 已可概見. 其額兵共有四萬, 其戶口約二十萬.

又有黑兩西者, 其種類亦居裏麻倫山最高之處, 屬於西厘阿. 所奉回教略同巴社, 飮食器皿非己不用. 欲洗自己之罪過, 須殺別教自代, 都魯機人皆斥爲邪教. 惟遇爭戰, 奮不畏死, 從未敗績, 常以數千而敵萬人, 國中亦賴此不爲俄羅斯吞竝. 又阿彌尼阿部者, 當昔大亂迭起時, 受災較少, 戶口約十七萬. 原奉克力士頓教, 因羅汶之人前曾至此, 故習加特力者亦約二萬. 第克力士頓之和尙僅不茹葷, 仍皆婚娶, 故甚尊加特力之和尙. 風俗·政事·教門與由斯相似, 而不慳嗇. 其貿易近則巴社, 遠則歐羅巴及印度, 竝有深入阿未里加洲者. 阿彌阿之南, 卽戈底士丹部落, 濱臨底格厘士河, 地險難耕, 多遊牧於韃韃里. 而巴社俗尤剛強, 動輙攘奪, 爲通阿細亞洲中之最悍. 產羊裘·地氈·葡萄乾·布·絲·藥材·樹膠·寶石·酒·穀·麥·五金, 國中港口在四馬那部內.

南都魯機在阿細亞洲之最西, 又名小阿細亞. 東抵巴社, 以底格厘士河分界,西抵地中海, 南界阿那比阿, 阿那比阿卽阿丹也. 北界黑海. 東西距千二百里, 南北距八百里, 幅員五十萬方里, 戶口千萬丁. 領大部落九, 小部落二百十有六.

阿那多里阿, 東界路彌阿·加那馬尼阿, 西·南·北界海, 領小部落八十有四.

加那馬尼阿, 東北界路彌阿, 西北界阿那多尼阿, 南界依芝爾, 領小部落十有六.

依芝阿, 東界阿爾尼悉阿, 南界西里阿海, 北界加臘馬尼阿·路彌阿, 領小部落十有六.

路彌阿, 東界阿彌尼阿, 西界阿那多里阿·加那馬尼阿, 南界阿爾尼西阿·依芝爾, 北界海, 領小部落二十有七.

阿彌尼阿, 東界巴社, 南界哥底士丹·阿爾尼西阿, 西界路彌阿, 北界海及俄羅斯, 領小部落二十有四.

哥底士丹, 東界巴社, 南界依那加比, 西界阿爾尼西阿, 北界阿彌尼阿, 領小部落十有六.

伊那加比, 東界巴社, 南界阿拉比阿, 西界阿爾尼西阿, 北界哥底士丹, 領小部落十有九.

阿爾尼西阿, 東界依那加比·哥底士丹, 南界阿拉比, 西界西里阿, 北界路彌阿尼阿, 領小部落二十有九.

西里阿, 東界阿爾尼西阿, 南界阿臘比阿·伊揖, 西界海, 北界芝爾, 領小部落二十有五.

주석

1 남터키Southern Turkey: 원문은 '남도로기국南都魯機國'이다.

2 서녀국西女國: 인도 전설에 따르면 인도 서해에 존재했던 여인국이라고 한다.

3 터키: 원문은 '도로기都魯機'로, 도이격度爾格, 토이기土爾幾, 토이기土爾其, 토이기土耳其라고도 한다.

4 바빌로니아Babylonia: 원문은 '파비라니아국巴比羅尼阿國'이다.

5 아르메니아Armenia: 원문은 '아미니아국阿彌尼阿國'이다.

6 리디아Lydia: 원문은 '리저아국厘底阿國'이다. 서남아시아 아나톨리아 역사상의 한 지역으로, 지금의 터키 이즈미르주İzmir와 마니사주Manisa에 해당한다.

7 유다Judah: 원문은 '주저아국主底阿國'이다.

8 시리아Syria: 원문은 '서리아西厘阿'로, 서륜西倫이라고도 한다.

9 페니키아Phoenicia: 원문은 '비니서아斐尼西阿'이다.

10 티레Tyre: 원문은 '대리代厘'로, 대이이代伊爾라고도 한다. 지금의 레바논 남부에 위치한 항구도시이다.

11 이오니아Ionia: 원문은 '애아니아埃阿尼呵'로, 지금의 아나톨리아 서남부에 위치했던 고대의 지명이다.

12 아이올리스Aeolis: 원문은 '야아리사耶阿厘斯'이다. 지금의 아나톨리아 서쪽 해안에 위치했던 고대의 지명이다.

13 카리아Caria: 원문은 '가리아加厘阿'로, 지금의 아나톨리아 서쪽 지역이다.

14 아시리아Assyria: 원문은 '아서리아阿西利阿'이다.

15 페르시아Persia: 원문은 '파사巴社'로, 파사波斯라고도 한다.

16 다리우스 1세Darius I: 원문은 '납서왕臘西王'이다. 다리우스 1세(재위 기원전 522~기원전 486)는 아케메네스 왕조Achaemenid의 제3대 황제로 최전성기를

이루었다.

17 이집트Egypt: 원문은 '이읍伊揖'이다.

18 그리스Greece: 원문은 '액력서額力西'이다.

19 필리포스 2세Philippos II: 원문은 '비리왕非厘王'이다. 필리포스 2세(재위 기원전 359~기원전 336)는 그리스가 아닌 마케도니아의 왕이다.

20 알렉산드로스 3세Alexandros III: 원문은 '아력산달阿力山達'이다. 알렉산더 대왕Alexander The Great(재위 기원전 336~기원전 323)으로 널리 알려져 있으며, 마케도니아의 왕으로 그리스, 페르시아, 이집트 등을 정벌하고 서양에 전례가 없던 대제국을 건설했다.

21 여러 자식: 원문은 '수자數子'이다. 알렉산드로스의 자식은 알렉산드로스 4세가 유일하며, 실제로 제국의 분열은 그의 장군들에 의해 이루어졌다.

22 셀레우코스Seleucos: 원문은 '색력옥가사色力玉加斯'이다.

23 페르가몬Pergamon: 원문은 '백아마사伯牙麻司'이다.

24 폰토스Pontos: 원문은 '붕도사朋都司'이다.

25 안티고노스Antigonos: 원문은 '안저고사晏底古斯'이다. 마케도니아 왕조의 마지막 왕조로, 로마와의 전쟁에서 연패한 필리포스 5세(재위 기원전 221~기원전 179)를 가리키는 것으로 보인다.

26 미트리다테스 6세Mithridates VI: 원문은 '미특리저사彌特厘底斯'이다. 미트리다테스 6세(재위 기원전 120~기원전 63)는 아나톨리아 북부 폰토스 왕국의 왕으로, 로마 공화정 말기 3인의 유명한 로마 장군(술라, 루쿨루스, 폼페이우스)들과 차례로 대적한 것으로 유명하다.

27 아라비아Arabia: 원문은 '아단阿丹'이다.

28 다마스쿠스Damascus: 원문은 '마나麻那'이다. 이슬람 문화의 4대 도시(메카, 메디나, 예루살렘, 다마스쿠스) 중 하나로, 십자군 원정 당시에는 이를 저지하는 전략적 요충지 역할을 했다.

29 오스만Osman: 원문은 '하다만荷多曼'이다. 오스만 1세(재위 1299~1326)는 아나톨리아 북서부 투르크멘 공국의 통치자이자 오스만 투르크의 창건자

이다.

30 예루살렘Jerusalem: 원문은 '야로살릉耶路薩淩'이다.

31 기독교인: 원문은 '극력사돈교인克力士頓敎人'이다.

32 티그리스강Tigris River: 원문은 '저격리사하底格厘士河'로, 적가륵하的加勒河라고도 한다.

33 유프라테스강Euphrates River: 원문은 '구부저사하歐付底斯河'로, 이법하以法河·유법랍덕하有法拉德河라고도 한다.

34 지중해: 원문은 '인도하印度河'이다. 일반적으로 인더스강을 가리키지만, 여기에서는 지리적 위치를 고려해 지중해로 고쳐 번역한다.

35 다마스쿠스: 원문은 '나마사가사那麻士加司'로, 지금의 시리아 남부에 위치한다.

36 아르메니아: 원문은 '의로미아依路彌阿'이다.

37 사마리아Samaria: 원문은 '살마리아薩麻利阿'이다. 지금의 팔레스타인 지역에서 북쪽으로는 갈릴리, 남쪽으로는 유다와 경계를 이루는 산지가 많은 지역이다.

38 카리아: 원문은 '파리아巴厘阿'이다.

39 니네베Nineveh: 원문은 '나음위奈音位'이다.

40 페르세폴리스Persepolis: 원문은 '파색파리사巴色波利士'이다. 고대 페르시아 아케메네스 왕조의 수도이다. 지금의 이란 시라즈Shiraz 북동쪽에 위치한다.

41 아라라트Ararat: 원문은 '아랍阿臘'으로, 지금의 아르메니아 서부에 위치한다.

42 파샤Pacha: 원문은 '파찰巴札'로, 오스만 제국과 북아프리카에서 신분이 높은 사람이나 고위직에 있는 사람을 가리키는 칭호이다.

43 무스타파 2세Mustafa II: 원문은 '달합하마達哈荷麻'이다. 무스타파 2세(재위 1695~1703)는 오스만 제국의 제22대 술탄이다.

44 리제Rize: 원문은 '래사부來沙部'이다. 터키 동부 흑해 연안의 도시로, 홍차로 유명하다.

45 하란Haran: 원문은 '하라부荷羅部'로, 메소포타미아의 주요 상업, 문화, 종

교의 중심지였다.

46 아흐마드 샤 두라니Ahmad Shāh Durrānī: 원문은 '아흑阿黑'이다. 아흐마드(재위 1747~1772)는 아프가니스탄 두라니 제국의 창시자이다. 1747년 나디르 샤 사후 칸다하르에 진군해서 아프샤르 왕조에서 자립했다. 같은 해 10월 아프가니스탄 최초의 샤에 추대되어 아프가니스탄의 정치적 독립을 확립했다.

47 나디르 샤Nadir Shah: 원문은 '나달사왕那達沙王'이다. 나디르 샤(재위 1736~1747)는 이란 아프샤르 왕조의 창시자로, 1739년에 인도 무굴 제국과 싸워 델리를 점령하였고, 1747년에 쿠르드족의 반란을 진압하던 중에 암살되었다.

48 셀림 3세Selim III: 원문은 '소리마왕疏厘麻王'이다. 셀림 3세(재위 1789~1807)는 오스만 제국의 제28대 술탄으로, 오스만 제국의 서구화를 추진했다.

49 히말라야Himalayas: 원문은 '희마랍아希麻臘牙'이다.

50 안데스Andes: 원문은 '암저사唵底斯'이다.

51 아르메니아: 원문은 '아미아阿彌阿'이다.

52 아라라트산Mount Ararat: 원문은 '아랍산阿臘山'이다.

53 루브난산맥Jebel Lubnan: 원문은 '려파륜산黎巴倫山'으로, 리파륜산利巴倫山·리파락산里巴諾山이라고도 한다.

54 알쿠르나Al-Qurna: 원문은 '마소랍麻疏臘'으로, 지금의 이라크 남부에 위치한다.

55 티베리아스호Lake Tiberias: 원문은 '저비리아호底比厘阿湖'이다. 갈릴리호라고도 한다.

56 반호Lake Van: 원문은 '만호晩湖'로, 만호萬湖라고도 한다.

57 쿠만족Cuman: 원문은 '과달만종戈達曼種'으로, 광서 2년본에는 '달과만종達戈曼種'으로 되어 있으나 역사적 사실에 따라 고쳐 번역한다. 쿠만족은 터키의 유목민 중 하나이다.

58 타타르Tartars: 원문은 '달달리韃韃里'이다.

59 팔미라Palmyra: 원문은 '파리사달巴里士達'이다. 1~2세기에 건설된 것으로

알려진 고대 도시로, 지금의 시리아 타드무르에 위치한다.

60 루브난산맥: 원문은 '리마륜산里麻倫山'이다.

61 마론파Maronites: 원문은 '마라내저사馬羅奈底士'이다.

62 드루즈족Druze: 원문은 '특로서사特魯西士'이다.

63 마론: 원문은 '마륜馬倫'이다. 성 마론(?~423?)으로, 그가 죽자 제자들이 그를 기리며 수도원을 세웠는데, 이것이 마론파의 시작이라고 한다.

64 칼케돈Chalcedon: 원문은 '격사라만格斯羅晩'이다. 켈시던이라고도 하며, 아나톨리아반도 비티니아Bithynia에 위치한 고대 도시이다.

65 무라트 3세Murad III: 원문은 '아모랍왕阿母臘王'이다. 무라트 3세(재위 1574~1595)는 오스만 제국의 12대 술탄이다.

66 파티마Fāṭima: 원문은 '벌저미伐底美'이다.

67 함평咸平: 북송 제3대 황제 진종眞宗의 첫 번째 연호(998~1003)이다.

68 카이로Cairo: 원문은 '맥라麥羅'이다.

69 헴신족Hemshin: 원문은 '흑량서黑兩西'이다.

70 동방정교회Oriental Orthodox Church: 원문은 '극력사돈교克力士頓教'이다. 극력사돈교는 일반적으로 기독교로 번역하고 있으나 이 지역의 특성에 맞게 동방정교회로 번역한다.

71 로마: 원문은 '라문羅汶'이다.

72 가톨릭Catholic: 원문은 '가특력加特力'이다.

73 유다: 원문은 '유사由斯'이다.

74 아프리카대륙: 원문은 '아미리가주阿未里加洲'이다.

75 쿠르디스탄Kurdistan: 원문은 '과저사단戈底士丹'이다.

76 오금五金: 금·은·동·주석·철 등 다섯 가지 금속을 말한다.

77 스미르나Smyrna: 원문은 '사마나부四馬那部'이다. 지금의 터키 이즈미르주이다.

78 아나톨리아Anatolia: 원문은 '아나다리아阿那多里阿'이다.

79 루멜리아Rumelia: 원문은 '로미아路彌阿'이다.

80 카라마니아Karamania: 원문은 '가나마니아加那馬尼阿'로, 지금의 터키 중부

에 위치한다.

81 이첼İçel: 원문은 '의지이依芝爾'로 의지아依芝阿, 지이芝爾라고도 한다. 지금의 터키 남부에 위치한 메르신Mersin이다.

82 아시리아: 원문은 '아이니실아阿爾尼悉阿'이다.

83 지중해: 원문은 '서리아해西里阿海'이다.

84 카라마니아: 원문은 '가랍마니아加臘馬尼阿'이다.

85 아시리아: 원문은 '아이니서아阿爾尼西阿'이다.

86 쿠르디스탄: 원문은 '가저사단哥底士丹'이다.

87 이라크Iraq: 원문은 '의나가비依那加比'이다.

88 이라크: 원문은 '이나가비伊那加比'이다.

남터키 연혁

한나라·당나라 때는 모두 안식국·대식국이었고,
서북쪽 경계에 있던 서녀국 역시 이 경내에 있었다.
원나라 때는 합렬국哈烈國이었고, 명나라 때는 도이격이었으며,
지금은 남터키이다. 원본에는 없으나, 지금 보충한다.

『직방외기』에 다음 기록이 있다.

페르시아 서북쪽의 여러 나라는 모두 터키에 병합되었다. 그 안에 아라비아라는 나라가 있으며, 그 나라 가운데에 시나이라는 큰 산이 있는데, 하느님이 십계명을 전한 곳이다. 이 땅에서는 상당히 품질 좋은 금과 은이 나며 보석도 많이 난다. 이 땅은 두 바다 사이에 있어서 기후가 항상 온화하며 한 해에 이모작을 한다. 상수리나무와 비슷한 나무가 있는데, 밤이슬이 그 나무에 떨어지면 엉겨서 꿀이 되며, 새벽에 그것을 따서 먹으면 상당히 달콤하다. 또한 물산이 풍부해서 예로부터 복 받은 땅이라고 칭했다. 이 땅에는 모래 바다가 있는데, 너비가 2천여 리로 강한 바람이 불면 모래가 파도처럼 일어나며, 객상들이 이를 만나게 되면 간혹 모래 파도에 묻히고 순식간에 그 위로 산이 생기기도 한다. 무릇 모래 바다를 건너고자 하는 이는 반드시 나침반으로 방향을 정해 갈 길의 거리를 재야 하며, 또한 양식과 10일 이상 마실 물을 준비하고 낙타를 타야만

한다. 낙타는 매우 빨라서 하루에 400~500리를 달릴 수 있고, 또한 갈증을 잘 참아서 한 번 마시면 5~6일을 버틸 수 있다. 낙타의 배는 많은 물을 담아 둘 수 있어서 객상들은 간혹 물이 부족하면 낙타를 잡아 배 속에 있는 물을 마시기도 한다. 전하는 바에 따르면, 피닉스Phoenix[1]라는 새는 400~500년 정도 사는데, 스스로 죽을 때를 깨달으면 마른 향나무 한 더미를 모아 그 위에 올라서서 날씨가 매우 더워질 때까지 기다렸다가 꼬리를 흔들며 불을 지펴 스스로 타 죽는다고 한다. 뼈와 살이 재가 되면 한 마리 벌레로 변하고, 이 벌레는 또 새로 변하는데, 천하에 단 한 마리만 있을 뿐이다. 서양에서는 사람과 사물이 둘도 없이 기이한 것을 모두 피닉스라고 한다. 이 땅에는 바다가 하나 있는데, 길이가 400리에 너비가 100리로, 물맛이 상당히 짜고 엉기는 성질이 있어서 파도가 일지 않으며, 이전에는 송진 같은 큰 덩어리가 솟아오르기도 했다. [이 바다에는] 물건이 가라앉지 않아서 힘으로 누른다 해도 물속에 가라앉힐 수 없다. 일찍이 한 국왕이 이를 이상히 여겨 가서 살펴보고 사람을 물속에 빠뜨려 보니, 끝내 가라앉지 않았다. 바다 색깔은 하루에도 여러 번 변하여, 햇빛이 찬란하게 빛나면 오색 무늬를 이루었다. 그곳에는 물에 사는 생물들이 살지 못하여, 사해死海라고 부른다.

터키 서북쪽은 아나톨리아[2]로, 산에서 옥돌이 많이 난다. 그 나라 사람이 일찍이 그곳에 가서 옥돌을 캐다가 한 석굴에 이르러 무수한 돌사람을 보았는데, 모두 옛날에 난리를 피해 온 백성들이 이곳에서 동굴 생활을 하다가 죽은 뒤에 차가운 기운으로 굳어져서 점차 돌로 변한 것이다. 이 땅의 서쪽으로 유럽과 맞닿은 곳은 가운데에 바다 하나를 사이에 두고 있는데, 폭이 5리 정도 된다. 옛날에 셀주크Seljuk[3]라는 유명한 왕이 바다를 가로지르는 돌다리를 놓아 두 지역을 연결해 놓았는데, 지금은 풍랑에 세차게 부딪히는 바람에 무너져 버렸다. 또한 지다Jidda[4]라는 곳이 있는데, 이곳에서는 특이한 양이 난다. 그 양털은 비할 바 없이 가늘고 가볍다. 빗속에서 그것을 입으면 거의 젖지 않고, 만약 기름에 담그더라도 전혀 더럽혀지지 않는다. 기이한 개가 있는데, 천성적으로 옷·신발·수건 등을 훔치기를 좋아하여 조금이라도 조심하지 않으면 늘 훔쳐서 숨겨 버린다. 어떤 산의 풀과 나무는 모두 향기로워서, 그곳을 지나가면 짙은 향기가 사람들의 옷자락에 배어든다. 살펴보건대, 『후한서』「서역전」에 안식국에서 바다를 우회하여 북쪽으로 가면 수백 리에 달하는 비교飛橋가 있다고 했는데, 곧 5리에 달하는 돌다리 이야기가 와전된 것이다.

『신당서新唐書』에 다음 기록이 있다.

불름拂菻의 서쪽 끝에 있는 바다에는 서녀국이 있는데, 그 종족은 모두 여자로 이루어져 있다. 진귀한 보물이 많이 나며, 불름에 예속되어 있어서 불름의 통치자가 해마다 남자를 보내 배필로 삼게 한다. 남자아이를 낳으면 거두지 않는 풍습이 있다.

『문헌통고文獻通考』에 다음 기록이 있다.

서녀국은 파미르고원 서쪽에 있으며, 그 풍속은 동녀국東女國[5]과 같고, 동녀국은 파미르고원 동남쪽에 위치하며 토번에 가까운데, 이후에 역시 토번에 멸망당했다. 불름에 속해 있다. 당나라 정관 8년(634)에 조공하러 처음 중국에 들어왔다.

『곤여도설坤輿圖說』에 다음 기록이 있다.

타타르[6] 각 나라의 서쪽으로 옛날에 '아마조나스Amazonas[7]라는 여인국이 있었는데, 날래고 용맹하여 싸움을 잘했다. 사당을 세웠는데, 웅장하고 아름다우며 정교하게 지어져서 불가사의할 정도이다. 지금은 역시 다른 나라에 병합되어 단지 이름만 남아 있을 뿐이다. 살펴보건대, 다른 나라에 병합되었다는 것은 바로 터키에 병합된 일을 가리킨다.

『만국지리전도집萬國地理全圖集』에 다음 기록이 있다.

터키 번속국은 북쪽으로는 러시아와 흑해, 남쪽으로는 아라비아와 지중해, 동쪽으로는 페르시아, 서쪽으로는 그리스의 에게해제도Aegean Islands[8]로 이어지며, 아시아대륙 극서 지역에 위치한다. 북위 30도에서 40도에 이르고, 동경 26도에서 48도에 이른다. 길이는 2600리에 너비는 2004리이다. 북방의 산은 상당히 험준하여 그 높이가 구름과 무지개에 맞닿을 정도이며, 수원지가 모두 이 산에 있다. 가장 긴 강은 유프라테스[9]·티그리스[10]로, 마주 흘러서 동남쪽으로 가다가 바다로 흘러들 때 두 강이 합쳐진다. 자주 범람한다. 가장 유명한 호수로 사해가 있으며, 그 북쪽에는 갈릴리호Sea of Galilee[11]가 있다. 요르단강Jordan River[12]은 북쪽에서 남쪽으로 흐르다가 사해로 들어간다. 이 땅은 옛날에 여러 나라로 나뉘었으며, 당나라 연간에 이슬람이 이 땅을 차지하여 백성들이 도탄에 빠진 지 지금까지 이미 천여 년에 이르고 있다. 토착 관리는 멋대로 징세하고, 아울러 강제로 천주교와 그리스의 이슬람교를 믿는 이들에게도 예외없이 조세와 공물을 바치게 했다. 산속에는 야만족이 살고 있는데, 성격이 거칠고 호전적이어서 늘 유목민들을 노략질했다. 여러 나라의 번속지는 다음과 같다.[13]

또한 다음 기록이 있다.

소아시아[14]는 바로 남터키이다. 이 나라는 반도국으로, 산이 험준하다. 물산이 많이 나며, 호사胡絲·건포도 등이 난다. 도처가 고적지로, 옛날에는 흥성했으나 지금은 적막하다. 스미르나[15]는 인구가 10만 명이고, 수출입 물품의 가격이 매년 몇백만 금 이상이어서 여러 서양 국가의 상인들이 모두 이 땅에 찾아온다. 그러나 도시가 깨끗하지 않아서 역병이 쉽게 발생한다. 부르사Bursa[16]는 인구가 6만 명이며, 카스타모누Kastamonu[17] 안에는 이슬람 사원이 있다. 흑해 북쪽 지역에는 트라브존Trabzon[18]이 있는데, 러시아와 통상을 하며 인구는 5만 명이다. 내지의 퀴타히아Kütahya[19]와 코니아Konya[20]는 옛날 서역의 왕도로 인구가 6만 명이다. 부근에 있는 앙카라Ankara[21]의 양모는 상당히 가늘고 고와서 천을 짜면 꽤 따뜻하고 부드럽다. 시바스Sivas[22]는 인구가 6만 명으로 산을 파서 구리를 캔다. 그 동남쪽 해변의 키프로스Kypros[23]는 땅이 비옥하여 포도주·남과南果·오곡이 난다. 여인들은 대부분 아름답다. 그러나 가혹한 정치를 행하여 백성은 줄고 땅은 황폐해졌다. 로도스섬Rodos Island[24]의 풍토는 농경에 꽤 적합하며, 옛날에는 섬마다 토착 군주가 있었는데, 지금은 터키에 복속되어 있다. 키오스섬Chios Island[25]은 인구가 15만 명이다. 도광道光 4년(1824), 터키 수군이 해안으로 올라와서 그 성을 공격하여 풍요로움을 파괴했다. 미틸레네섬Mytilene Island[26]에서는 술과 올리브유가 난다.

메소포타미아Mesopotamia[27] 북쪽으로 아르메니아[28] 지역이 있는데, 산봉우리가 험준하고 동굴과 골짜기가 깊으며, 홍수를 처음 다스릴 때 커다란 배를 그 산봉우리에 얹어 놓았다. 거주민은 기독교를 믿으며, 장사 수완이 뛰어나 꺼리지 않고 여러 지방을 편력했다. 다만 이슬람 관리가 그 백성들을 상당히 고통스럽게 했다. 도성은 에르주룸Erzurum[29]으로 인구가 10만 명이다. 날씨가 추워서 7월이면 눈이 내린다. 바야지드Bayazid[30]

는 산기슭에 있으며, 아르메니아인의 대학에는 웅장하고 아름다운 사원이 있는데, 종교지도자가 모이는 곳이다. 강에 인접한 땅은 지면이 평평하며, 디야르바키르Diyarbakır[31]가 있는데, 이웃 나라와 통상을 한다. 산속에 사는 쿠르드족Kurd[32]은 산속 동굴에 보루를 만들어 도적질을 해서 살아간다. 메소포타미아 지역의 도시인 모술Mosul[33]은 사막이나 늪지대로 농부들은 경작조차 어려운데, 도적들이 그마저 빼앗아 간다. 바그다드Baghdad[34]는 예전에 이슬람국의 도성으로, 옛날에는 궁전이 찬란히 빛났으나 지금은 쇠락하여 폐허가 되어 그 고적만이 남아 있을 뿐이다. 산처럼 쌓여 있는 깨진 기와 조각과 벽돌 부스러기로 그 성의 광대한 규모를 추측할 수 있다. 하느님의 계율을 어기고 포로가 된 유대인을 잔혹하게 대하여 도시가 폐허가 되어 허허벌판으로 변해 버린 것이다. 유프라테스강과 티그리스강이 바다로 흘러드는 곳에 위치한 바스라Basra[35]는 인도와 통상을 하며, 가옥은 작고 거리는 좁으며 사람들은 지저분하지만, 만국의 풍요로운 도시로 상인들이 상당히 북적거린다.

살펴보건대, 남터키[36]는 본래 타타르족으로, 옛날에는 파미르고원·이리伊犁 일대에서 유목 생활을 하며 전전하다가 서쪽으로 이동하여 소아시아[37]로 들어가 아르메니아[38]에 거주하게 된 것이다.

『지구도설』에 다음 기록이 있다.

터키는 동쪽으로는 페르시아, 남쪽으로는 아라비아, 서쪽으로는 지중해, 북쪽으로는 흑해를 경계로 하며, 인구는 대략 1200만 명이다. 도성은 유럽대륙 안에 있고, 터키와 [다른 나라의] 접경지대에 쿠르디스탄[39]이 있다. 일부는 천주교를 믿고 일부는 유대교를 믿는다. 북쪽에는 높은 산이 있고 남쪽에는 광야가 펼쳐져 있으며 중앙은 평평하다. 나라 안에 사해라는 큰 호수가 있는데, 짜고 냄새까지 나서 결국 이용할 수 없다. 사해 북쪽에는 갈릴리호가 있는데, 바로 구세주 예수가 이곳에서 널리 진리를 설파하고 여러 번 질병을 고쳤으며 종종 성스러움을 드러냈다. 요르단강[40]은 곧 예수가 세례를 받은 곳이다. 또한 여러 차례 하늘에서 화염이 일어 성을 불태워서 팔미라·바빌로니아[41]·니네베[42] 등지의 성은 비록 사라졌지만 옛터는 여전히 남아 있다. 다시 성서를 살펴보면, 여호와가 처음 흙으로 인간을 빚어서 아담Adam[43]으로 이름 지었다고 한다. 또 아담의 근육과 뼈로 여인을 만들어 부부가 되게 했다. 다시 전원을 가꾸어서 두 사람이 거주하도록 했다. 예루살렘[44]은 유다의 도성으로, 안에는 여호와의 신전이 있어서 당시 백성들은 매년 반드시 세 차례 이곳에 이르러 예배했다. 이후에 유다의 백성들이 끝내 믿고 따르지 않자, 여호와는 진노하여 곧 큰 벌을 내려 백성들을 죽이고 그 성을 부수었는데, 지금에 이르러 그 성은 현저히 다른 모습이다. 성 밖에는 올리브산Mount of Olives[45]이 있는데, 곧 예수는 낮에는 예루살렘에서 선교를 하고 밤에는 올리브산으로 돌아와서 거처했다. 또한 예수가 탄생하고 자라고 묻힌 곳도 모두 이 나라에 있다. 지금 그 무덤 위에는 천주교도가 건립한 예배당이 있어서 예수교도가 무덤에 가서 추모할 방법이 없다.

나라 안에는 강과 하천이 상당히 적어서 물건을 운반할 때는 모두 낙타를 이용하는데, 반드시 길동무와 동행을 해야 약탈당하는 일을 막을 수 있다. 양 치는 이들이 많고 농사짓는 이들은 적다. 유프라테스[46]라는 큰 강이 있다. 또한 비랍강比拉江이라고도 한다. 이 땅에서는 북과北果·포도주·오곡·담배·면포·아편·호사·캐시미어·짐승 가죽·구리 등이 난다. 도광 16년(1836), 이집트인이 침입하여 서남쪽 경계를 차지했다. 도광 20년(1840)에 이르러, 다행히도 유럽의 도움으로 그 지역을 되찾았다.

『외국사략』에 다음 기록이 있다.

남터키는 아시아에 위치하며, 남쪽으로는 아라비아 이슬람국에 이르고, 북쪽으로는 흑해에 이르며, 동쪽으로는 러시아·페르시아 등에 이어지고, 서쪽으로는 지중해 여러 섬에 이른다. 다르다넬스해협Dardanelles Strait[47]과 콘스탄티노플해협Constantinople Strait[48]에 가로막혀 있으며, [남터키는] 러시아의 수에즈지협Isthmus of Suez[49]으로 아프리카와 이어진다. 북쪽 지역은 산이 많고 동쪽 지역은 땅이 평평하다. 두 개의 큰 강이 모여 페르시아만Persian Gulf[50]으로 흘러드는데, 하나는 유프라테스강[51]이고, 다른 하나는 티그리스강[52]이다. 이곳에 속한 지역은 본래 예전에는 개별 국가였는데, 후에 로마의 통치를 받았다.

소아시아는 돌출된 반도로, 면적이 사방 8천 리이며 인구는 500만 명이다. 땅이 상당히 비옥하며 날씨가 따스하고 물산이 많이 난다. 남과와 포도가 모두 맛있고, 면화·아편·꽃생강·담배·목재·소·말이 나며, 양은 꼬리가 길어서 그 털로 천을 짤 수 있다. 또한 호사·화석花石·납이 난다. 거주민은 대부분 터키인으로 성격이 거만하다. 또한 그리스인도 많은데, 상인과 기술자가 대부분이고, 산속에 사는 이들은 멋대로 유목 생활을 하며 도적이 꽤 많다. 사람들은 탑박포搭膊布[53]와 비단을 짠다. 이 땅은 8개의 지역으로 나뉘며, 가장 넓은 항구는 스미르나[54]로 인구가 12만 5천 명이며 대부분 외국에서 장사를 하고, 인구 밀도가 높고 역병이 많이 돈다. 항구에는 상선이 많은데, 수출품은 아편·생사·각종 과일·약초·화려한 양탄자 등이며, 수입품은 여러 장인이 제조한 공예품이다. 널리 통상하여 물자를 쌓아 두지 않는다. 터키 사람은 10만 명이며 유다[55] 사람은

6만 명이다.

이 땅에 속한 섬으로 키프로스[56]가 있는데, 시리아 해변에 위치하며 지중해 안에 있고 면적이 사방 340리이다. 거주민은 대부분 그리스인이며, 선교사와 교주도 있다. 옛날에는 본래 풍요로워서 물산이 많았으나, 지금은 포도만 생산된다. 가장 큰 성인 니코시아Nicosia[57]는 인구가 1만 6천 명이다. 섬 전체의 풍경이 상당히 아름다워서 예로부터 유유자적하는 이들이 이곳에 모여 그 정취를 만끽했다.

로도스섬[58]은 면적이 사방 21리로, 남과·면화·오곡·올리브유가 나며 인구는 3만 명이다. 지중해 가에 위치하며, 신항구를 건립한 지 이미 300년이나 되었고, 터키에 복속되어 있다.

레바논[59]은 면적이 사방 12리로, 인구는 5만 명이며 토착 부족이다. 무화과와 올리브유가 난다. 사람들은 전쟁에 뛰어나다.

킬리키아Kilikya[60]는 면적이 사방 18리로, 수년 전에 인구는 12만 명이었다. 남과·호사·면화가 난다. 예전에 이 섬은 본래 낙원으로, 무역이 상당히 번성했다. 도광 20년(1840), 그리스인이 잔혹한 터키의 지배에서 벗어나고자 터키 군대를 몰아냈다. 그러나 터키 군대가 보복하러 와서 남녀노소 4만 명을 죽이고 또한 3만 명을 노예로 팔아 버려 마침내 이 땅은 황폐화되었다.

메소포타미아 지역은 모두 넓고 평평하며, 옛날에는 낙원이었다. 메소포타미아의 북쪽 지역은 상당히 풍요롭고 목장이 있는데, 아라비아 이슬람국과의 경계 지역은 사막으로 산물이 적다. 유프라테스와 티그리스강 가에는 웅덩이와 연못이 특히 넓으며, 이 땅에서는 대부분 유목을 하고 각각 부족장이 있어서 국왕의 권력에 복종하지 않는다. 산속에는 새로운 종족이 사는데, 이들 또한 국왕을 두려워하지 않는다. 그 도시인 바그다드[61]는 옛 이슬람국의 도읍지로 인구는 5만 명이며, 바로 오인도와 무역을 하던 곳으로 그 땅은 평평하다. 이전에 건립된 두 개의 대도시 바빌론Babylon[62]과 니네베[63]는 두 나라의 도읍지였다. 당시 각기 주변국을 차지했고 또한 유다의 땅을 점령한 데다가 그 백성을 생포했는데, 후에 다른 나라에 멸망당했다. 간간이 유목민이 그 땅에 이르렀으며, 온 지역은 황야인 데다가 강이 범람하여 사람들이 고통을 받았다. 땅은 상당히 비옥하지만, 오히려 풀도 채소도 나지 않았고 때때로 역병도 돌았다. 부셰르Bushehr[64]라는 큰 항구는 페르시아만에 위치하며, 유프라테스와 티그리스강이 모여드는 해구로 상선이 구름같이 몰려든다.

북쪽으로 러시아와 잇닿은 곳은 아르메니아[65] 땅으로, 면적이 사방 1593리이며 인구는 95만 명이고 대부분이 산지이다. 이곳에서 생산되는 곡식은 적지만, 목장만은 꽤 무성하다. 거주민은 대부분 기독교를 믿는다. 옛날에는 원래 하나의 나라였으나, 이슬람국의 공격을 받아 복속되었다. 백성들은 총명하고 지혜로우며, 장사 수완이 뛰어나 사방으로 돌아다녀서 상당히 부유했고, 아시아 각 나라로 퍼져 나갔다. 터키에 은행을 크게 열었는데, 그 나라에 만약 처리해야 할 큰일이 생기면 오직 아르메니아인에게 의지했다. 사람들은 이슬람교를 믿으며, 외적으로는 허례허식이 많은 듯했지만 내적으로는 상당히 성실하여 외국 사람들 모두 그들을 공경했다. 도성은 에르주룸[66]으로, 높은 산 위에 위치하며 인구는 10만 명이다. 가죽·천·무기를 많이 제조하며, 대부분 터키에 판매한다. 상인들은 매년 아시아에서 이곳에 모여들어 무역을 하는데, 끊임없이 몰려든다. 이 지역에 속하는 산이 있는데, 큰 배가 들어갈 수 있어서 물난리가 나면 곧 이곳으로 피신한다.

시리아는 지중해 가에 위치하며, 동쪽으로는 아랍국과 잇닿고 [그 영토가]] 소아시아까지 미치며, 면적은 사방 2300리이다. 루브난산맥이 있는데, 옛날에는 향송香松이 많았으나 지금은 유목지가 되어 버렸다. 동쪽 지역은 너른 사막에 깎아지른 듯한 바위가 많으며, 해변가는 상당히 풍요롭다. 날씨가 덥다. 북쪽 지역에는 요르단강[67]이 있는데, 관개용수로 쓰기에 충분하며, 양쪽 기슭의 풍경이 상당히 아름답고, 남과·포도·담배·면화·오곡이 많이 생산된다. 인구는 250만 명으로, 낙타·면양·산양·누에·돼지를 키우고 양봉을 한다. 산에서는 철·문양석[68] 및 여러 가지 물품이 난다. 백성들의 언어도 다양하고 종교 역시 다양해서, 이슬람교도·천주교도·유대교도 등 각양각색이다. 옛날을 돌이켜 보면 시리아는 군주가 다스렸는데, 후에는 로마의 통치를 받았다. 거주민은 오래도록 천주교를 믿었는데, 아라비아 이슬람교도가 침범하여 핍박하면서 백성들이 이슬람교로 개종하도록 했다. 거주민은 많지 않으며, 땅이 황폐화되어 농사를 짓지 않아 그 옛날 번성기 때와 비교하면 100분의 1 수준에도 미치지 못한다. 다마스쿠스[69] 또한 풍요로우며, 인구가 20만 명으로, 시가지는 좁지만 인구는 조밀하다.

안타키아Antakya[70]는 인구가 1만 명으로, 옛날에는 크고 넓은 도시였다. 해변에 이스켄데룬Iskenderun[71]이라는 항구가 있는데, 인구가 1만 5천 명으로 여러 차례 적국의 공격을 받았다. 예전에 나폴레옹Napoleon[72] 장군이 후에 프랑스 황제가 되어 이곳을 공격했다가 물러났다. 후에 이집트와 영국인이 다시 이곳을 수중에 넣었다. 할라브Halab[73]는 산기슭에 위치한 대도시로, 원래 인구는 20만 명이었다. 도광 2년(1822)에 지진이 발생하여 가옥은 무너졌지만, 그 풍경은 실로 상당히 뛰어나고 아름답다. 유다국은 시리아에 속하며, 옛날에 하느님이 종교를 창시한 곳으로, 500여 년간 로마의 지배하에 있다가 이후 다시 500년 동안 이슬람 제국의 지배를 받았다. 이후 유럽 각 나라가 크게 발분하여 군대를 모아 예루살렘의 도시를 공격해 빼앗았는데, 얼마 후 터키 군주에게 점령당했고, 여전히 이슬람교를 믿는다. 본래 그 지역은 풍요로웠지만, 지금은 상당히 황폐화되어 예루살렘의 백성은 약 2만여 명만 남아 있고 대부분 천주교를 믿는다. 해마다 먼 곳의 사람들이 와서 성스러운 무덤에 예배하고 고적을 우러러 바라본다. 예수의 도시[74] 역시 교주를 세워 유대인들을 깨우쳤다. 이 나라에 큰 강으로 요르단강[75]이 있는데, 북쪽에서 남쪽으로 흐르며, 유속이 상당히 빠르고 사해로 흘러든다. 북쪽에서 흘러 요르단강을 통과하는 갈릴리호는 길이가 2리에 너비는 1리 정도이다. 호숫가 남쪽 지역은 대부분 사막이며, 북쪽 지역에서는 여러 가지 산물이 난다. 내지에는 산봉우리가 많으며, 1천 리에 달하는 평평하고 비옥한 땅도 있다. 백성들은 일정한 거주지 없이 흩어져 사는데, 터키에서 지세를 징수하면서 인원수에 입각하여 추납하게 하니 도피하는 자들이 많았다. 요르단강 밖으로는 땅이 평평하여 유목에 상당히 적합하며, 경작지도 매우 비옥하다. 이 지역은 세 부분으로 나뉜다. 동쪽의 갈릴리Galilee[76]는 바로 예수가 태어나 자란 곳이며, 중앙의 사마리아는 백성들의 도가 잡스럽고 이단이어서 유대인과 깊은 원한이 있고, 남쪽은 유다로 역시 이곳에 도읍을 건설했다.

터키는 다민족 국가로, 인구가 모두 200만 명이며, 편안함을 즐기고 용맹하게 싸우는 것을 좋아하는데, 한 사람이 보통 여러 아내를 얻는다. 본토박이는 상당히 적다. 외국인을 기용해서 대신 일을 처리하며, 혹독한 정치를 시행하여 백성들을 훈계하고 위협했다. 이민족의 어린아이를 사로잡아 할례를 행하여 이슬람교도로 만들었다.[77] 군대를 모집하고 선박을 건조하는 것도 모두 서양을 본떴으며, 외국인을 무관으로 초빙했다. 그리스인은 해구에 거주하며 널리 무역을 했는데, 배를 타기도 하고 농사를 짓기도 했으며, 인구는 약 100만 명 정도이다. 천주교를 믿는데, 로마 교황이 전하는 교리를 숭상하는 사람도 있다. 약삭빠르고 간교하여 이익만을 중시하며 성실하지 않다. 여자는 미모로써 남자를 유혹한다. 지금은 백성들의 수가 나날이 줄고 있다. 예전에는 아시아 서쪽 지역을 통솔하여 관할했지만, 지금은 터키[78]의 지배를 받고 있다. 아르메니아족은 약 10만 명으로, 상당히 성실하며 여러 도시에서 장사를 하여 부자가 되었다. 러시아와 언어가 같으며 그 동족은 720만 명이다. 폴란드Poland[79]와는 위아래에 위치한다. 성품이 상당히 천박하여 배불리 먹기만 하면 딴마음을 품지 않아서 터키는 식은 죽 먹기로 다스린다. 서역에서 온 여러 민족이 있는데 약 650만 명 정도이다. 유다국 사람들은 각 지역에 퍼져 있으며, 본래 조상이 살았던 곳을 성지로 받들어 구름처럼 몰려들어 거주하는데, 그 수는 약 90만 명 정도로 장사를 해서 살아간다. 동쪽 지역에는 아라비아인 수백만 명이 있는데, 유목을 하기도 하며 모두 이슬람교를 믿는다. 그 밖에 산속에 야만족이 사는데, 약탈을 해서 살아가며 상당히 흉악하다.

이 나라의 산물로는 면화가 많이 나는데, 유럽 지역에서는 매년 은 350만 냥 정도, 이집트에서는 60만 섬 정도이다. 담배도 나는데, 각지에서 많게는 20만 포를 수확한다. 이 나라 사람들은 모두 담배를 먹는다. 포도즙은 서아시아에서 수출하는 것이 약 60만 담担[80]이다. 아편은 4천 상자 정도 생산되는데, 모두 중국으로 수출된다. 약재·밀랍·꿀·생사와 캐시미어도 생산된다. 이곳의 말은 몸집이 크며 잘 달린다. 제조하는 물건이 많지 않아서 모두 외국에서 구입하여 토산품과 바꾼다. 나라에 항구가 많은데, 본토박이들이 장사를 잘하지 못해서 그리스·아르메니아 등의 백성들이 앞다투어 이곳에 와서 장사를 한다. 스미르나[81]에서는 1년 동안 수출입 물품이 은 5천만 원圓 정도에 달한다.

『지리비고』에 다음 기록이 있다.

터키 관할 지역은 아시아대륙 서쪽에 위치하며, 북위 30도에서 42도에 이르고, 동경 23도에서 48도에 이른다. 동쪽으로는 페르시아에 이르고, 서쪽으로는 지중해에 이르며, 남쪽으로는 천방국에 잇닿고, 북쪽으로는 흑해를 경계로 한다. 길이는 4천 리에 너비는 2600리이고, 면적은 사방 72만 리 정도이다. 인구는 1250만 명이다. 경내에는 가파른 벼랑이 우뚝 솟아 있고, 산등성이와 구릉이 길게 이어져 있다. 상당히 높은 산으로 토로스산맥Toros Dağları,[82] 루브난산맥,[83] 아라라트산,[84] 귈뤽산Güllük Dağı,[85] 이다산İda Dağı,[86] 가이미라加爾美羅가 있다. 가장 긴 강으로는 유프라테스강,[87] 티그리스강,[88] 키질이르마크강Kızılırmak,[89] 멘데레스강Menderes Nehri,[90] 요르단강, 사카리아강Sakarya Nehri[91]이 있다. 호수도 복잡하게 뒤섞여 있는데, 큰 호수로 반호,[92] 사해로 알려진 투즈호Tuz Gölü,[93] 베이셰히르호Beyşehir Gölü,[94] 아파라니亞波羅尼, 아사드호Lake Assad,[95] 달살랍達薩拉, 아시괼호Acigöl Gölü[96]가 있다. 섬 또한 줄지어 있는데, 큰 섬으로 키프로스,[97] 파트라스Patras,[98] 로도스,[99] 시미Symi,[100] 레스보스Lesbos,[101] 도데카네스Dodecanese[102]가 있다. 땅이 비옥하고 풍요로우며, 금석과 갖가지 광물이 모두 나고 짐승이 그득하다. 땅에서는 생사·술·올리브유·꿀·향료·약재 등이 난다. 기후가 서로 달라서 산 정상에는 눈과 얼음이 쌓여 있고 평지는 엄청 덥다. 솜씨가 뛰어나며 교역이 활발하다. 이슬람교를 믿는다. 이 땅은 다섯 지역으로 나뉜다. 소아시아는 아나톨리아라고도 하며, 서쪽 지역에 위치하고 안에는 6부府가 있다. 아르메니아는 동쪽 지역에 위치하며 안에는 5부가 있다. 쿠르디스탄은 동쪽 지역에 위치하며 안에는 2부가 있다. 메소포타미아[103]는 동남쪽 지역에 위치하며 안에는 3부가 있다. 시리아는 남쪽 지역에 위치하며 안에는 4부가 있다. 터키의 요충지와 번화한 땅은 모두 아나톨리아에 있고, 그중 절반은 아시리아[104]에 있으며, 베들레헴 Bethlehem[105]은 예수가 탄생한 땅으로, 이들 모두 시리아에 속해 있다.

南都魯機國沿革

漢·唐皆爲安息·大食, 西北境有西女國, 亦在境內.
元爲哈烈國, 明爲度爾格, 今爲南都魯機. 原無, 今補.

『職方外紀』: 百爾西亞西北諸國皆爲度爾格所竝. 內有國曰亞剌比亞, 中有大山名西奈山, 天主傳十誡之處也. 土產金銀極精, 亦多寶石. 地在二海之中, 氣候常和, 一歲再粟. 有樹如橡栗, 夜露墮其上卽凝爲蜜, 晨取食之, 極甘美. 更產百物俱豐, 自古稱爲福土. 其地有沙海, 廣二千餘里, 沙乘大風如浪, 行旅遇之, 偶爲沙浪所壓, 倏忽上成邱山. 凡欲渡者, 須以羅經定方向, 測道里, 又須備糧糗及兼旬之水, 乘以駱駝. 駝行甚急, 可日馳四五百里, 又耐渴, 一飮可度五六日. 其腹容水甚多, 客或乏水, 則剖駝飮其腹中水. 傳聞有鳥名弗尼思, 其壽至四五百歲, 自覺將終, 則聚乾香木一堆, 立其上, 待天甚熱, 搖尾燃火自焚矣. 骨肉遺灰變成一蟲, 蟲又變爲鳥, 故天下止有一鳥而已. 西國言人物奇異無兩者, 皆謂之弗尼思云. 其地有一海, 長四百里, 廣百里, 水味極鹹, 性凝結, 不生波浪, 嘗湧大塊如松脂. 不能沈物, 雖用力按抑不能入. 曾有國王異之, 往觀, 命人沈水試之, 終不可入. 海色一日屢變, 日光炫耀, 文成五色. 因其不生水族, 故命曰死海.

度爾格之西北曰那多理亞國, 有山多瓊石. 國人嘗往鑿之, 至一石穴, 見石人無算, 皆昔時避亂之民穴居于此, 死後爲寒氣所凝, 漸化爲石. 其地西界歐羅巴處, 中隔一海, 寬五里許. 昔有一名王曰失爾塞者, 造一跨海石梁, 通連兩地, 今爲風浪衝擊, 亦崩頹矣. 又有地名際剌, 產異羊. 羊之絨輕細無比. 雨中衣之, 略不沾濡, 卽漬以油, 毫不汚染也. 一種異犬, 性好竊衣履巾帨之屬, 稍不愼, 輒爲竊匿矣. 有山生草木皆香, 過之則香氣馥郁, 襲人衣裾. 案: 『後漢』「西域傳」從安息繞海北行, 有飛橋數百里, 卽此五里石梁之訛傳.

『新唐書』: 拂菻西際海有西女國, 種皆女子. 多珍貨, 附拂菻, 拂菻君長歲遣男子配焉. 俗產男不擧.

『文獻通考』: 西女國在葱嶺之西, 其俗與東女同, 東女在葱嶺東南, 近吐番, 後亦爲吐番所滅. 附于拂菻. 唐貞觀八年, 朝貢始至.

『坤輿圖說』: 韃而靼各國, 迤西舊有女國, 曰亞瑪作搦, 驍勇善戰. 建一神祠, 壯麗奇巧, 非思議所及. 今亦爲他國所幷, 僅存其名耳. 案: 爲他國所幷者, 卽指度爾格國兼幷之事.

『萬國地理全圖集』曰: 土爾其藩屬國, 北接峩羅斯及黑海, 南連亞剌伯及地中海, 東接白西國, 西至希臘群島海, 爲亞齊亞洲極西之地方. 北極出自三十度至四十度, 東偏自二十六度至四十八度. 長二千六百里, 闊二千四里. 北方山極險峻, 高接雲霓, 河源皆在此山. 最長者巴河·地額河, 對流而東南, 及將入海, 兩河乃合. 屢次漲潦. 其湖最著者曰死海, 其北爲加利湖. 其約爾坦河自北流南, 而入死海. 此地古時分爲列國, 唐朝年間回回占據其地, 居民塗炭, 今已千有餘年. 土官橫征私派, 幷勒令天主教及希臘回教之徒槪進稅貢. 山內有蠻族, 心野好戰, 時時掠其遊牧. 所有列國藩屬如左.

又曰: 小亞西亞國, 卽南都魯機也. 其國半土, 山險峻. 物產多, 出胡絲·乾葡萄果等貨. 遍地古蹟, 昔時興旺, 今則衰寂. 士麥那城居民十萬, 所運出運進之貨價每年不止幾百萬金, 列西國之賈悉來其地. 但其城市不潔, 瘟疫易生. 補撒大城居民六萬, 加士他母尼邑內有回回廟宇. 其黑海北方有得比遜海口, 與峩羅斯通商, 族類五萬人. 內地古地亞城, 可尼, 昔西域之王都也, 居民六萬丁. 附近安峩剌城, 羊毛最細, 用之織布最溫軟. 西瓦邑六萬居民, 掘山出銅. 其東南海濱居伯羅島, 地膏腴, 出葡萄酒·南果·五穀. 女多美麗. 但因苛政, 民稀土曠. 羅得島水土最宜農, 古時各島, 皆有土酋, 今服屬于土爾其. 治阿島居民十五萬. 道光四年, 土爾其水師上岸攻其城池, 毁其富庶. 米地隣島產酒·油.

兩河中地, 北有亞麥尼地, 山嶺險隘, 峒峽深邃, 洪水初平之際, 巨舟閣於其峰. 居民奉耶穌之敎, 好商賈, 不憚跋涉. 惟回回官甚磨難其民. 其都曰葉西倫, 有十萬民居. 天氣冷, 七月有雪. 巴牙息在山腳, 亞麥尼民之學院, 內有壯麗之寺, 其敎主所會也. 近河平坦, 地亞北客城, 與隣國通商. 山內古耳得族類, 建堡山穴, 以賊盜爲生. 中地之都會曰摩俗隣地, 或沙或澤, 農苦耕耘, 賊奪產物. 八塔城, 昔回回國都, 古時殿宇祥光燦爛, 現時衰廢, 獨存其古蹟. 瓦礫如山, 可想其城之廣大. 因犯上帝之律例, 酷待所虜之猶太人, 是以遭廢成野. 在兩河入海之所曰巴所剌邑, 與印度國通商, 屋小街窄人穢, 然係萬國饒富之市, 商賈甚盛.

案: 南都魯機本韃靼種, 舊遊牧蔥嶺·伊犁一帶, 展轉西徙入買諾, 居於拉馬尼亞者也.

『地球圖說』: 土耳基國東界白爾西亞國, 南界亞拉比亞國, 西界地中海, 北界黑海, 其百姓約有一千二百萬之數. 其都城在歐羅巴大洲內, 土耳基國相間之處, 地名孔士旦. 半天主教, 半猶太教. 北有高山, 南有曠野, 中央平坦. 內有大湖名曰死海, 鹹而且臭, 終無可用. 死海之北有加利利湖, 卽救主耶穌在此宣講眞理, 多醫疾病, 不時顯聖. 有約耳坦江, 卽耶穌領受洗禮之處. 又有許多被天火焰燒之城, 卽巴米辣·巴皮倫尼·尼瓦等, 城雖泯沒, 而舊跡尙存. 再稽聖書內, 言眞神始以土塵造人, 名亞丹. 復以亞丹之筋骨造女, 以爲夫婦. 復栽以田園, 以與二人居住之處. 暨耶路撒冷城, 係猶太國之都, 內有眞神殿宇, 當時之民每年必三至禮拜. 迄後猶太國民終不信從, 眞神震怒, 卽加大罰殛其民, 毁其城, 至今大相懸殊也. 城外有橄欖山, 卽耶穌日在耶路撒冷城宣教, 夜回橄欖山棲宿之地. 竝耶穌生身之地, 長養之地, 葬身之地, 均在是國. 現其塚上爲天主教門徒建立禮拜堂, 以耶穌教之門徒無追墓之理也.

國內江河極少, 運貨俱用駝馬, 必旅伴同行以禦劫掠. 牧羊者衆, 務農者少. 有大江名由非剌氐江. 又名比拉江. 土產北果·蒲萄酒·五穀·煙葉·緜布·鴉片·胡絲·羊絨布·獸皮·銅等物. 道光十六年, 被麥西國人侵占西南境界. 至二十年, 幸歐羅巴大國助而復之.

『外國史略』曰: 南土耳其在亞悉亞藩屬地, 南抵亞拉回國, 北及黑海, 東連峩羅斯·白西等國, 西及地中群島等海. 達他匿竝君士擔海峽隔之, 以峩羅斯之微地曰蘇益, 與亞非利加相連. 北方多山, 東方平坦. 兩大河匯入白西海隅者, 一爲以法河, 一爲得義河. 所屬之地本古各國, 後爲羅馬所轄.

小亞悉亞乃半地所凸出者, 廣袤方圓八千里, 居民五百萬. 田甚豐盛, 天氣溫和, 多物產. 南果·葡萄俱美, 出緜花·鴉片·薑花·煙·木料·牛·馬, 羊尾長, 可織布. 又出胡絲·花石·鉛. 居民多土耳其人, 性驕傲. 亦多希臘人, 多爲商匠, 在山內者恣遊牧, 頗爲盜賊. 居民造搭膊布竝緞. 地分八郡, 最廣港口曰士默那, 居民十二萬五千, 多外國商賈, 人戶稠密, 多瘟疫. 港多商船, 運出者鴉片·蠶絲·百果·藥菜·花氈等貨, 運入者各工製造之物. 廣通商, 無積聚. 土甲居民十萬, 舊地亞居民六萬.

屬此地之島曰棋賓島, 在敍利海邊, 居地中海中, 廣袤方圓三百四十里. 民多希臘人, 亦有敎師·教主. 昔本豐盛, 多物產, 今只出葡萄. 極大之城曰尼可西亞, 居民萬六千. 全島之山水美不勝賞, 故自古閒逸之士皆集此, 以適其意.

羅突島廣袤方圓二十一里, 出南果·緜花·五穀·橄欖油, 居民三萬. 在地中海邊, 地立新埠, 今已三百年, 服土耳其之權.

勒布廣袤方圓十二里, 居民五萬, 屬土族. 出無花果及橄欖油. 百姓能力於戰.

士其阿廣袤方圓十八里, 數年前居民十二萬. 出南果·胡絲·緜花. 向時此島本樂境, 貿易極旺. 道光二十年, 希臘人欲脫土爾其之酷, 因驅逐土兵. 土兵來報復, 殺男女老幼四萬, 又將三萬人販賣爲奴, 遂荒其地.

兩河中之地悉廣坦, 古本樂地. 中地之北方甚豐盛, 有牧場, 與亞拉回國交界係沙野, 少產物. 兩河邊瀦澤尤廣, 地半遊牧, 各自有酋長, 不服國王之權. 山內有新族, 亦不畏國君. 其都會巴達, 係古回回國君之都, 居民五萬, 卽與五印度貿易之處, 地平坦. 前時建巴比倫·尼尼瓦兩大邑, 爲兩國之都. 於是時據各隣國, 亦陷猶太地, 且虜其民人, 後爲他國所滅. 間有遊牧者至其地, 遍地荒野, 且其河溢漲, 居民受困. 地雖甚腴, 卻無草無菜, 又時有瘟疫. 其大港曰布所拉, 在白西海隅, 爲兩江匯入海口, 商船雲集.

北與峩羅斯國所連者曰亞面地, 廣袤方圓千五百九十三里, 居民九十五萬, 大半山地. 所出之穀微, 惟牧場頗茂. 居民多耶穌敎. 古原自爲一國, 被回回攻服. 民聰慧善賈, 巡遊四方, 甚殷實, 散布亞悉亞各國. 在土耳其國大開銀局, 其國若務大事, 惟亞面人是賴. 人奉回敎, 外多儀, 而內極誠實, 外國人皆敬之. 其會城曰葢西倫, 在高山上, 居民十萬. 多製造皮·布·兵器, 多賣與土爾其國. 群商每年自亞悉亞集此貿易, 輻輳不絶. 附此邑有山, 巨舟能入, 有水患卽避此.

敍利亞部在地中海邊, 東與亞拉國相連, 延及小亞悉亞, 廣袤方圓二千三百里. 有利巴倫山, 古多香松, 今爲遊牧之所. 東方沙坦, 多巉岩, 海邊地極豐盛. 天氣熱. 北方有阿倫得江, 足灌漑, 兩岸山水甚美, 多產南果·蒲桃·煙·緜花·五穀. 居民二百五十萬, 養駝·緜羊·山羊·蠶·豕·蜜. 山出鐵·花石及各貨. 百姓語音不一, 教亦不一, 若回回·天主教門·猶太人, 種種有之. 昔推敍利亞部爲國主, 後歸羅馬所轄. 居民久奉天主教, 迨亞拉之回回侵迫, 令民改從回教. 居民不多, 荒其田而不耕, 較往古盛時不及百分之一. 大馬士革城亦豐盛, 居民二十萬, 街狹人稠.

安地悉居民一萬, 古爲廣大之都. 海邊港口曰亞拉, 居民萬五千, 疊爲敵國圍困. 昔有拿破倫將軍, 後爲佛國王, 攻伐而退. 後麥西國竝英人又取之. 哈立城卽山麓大城邑, 原居民二十萬. 於道光二年地震, 屋宇倒壞, 然山水固極淸秀也. 猶太國屬敍利亞, 古時天主創教之地, 爲羅馬國所有者五百餘年, 後又爲回教所屬者五百年. 後歐羅巴各國大發憤, 會兵攻取耶路撒冷之都, 旋爲土耳其君所據, 仍崇回教. 故其地雖豐, 今則荒甚, 僅存耶路撒冷之民約二萬餘, 多屬天主教. 歲有遠方人來拜聖墓, 瞻古跡. 耶穌之都亦立教主以訓猶太民. 其國大河曰約耳但河, 自北而南, 其流甚急, 入於死海. 在北流所通之湖曰加利利, 長二里, 闊里餘. 在湖濱, 海南之地多沙, 海北地產各物. 內多山峰, 亦有平坦沃土千里. 居民散處無定居, 土耳其征其錢糧, 按數追納, 逃避者多. 約耳但河外有平坦, 足資遊牧, 穀田甚腴. 其地分三分. 東曰加利利, 卽耶穌所生長之地, 中央曰撒馬利亞, 百姓以道雜異端, 故甚與猶太人結仇, 其南曰猶太, 亦在此建都焉.

土耳其國有雜族之民, 共二百萬, 樂安逸, 好勇戰, 一人每娶數女. 土人甚少. 用外國人以代辦事, 立酷政以儆脅其下. 虜異族小兒, 斷其勢皮, 以爲回教. 所募之軍, 所建之船, 一切皆效西洋, 招異國人爲武官. 其希臘人住海口, 廣貿易, 亦爲水手, 亦耕田, 約百餘萬. 崇天主敎, 或尙羅馬教皇所傳之敎. 巧獪務利, 不樸實. 其女美而惑男. 今則民數日少. 前統管亞悉亞西方, 今被土夷所束. 亞面族約十萬名, 頗老實, 在各大城邑經營致富. 與峩國同音, 族類七百二十萬人. 與破蘭所居相上下. 情甚鄙陋, 惟飽食, 無他意, 土國制之易如反掌. 其由西國來之雜族, 約六百五十萬. 其猶太國人散在各部, 以本祖所居之國爲聖地, 雲集居住, 數約九十萬, 以買賣爲業. 其東方有亞拉人數百萬, 或遊牧, 皆崇回敎. 另有蠻族在山內, 以搶奪爲生, 極凶悍.

其產物多緜花, 在歐羅巴地每年約値銀三百五十萬兩, 在麥西國約六十萬石. 亦出煙, 每處多至二十萬包. 國人皆食之. 葡萄汁由西方亞悉亞運出者約六十萬担. 所出之鴉片約四千箱, 皆運入中國. 亦產藥材·蠟·蜜·蠶絲與細羊毛. 其馬高大善走. 製造之物不多, 皆買自外國, 而易以土產. 國多港口, 土人不善營生, 希臘·亞面等國之民爭至此爲商. 在土默拿, 一年之貨物運出運入, 約價銀五千萬員.

『地理備考』曰: 土耳基國兼攝之地在亞細亞州之西, 緯度起自北三十度起至四十二度止, 經度自東二十三度起至四十八度止. 東至白爾西國, 西枕地中海, 南接天方國, 北界黑海. 長四千里, 寬二千六百里, 地面積方約七十二萬里. 煙戶一京二兆五億口. 境內嶄岩蔘嵯, 岡陵延袤. 山之至高者曰道羅, 曰里巴諾, 曰亞拉剌, 曰科令伯, 曰義大, 曰加爾美羅. 河之最長者曰有發拉德, 曰的加勒, 曰幾西義馬, 曰曼德勒, 曰若爾丹, 曰薩拉巴. 湖亦錯雜, 大者曰萬, 曰亞斯發的德, 卽死海也, 曰巴加馬, 曰亞波羅尼, 曰亞斯薩約, 曰達薩拉, 曰亞哥失爾. 嶼更羅列, 巨者曰西布勒, 曰巴達麼斯, 曰羅德斯, 曰西岳, 曰勒斯波, 曰德內德斯. 田土肥饒豐茂, 金石各礦具備, 禽獸充斥. 土產絲·酒·油·蜜·香料·藥材等物. 地氣互異, 山頂冰雪, 平原熇暑. 技藝精良, 貿易豐盛. 所奉之教乃回教也. 其地分爲五部. 一名小亞細亞, 又名亞那多里, 在西方, 內六府. 一名亞爾美尼部, 在東方, 內五府. 一名古爾的部, 在東方, 內二府. 一名美索布達迷部, 在東南, 內三府. 一名西利亞部, 在南方, 內四府. 其衝要繁華之地皆在亞那多里部, 半在亞爾日西拉部, 一又名白棱, 卽耶穌降生之地, 皆在西利亞部.

주석

1 피닉스Phoenix: 원문은 '불니사弗尼思'이다. 전설 속에 등장하는 아름다운 새로 불사조라고 한다.

2 아나톨리아: 원문은 '나다리아국那多理亞國'으로, 아나다리亞那多里라고도 한다.

3 셀주크Seljuk: 원문은 '실이새失爾塞'이다.

4 지다Jidda: 원문은 '제랄際剌'로, 길달吉達이라고도 한다.

5 동녀국東女國: 『구당서舊唐書』 권197 「남만·서남만전」에 "동녀국은 서강西羌 계열 종족으로, 서해西海 중에 또 여국女國이 있는 까닭에 동녀東女라 고 칭한다. 여자를 왕으로 삼는 풍속이 있다(東女國, 西羌之別種, 以西海中復有女國, 故稱東女焉. 俗以女爲王)"라고 기록되어 있다.

6 타타르: 원문은 '달이단韃而靼'이다.

7 아마조나스Amazonas: 원문은 '아마작닉亞瑪作搦'으로, 그리스 신화에 나오는 전설의 여성 부족을 말한다.

8 에게해제도Aegean Islands: 원문은 '군도해群島海'이다.

9 유프라테스: 원문은 '파하巴河'이다.

10 티그리스: 원문은 '지액하地額河'이다.

11 갈릴리호Sea of Galilee: 원문은 '가리호加利湖'로, 가리리호加利利湖라고도 한다.

12 요르단강Jordan River: 원문은 '약이탄하約爾坦河'로, 약단강約旦江·약이단하若爾丹河라고도 한다.

13 여러 나라의 … 같다: 이하 번속지 관련 내용은 생략되었다.

14 소아시아: 원문은 '소아서아국小亞西亞國'이다.

15 스미르나: 원문은 '사맥나성士麥那城'으로, 지금의 터키 이즈미르이다.

16 부르사Bursa: 원문은 '보살대성補撒大城'으로, 지금의 아나톨리아 북서부

마르마라 지역에 위치한다.

17 카스타모누Kastamonu: 원문은 '가사타모니읍加士他母尼邑'으로, 지금의 터키 북부에 위치한다.

18 트라브존Trabzon: 원문은 '득비손해구得比遜海口'로, 지금의 터키 북동부 흑해 연안에 위치한다.

19 퀴타히아Kütahya: 원문은 '고지아성古地亞城'으로, 지금의 터키 서부에 위치한다.

20 코니아Konya: 원문은 '가니可尼'로, 가니아可尼亞, 과니아科尼亞라고도 한다. 지금의 터키 중부 아나톨리아에 위치한다.

21 앙카라Ankara: 원문은 '안아랄성安峩剌城'으로, 지금의 터키 수도이다.

22 시바스Sivas: 원문은 '서와읍西瓦邑'으로, 지금의 터키 동부에 위치한다.

23 키프로스Kypros: 원문은 '거백라도居伯羅島'로, 서포륵도西布勒島라고도 한다. 지금의 키프로스 공화국으로, 지중해 동부에 위치한다.

24 로도스섬Rodos Island: 원문은 '라득도羅得島'이다.

25 키오스섬Chios Island: 원문은 '치아도治阿島'로, 지금의 에게해에 위치한다.

26 미틸레네섬Mytilene Island: 원문은 '미지린도米地隣島'로, 지금의 레스보스섬이다.

27 메소포타미아Mesopotamia: 원문은 '양하중지兩河中地'이다.

28 아르메니아: 원문은 '아맥니亞麥尼'로, 아이미니亞爾美尼라고도 한다.

29 에르주룸Erzurum: 원문은 '엽서륜葉西倫'으로, 익서륜益西倫이라고도 한다. 지금의 터키 동부에 위치한다.

30 바야지드Bayazid: 원문은 '파아식巴牙息'으로, 파아실巴雅悉이라고도 한다.

31 디야르바키르Diyarbakir: 원문은 '지아북객성地亞北客城'으로, 지리북객성地里北客城이라고도 한다. 지금의 터키 남동부 티그리스강 가에 위치한다.

32 쿠르드족Kurd: 원문은 '고이득古耳得'이다. 터키의 아나톨리아반도 동남부와 이란, 이라크, 시리아 등이 접경을 이루는 산악 지대인 쿠르디스탄에 주로 거주하는 이란계 민족이다.

33 모술Mosul: 원문은 '마속린摩俗隣'으로, 지금의 이라크 북부에 위치한다.

34 바그다드Baghdad: 원문은 '팔탑성八塔城'으로, 지금의 이라크 수도이다.

35 바스라Basra: 원문은 '파소랄읍巴所剌邑'으로, 지금의 이라크 동남부에 위치한 항구도시이다.

36 남터키: 원문은 '남도로기南都魯機'이다. 광서 2년본에는 '기機'가 없으나 악록서사본에 따라 고쳐 번역한다.

37 소아시아: 원문은 '매락買諾'이다.

38 아르메니아: 원문은 '랍마니아拉馬尼亞'이다.

39 쿠르디스탄: 원문은 '공사단孔士旦'으로, 고이적古爾的이라고도 한다.

40 요르단강: 원문은 '약이탄강約耳坦江'이다.

41 바빌로니아: 원문은 '파피륜니巴皮倫尼'이다.

42 니네베: 원문은 '니와尼瓦'이다. 고대 아시리아의 수도로, 지금의 티그리스강 동쪽 유역에 위치한다.

43 아담Adam: 원문은 '아단亞丹'으로, 아당亞當이라고도 한다.

44 예루살렘: 원문은 '야로살랭성耶路撒冷城'이다.

45 올리브산Mount of Olives: 원문은 '감람산橄欖山'이다. 지금의 예루살렘에 위치하며, 고대부터 감람나무가 무성하여 감람산이라 불렸다.

46 유프라테스: 원문은 '유비랄지강由非剌氐江'이다.

47 다르다넬스해협Dardanelles Strait: 원문은 '달타닉達他匿'으로, 달달니이達達尼爾라고도 한다. 터키에서는 차나칼레해협Çanakkale Boğazı이라고 부른다.

48 콘스탄티노플해협Constantinople Strait: 원문은 '군사담해협君士擔海峽'이다. 광서 2년본에는 '협峽'이 '섬陝'으로 되어 있으나, 악록서사본에 따라 고쳐 번역한다. 보스포루스해협Bosporus Strait, 이스탄불해협İstanbul Boğazı이라고도 부른다.

49 수에즈지협Isthmus of Suez: 원문은 '미지왈소익微地曰蘇益'이다. 지중해와 홍해 사이를 가르는 좁은 땅으로, 아프리카와 아시아를 잇는 지협이다. 러시아는 수에즈지협을 차지한 적이 없기 때문에 위원의 오류로 보인다.

50 페르시아만Persian Gulf: 원문은 '백서해우白西海隅'이다.

51 유프라테스강: 원문은 '법하法河'이다.

52 티그리스강: 원문은 '득의하得義河'이다.

53 탑박포搭膊布: 머리에 두르거나 허리에 감는 등의 용도로 사용되는 장방형 직물이다.

54 스미르나: 원문은 '사묵나士默那'이다.

55 유다: 원문은 '구지아舊地亞'이다.

56 키프로스: 원문은 '기빈도棋賓島'이다.

57 니코시아Nicosia: 원문은 '니가서아尼可西亞'이다.

58 로도스섬: 원문은 '라돌도羅突島'이다.

59 레바논: 원문은 '륵포勒布'이다.

60 킬리키아Kilikya: 원문은 '사기아士其阿'로, 지금의 소아시아 남동쪽 해안과 키프로스 북쪽 해안 지역을 가리키는 고대 지명이다.

61 바그다드: 원문은 '파달巴達'이다.

62 바빌론Babylon: 원문은 '파비륜巴比倫'이다.

63 니네베: 원문은 '니니와尼尼瓦'이다.

64 부셰르Bushehr: 원문은 '포소랍布所拉'으로, 지금의 이란 남서부와 페르시아만 연안에 위치한다.

65 아르메니아: 원문은 '아면亞面'이다.

66 에르주룸: 원문은 '익서륜益西倫'이다.

67 요르단강: 원문은 '아륜득강阿倫得江'이다.

68 문양석: 원문은 '화석花石'이다.

69 다마스쿠스: 원문은 '대마사혁성大馬士革城'으로, 지금의 시리아 남부에 위치한다.

70 안타키아Antakya: 원문은 '안지실安地悉'로, 지금의 터키 남부에 위치한다.

71 이스켄데룬Iskenderun: 원문은 '아랍亞拉'으로, 지금의 터키 남부에 위치한다.

72 나폴레옹Napoleon: 원문은 '나파륜拿破倫'으로, 나폴레옹 보나파르트Napoleon Bonaparte(재위 1804~1814, 1815)를 가리킨다. 광서 2년본에는 '파나륜破拿倫'으로 되어 있으나, 악록서사본에 따라 고쳐 번역한다.

73 할라브Halab: 원문은 '합립성哈立城'으로, 지금의 시리아 알레포Aleppo이다.

74 예수의 도시: 원문은 '야소지도耶穌之都'로, 가버나움Capernaum을 가리킨다.

75 요르단강: 원문은 '약이단하約耳但河'이다.

76 갈릴리Galilee: 원문은 '가리리加利利'이다.

77 이민족의 … 만들었다: 오스만 제국의 상비 보병 군단인 예니체리는 오스만 제국이 정복한 유럽 지역의 그리스도교 소년들을 이슬람교도로 개종시킨 뒤에 군사 훈련을 통하여 만든 술탄의 친위대이다.

78 터키: 원문은 '토이土耳'이다.

79 폴란드Poland: 원문은 '파란破蘭'이다.

80 담担: 1담은 중량 100근에 해당한다.

81 스미르나: 원문은 '토묵나土默拿'인데, '사묵나士默拿'의 오기로 추정된다.

82 토로스산맥Toros Dağları: 원문은 '도라道羅'이다.

83 루브난산맥: 원문은 '리파락里巴諾'이다.

84 아라라트산: 원문은 '아랍랄亞拉剌'이다.

85 귈뤽산Güllük Dağı: 원문은 '과령백科令伯'이다.

86 이다산İda Dağı: 원문은 '의대義大'로, 지금의 카즈산Kaz Dağı이다.

87 유프라테스강: 원문은 '유발랍덕有發拉德'이다.

88 티그리스강: 원문은 '적가륵的加勒'이다.

89 키질이르마크강Kızılırmak: 원문은 '기서의마幾西義馬'이다.

90 멘데레스강Menderes Nehri: 원문은 '만덕륵曼德勒'이다.

91 사카리아강Sakarya Nehri: 원문은 '살랍파薩拉巴'이다.

92 반호: 원문은 '만萬'이다.이다. 터키에서 가장 큰 호수로, 염호이다.

93 투즈호Tuz Gölü: 원문은 '아사발적덕亞斯發的德'이다.

94 베이셰히르호Beyşehir Gölü: 원문은 '파가마巴加馬'이다.

95 아사드호Lake Assad: 원문은 '아사살약亞斯薩約'이다.

96 아시괼호Acigöl Gölü: 원문은 '아가실이亞哥失爾'이다.

97 키프로스: 원문은 '서포륵西布勒'이다.

98 파트라스Patras: 원문은 '파달마사巴達麼斯'이다.

99 로도스: 원문은 '라덕사羅德斯'이다.

100 시미Symi: 원문은 '서악西岳'이다.

101 레스보스Lesbos: 원문은 '륵사파勒斯波'이다.

102 도데카네스Dodecanese: 원문은 '덕내덕사德內德斯'이다.

103 메소포타미아: 원문은 '미색포달미부美索布達迷部'로, 미색부달미아美索不達迷亞라고도 한다.

104 아시리아: 원문은 '아이일서랍부亞爾日西拉部'이다.

105 베들레헴Bethlehem: 원문은 '백릉白棱'으로, 예루살렘 서쪽에 위치한다.

찾아보기

해국도지(八) 인물 색인

[ㄱ]
가브리엘 153, 157
간왕 130
건달바 192
건안왕 247
게오르기오스 154
경왕 131
고력사 154
고야왕 163
고종황제 153
공자 197, 202, 252, 253
곽자의 155
구련화보살 185
굴원 251

[ㄴ]
나디르 샤 272
나폴레옹 299
나하만제 75
남위 131
노자 252
누흐 65, 93

[ㄷ]
다리우스 1세 129, 269
다우드 65, 93, 94
다윗 122, 123, 230
단성식 163
데스피나, 호세 190
도령왕 185
동중서 253
두라니, 아흐마드 샤 272
두예 163
디아스, 엠마누엘 230

[ㄹ]
레이, 조지 트레이드칸트 129
롯 128
롱고바르도, 니콜로 185
루터, 마르틴 204
루트 93
리치, 마테오 123, 160, 164, 193, 198, 203, 244-247

[ㅁ]
마니발라 192
마론 274
마리아 188, 197, 200, 204, 230
마이야, 조제프안마리 드 모이리아크 드 193
마헤슈바라 159
망 129
맹자 197, 198
모세 127, 129, 204, 205, 231, 238, 251
목왕 130
무라트 3세 274
무사 65, 93, 94, 107

무스타파 2세 271
무을 160
무함마드 64, 66, 67, 69, 74, 93-95, 100, 104, 105, 107, 252
무함마드, 셰이크 66
묵자 190, 197
문명무덕대성대선효황제 154
문무대성황제 156
문병 185
문왕 195, 202
미트리다테스 6세 270

[ㅂ]
바뇨니, 알폰소 249
바오로 154
방현령 152
백번인 164
번량추 196
범엽 64
보랄 121
보응원성문무효황제 154
복희 105, 195, 202
부라니둔 75, 76
부소 251
부처 160, 164, 192, 250, 252
비사문왕 192

[ㅅ]
사미르 99
사브라니쇼 157
사울 134
사탄 150
삼비아시, 프란체스코 249
상제 104, 125, 195, 202, 203, 230, 245, 252
샬, 아담 185, 195, 196, 198, 203
서광계 122, 185, 196, 198, 249
서시 151
서여가 193
서원여 157, 158, 160
서현 163
석가여래 189
석륵 163
성신문무황제 154
셀레우코스 270
셀림 3세 272
셀주크 290
소홀 251
솔로몬 122, 123
송민구 163
순 195
순임금 202
술라이만 93
신생 251

[ㅇ]
아담 65, 92, 94, 107, 150, 192, 193, 199, 201, 205, 295
아부드 99
아브라함 123, 129, 153, 154, 230
아수라 192
아흐마드 272
악가 69, 164
안티고노스 270
알라 70
알레니, 줄리오 164, 193, 248
알렉산드로스 3세 270
알로펜 152, 153, 157, 158, 161, 162, 206
알리, 후세인 이븐 76
앤스트러더, 필립 253
야곱 129
야쿠브 93
양광선 195
양왕 130
양자 197
여호수아 130
여호야킴 130
여호와 150, 157-159, 192, 206, 239, 295
연지 247

예수 67, 69, 121, 122, 124, 128, 133, 134, 151, 158, 160, 186, 188, 190, 192-194, 197, 199-206, 229-231, 238, 240, 251-253, 295, 300, 303
오스만 270
와카스, 사드 이븐 아비 66
왕긍당 248
왕부 159
왕흠약 251
왕홍옹 72
요 195
요관 159
요셉 129, 197
요임금 202
요한 231
우마르 99
우순희 247
우임금 202
유누스 94
유정섭 192
이덕유 64
이드리스 65, 93
이브라힘 65, 93, 94
이사 65, 93, 94
이삭 155
이살 192
이스마일 65, 93
이식 192
이조백 195-198
이지조 196
이천경 196
이한맥덕 64

[ㅈ]

장덕경 190
장도릉 203
전겸익 160
제바영노왕 192
제석천 192
조로아스터 159
조익 190
주공 197, 202, 253
지도대성대명효황제 153
지반 160
진나, 무함마드 알리 76

[ㅊ]

천신 192
천제 195
축유 202

[ㅋ]

키루스 2세 129

[ㅌ]

태조 121

[ㅍ]

파티마 274
판토하, 디에고 데 246
페르비스트, 페르디난트 129
평제 133
포씨 69, 72, 164
포조이합이 73
폴로, 니콜로 121
푸르타도, 프란시스코 250
풍응경 196
필리포스 2세 270

[ㅎ]

하난이슈 157
하느님 65, 92, 94, 100, 104, 105, 122, 125, 126, 128, 130, 150, 156, 189, 204, 229, 230-233, 238-240, 245, 251, 255, 289, 299
하와 150, 199
한유 206
할레르슈타인, 페르디난드 아우구스틴 할러 폰 190

합파체 73
항세준 64, 160
허지점 196, 197
현신 159, 161, 163
현진 159
호천신 159
화타 202

해국도지(八) 지리 색인

[ㄱ]
가나안 129, 130
가라호리 190
가이미라 302
갈릴리 132, 300
갈릴리호 128, 132, 292, 295, 300
강거 159
강국 159, 163
강남 198
강녕 198
강서 198
강주 198
개봉 198
갠지스강 192, 252
건녕 198
건창 198
계림 198
곤륜산 92
곤릉 196
공주 198
관중 161
광동 69, 193, 198
광서 198
광주 164, 198
궐뤽산 302
그리스 131, 132, 270, 292, 301
그리스제도 128
금화 198

[ㄴ]
나자렛 133
낙양 153, 158, 162, 205
난계 198
남창 198, 247
남터키 268-270, 272, 276, 289, 293, 294, 296
남해 253
네덜란드 204
녓남 69
니네베 271, 295, 298
니코시아 297

[ㄷ]
다르다넬스해협 296
다마스쿠스 122, 127, 133, 270, 299
달살랍 302
대서양 121, 231
대식국 119, 289
대진 117, 119, 121, 122, 131, 151-154, 157, 159-162, 193, 205, 206
대파사국 159
덕건국 163
도데카네스 302
도로기 269
도이격 269, 289
동녀국 291
동로마 제국 69
동터키 132
동해 254

동화문 198
디야르바키르 294

[ㄹ]
라지기르성 155
레바논 297
레스보스 132, 302
로도스 132, 293, 297, 302
로마 131, 132, 204, 205, 270, 276, 296, 299, 301
루멜리아 276
루브난산맥 132, 133, 273, 275, 299, 302
루손 203
리디아 269
리제 272

[ㅁ]
마카오 186-189, 198
마한 192
말리크샤 119
메디나 64, 69, 73, 107
메소포타미아 129, 293, 294, 297, 303
메카 66, 73, 92, 93, 95
멘데레스강 302
모술 294
무스타 75
무스탁아타 75
무창 198
무청 185
뭄바이 205
믈라카 66
미틸레네섬 293

[ㅂ]
바그다드 294, 297
바빌로니아 269, 271-273, 295
바빌론 129, 130, 298
바스라 294
바야지드 293
반호 273, 302
번우현 69, 164
베들레헴 124, 303
베이루트 133
베이셰히르호 302
벨기에 204
변수 163
보녕 198
복건 198
복주 198
부르사 293
부성문 198
부셰르 298
북경 185, 193, 198, 246, 254
북터키 269, 270, 272
북해 253
불름 117, 119, 121, 131, 159, 161, 291
불림 131, 205
비랍강 295

[ㅅ]
사마르칸트 66
사마리아 132, 271, 300
사수 163
사천 198
사카리아강 302
사해 128, 290, 292, 295, 300
산동 198
산서 198
살렘 131
상숙 198
상해 185, 198
서남아시아 269
서남양 117
서녀국 269, 289, 291
서대식 119
서아시아 301
서안 198
서인도 117

서터키 117, 160
서해 254
선무문 190, 198
설연타 161
섬서 198
소아시아 132, 269, 270, 276, 294, 296, 299, 302
소주 198
수수 163
수에즈지협 296
숭화방 162
스미르나 276, 293, 296, 302
스위스 204
스페인 204
시나이산 127, 128, 130, 205, 238, 251, 289
시리아 129, 132-134, 269-273, 275, 277, 297, 298, 299, 303
시미 302
시바스 293
시온산 133

[ㅇ]
아나비아 276
아나톨리아 276, 290, 302
아덴 64, 117
아라라트 271
아라라트산 132, 272, 302
아라비아 64, 67, 69, 99, 102, 104, 127, 130-132, 205, 270, 274, 276, 277, 289, 292, 294, 296, 297, 299
아라비아해 273
아랄해 61
아랍국 298
아르메니아 269-272, 276, 277, 293, 294, 298, 301, 302
아마조나스 291
아메리카 231, 253
아사드호 302
아시괼호 302
아시리아 269, 271, 277, 303
아시아 123, 130, 231, 232, 269, 276, 292, 296, 298, 301, 302
아이올리스 269
아일랜드 253
아파라니 302
아편득 132
아프리카 67, 125, 129, 207, 276, 296
안남국 189
안데스 272
안디잔 132
안식국 269, 289, 291
안타키아 299
알레포 134
알쿠르나 273
앙카라 293
애급다 129
액륵제 270
액일다 129
야포 133
양국 163
양주 190, 198
에게해제도 292
에데사 117
에르주룸 293, 298
에티오피아 207
연경 66
연평 198
영국 129, 204, 252, 275, 299
영무 154
영원방 163
예루살렘 122, 130, 133, 271, 274, 295, 300
오스만 제국 102
오스트리아 204
오인도 298
옥문 61
옥수스강 163
옥천산 191
올리브산 295

요르단강 128, 133, 292, 295, 299, 300, 302
우전 119
유다 116, 117, 121-125, 127, 129-133, 160, 192, 195, 196, 200, 204, 205, 230, 269, 272, 273, 276, 295, 296, 298, 300
유다국 68, 189, 195, 238, 251, 299, 301
유프라테스강 129, 132, 271, 273, 292, 294-297, 302
의녕방 152, 157, 158, 162
이다산 302
이라크 277
이리 294
이스라엘 129, 239
이스켄데룬 133, 299
이슬람국 133, 269, 296, 298
이오니아 269
이제불탁 129
이지비다 129
이집트 117, 129, 132, 134, 269, 272, 274, 277, 295, 299, 301
이첼 277
이탈리아 189, 204, 205, 270, 275
인도 69, 204, 205, 251, 272, 276

[ㅈ]
자와 66
장안 152, 157-159, 161, 162, 205, 206
절강 198
정주 198
제남 198
중경 198
중위교 64
지다 291
지액하 132
지중해 123, 128, 271, 276, 292, 294, 296-298, 302
진 67
진강 198
진류 163
진주 160

[ㅊ]
참파 66, 69, 164
천궐 95
천당 66
천방국 302
천산 61, 161
청마 119
초군 163

[ㅋ]
카라마니아 276
카라치 76
카락스 스파시누 117
카리아 269, 271
카슈가르 75
카스타모누 293
카스피해 61, 270
카이로 275
칸주트 205
칼케돈 274
코니아 293
코칸트 132
콘스탄티노플해협 296
쿠르디스탄 276, 277, 294, 303
퀴타히아 293
키오스섬 132, 293
키질이르마크강 302
키프로스 132, 293, 297, 302
킬리키아 297

[ㅌ]
타르투스 133
타타르 273, 276, 291
태원 198
터키 127-129, 131, 132, 269, 271, 273-275, 289, 290, 292-294, 296-298, 300-303
테리아카 127

토로스산맥 302
토번 159, 291
토이기 269
토하라국 119, 163
투르판 66
투즈호 302
트라브존 293
트리폴리 133
티그리스강 129, 132, 271, 273, 276, 292, 294, 296, 297, 302
티레 269, 271
티베리아스호 273

[ㅍ]
파미르고원 61, 291, 294
파사국 159, 161
파산부 272
파트라스 302
팔미라 273, 295
팔아 132
팽성 163
페니키아 269, 271
페르가몬 270
페르세폴리스 271
페르시아 64, 117, 127, 131, 158, 161, 204-207, 269, 271, 275, 277, 289, 292, 294, 296, 302
페르시아만 296, 298
포르투갈 187, 204
포사대백두 161
폰토스 270
폴란드 301
프랑스 204, 254, 299
프로이센 204
필국 159, 163

[ㅎ]
하남 198
하란 272
하마 134
할라브 299
함광문 64
합렬국 289
항주 198
해서국 117
헤자즈 66
호광 198
호르무즈 205
홍해 67, 68
회골 161
회안 198
회회 161
회흘 119, 160, 161
효억국 163
흑해 128, 270, 272, 276, 292, 294, 296, 302
흡현 195
히말라야 272

해국도지(八) 서적 색인

[ㄱ]
간이새경 193
갈최진경 65, 99
경교고 160
경교비 159, 164
경교속고 60, 64
경교유행비 122, 160
경교유행중국비 150, 157, 205
계사류고 192
곤여도설 122, 268, 291

공제격치 249
광동통지 60, 69
광운 161
교우론 247, 248
구당서 66
구세주야소신유조서 229
구약성서 231
기인 245, 246

[ㄴ]
내재금석고략 157
논어 195

[ㄷ]
당사 120
당서 122, 131, 161
당전 120
당회요 159, 161
대관경 65
대관진경 65, 99
대당서역구법고승전 194
대당서역기 194
대진경교유행중국비 116, 192
대진사비 162
도고당문집 66
도행추원경 65, 99
동경기 159, 163

[ㄹ]
라와이흐 65, 99
루카가 전한 복음서 229

[ㅁ]
마르코가 전한 복음서 229
마태오가 전한 복음서 229
만국지리전도집 128, 132, 268, 292
만물진원 193
매월통기전 60, 67, 253
맹자 196
명사 64, 122, 132, 193, 250
문중자 253
문헌통고 120, 268, 291
미르사드 알이바드 65, 99

[ㅂ]
베드로·유다 서한 229
벽사론 195
변학유독 247
보명진경 65, 94
복음서 231
부활도 186
불교 245
불조통기 160
비은경 99

[ㅅ]
사고전서 244
사고전서제요 162
사도 바오로가 보낸 편지 229
사도 야고보 서한 229
사도 요한이 보낸 편지 229
사도행전 229
사역관고 64
사이조공도 159, 163
사주지 117
서경 195
서계총어 162
서금곡의 245, 246
서역도기 153
서역도지 60, 72
서역문견록 60, 74
서학범 162, 248
설문해자 161, 163
성경 124, 152, 158, 162, 206
성년광익 193
성인 요한이 전한 하늘의 계시 229
소미경 65, 99
송사 119, 121, 132

송사조국사 120
송전 121
수난도 186
시경 195, 203
신당서 66, 117, 268, 291
신리론 232
신약성경 151

[ㅇ]
아이특마납사경 72
아프리카도설 129
알라 68
액사이 99
역경 233
연원경 99
열황소지 185
영언려작 249
영환지략 128, 204
오문기략 186
옥편 163
외국사략 268, 296
요한이 전한 복음서 229
우바국제연품 193
울강재필주 248
유양잡조 163
이십오언 244
인질 65, 94
일하구문고 160

[ㅈ]
자부르 65, 94
잠연당금석문발미삼 158
장안지 159, 161
장자 253
정사 69, 164
좌전 163
죽창삼필 247
중암사비 157, 158
중용 195
지구도설 268, 294
지리비고 268, 302
직방외기 123, 127, 161, 248, 268, 269, 289
진광경 99
진정서상 196

[ㅊ]
찰희덕진경 99
책부원구 158, 163, 250
천문략 230
천방성리 99
천방여지경 92
천방전례 99, 100
천주실의 244, 246
천학전개 195, 197
천학초함 229, 244, 248
첨폭잡기 190
칠극 246

[ㅋ]
쿠란 65, 74, 94, 99

[ㅌ]
타우라 65, 94
타프시르 65
타프시르 알카디 65
타프시르 이 바사이르 이 야미니 65
타프시르 이 자히디 65
탄생도 186
통전 194

[ㅍ]
파사집 190
패한파이경 75

[ㅎ]
합제밀이소이경 73
해국문견록 253
현우인연경 192, 193

환유전 250
후한서 64, 119, 291

해국도지(八) 개념 색인

[ㄱ]
가살부 117
가톨릭 253, 276
강희 99, 196, 271
개 291
개원 119, 163
개황 66, 158
거거 118
건중 150, 154, 157, 158, 192, 205
건포도 276, 293
경교 64, 152, 153, 154, 155, 158, 161, 162, 193, 205, 206
경교도 153
경교사 157
경교회 157
고이서천 100, 104, 107
고이판아의특 76
고해성사 127
공작 118
공후 120
구리 293, 295
구약당 102
구원의 방주 151
구주 154, 253
구중천설 231
그리스도 151, 230
그리스도 메시아 151, 193
그리스정교회 204
기독교 274, 275, 293, 298
꽃생강 296
꿀 301, 302

[ㄴ]
낙타 289, 295, 299
남과 293, 296, 297, 299
남북세차천 230
납 296
녹금정 119
누에 299
니건법 194

[ㄷ]
단봉낙타 120
담배 295, 299, 301
대덕 153
대성당 186, 187
대종사 66
대주교 156
대진 158
대진교 159, 207
대진사 153, 157, 158, 161, 162, 192, 205
대총장 159
대추야자 120
대패 118
도가 197
도검 120
도광 134, 254, 293, 295, 297
도교 202
도와 76
돌궐 117
동방박사 151
동방정교회 276
동서세차천 230
동정녀 151, 193

드루즈족 132, 273, 274

[ㄹ]
라마단 75

[ㅁ]
마노 118
마니 157, 158, 160
마니교 64, 66, 158, 160, 193
마니발라천사 192
마니사 66, 157
마로나이트족 132
마론파 273, 274
마자르 73, 74, 76
만력 121, 193, 230, 244, 246, 247, 274
말리크 102
면양 299
면포 295
면화 122, 127, 296, 297, 299, 301
명월주 118, 153
모자 163
목난 118
목민 102
무그 162
무덕 68, 159
무슬림 64, 69, 72, 74-76, 102, 107
문양석 299
물총새 118
밀랍 301

[ㅂ]
바라문 251
바라트 76
바벨탑 128
바빌론 유수 230
반혼향 153
발라나가천사 194
배앙백이 93
백련교 160
백운교 160
번목 187
범지 193
법왕 187, 188
벽지불 197
병두 187
보리 276
보석 276, 289
보탑 191
부처 253
북과 295
불가 197
불경 197, 249, 250
불교 69, 104, 107, 153, 158, 163, 189, 194, 200-202, 205, 206, 207, 244, 247, 251, 253
불장 192
비교 291

[ㅅ]
사르타바 159
사사 163
사역관 65
사움 95
사자 119
사향 71
산스크리트어 189
산양 299
산투아고스티뉴성당 186, 187
산투안토니우성당 187
산호 119
살구 120
살라트 95
살파 239
삼보 185
삼이사 157, 158, 160
삼황오제 196
상도밍구스성당 186, 187
상로렌수성당 187
상부 251

상파울루성당 186, 188
상프란시스쿠성당 187
생고무 276
생사 122, 127, 276, 296, 301, 302
샤하다 95
서금 120
선덕 66
선령 233
선천 153
성력 153
성령 150, 151, 199
성상 152, 158, 162, 164, 191, 206
성서 204, 232, 239, 275
성주 122
세례성사 127
소공 248
소필률 120
소희 70
수난상 186
수양모 118
술탄 102
숭정 185
스투파 71
승수 153
신부 203
심학 164, 249
십계 127, 130, 205, 238, 240, 251, 289
십이중천설 231

[ㅇ]
아니마 249
아라비아인 301
아랍족 132, 273
아르메니아인 294, 298
아미실천 104, 107
아슈라 76
아이실천 100
아편 255, 295, 296, 301
아훈드 72, 74, 77
악종 191
안료 122
안식일 130, 204, 239
앗삼 117
야광벽 118, 153
약수 153
양광총독 254
양모 293
양봉 299
양탄자 276, 296
여사비엄 273
영양 119
영정부동천 230
예배당 198, 295
예배사 61, 72, 162
예수교 130, 204, 206, 295
예수상 186
예수회 187
오경십계 189
오두미도 203
옥정 205
올리브유 293, 297, 302
용연향 71
우루크 74
원수 122, 189, 192, 200, 201
원시 133
원우 120
원풍 119
원화 66
유가 190, 197, 198, 233, 244, 252, 253
유교 104, 107, 202, 245, 246
유대교 102, 294
유대교도 299
유대인 67, 131, 133, 269, 300
유리 155
육도 245
융 122, 127
융단 122, 127
융족 155

은행 298
이맘 76
이스라엘인 129
이슬람 64, 67, 131, 189, 193, 205, 270, 274, 292, 293, 299
이슬람교 60, 61, 66, 68, 69, 74, 92, 95, 99-101, 104, 106, 107, 128, 189, 205, 270, 274, 275, 292, 298, 300-302
이슬람교도 299, 300
이슬람력 189
인령 233

[ㅈ]
자비의 성채 186, 187
자카트 95
잡가 250
적파리 119
정관 119, 152, 162, 192, 206, 291
제거시박사 71
조로아스터교 116, 158
조송 251
종 119
종동천 100, 230
지산성 117
진교사 162
진국대법주 153
진주 120

[ㅊ]
천가한 161
천계 248, 249, 250
천군 192
천령 233
천리경 191
천문대 191
천방 250, 253
천방교 251
천보 154, 158, 161, 162, 205
천사 192, 250, 252
천신 205, 251
천신교 206
천주 72, 122, 123, 125, 160, 161, 163, 186, 188, 190, 193, 195, 197, 199-202, 238, 245-247, 249, 250, 252-254
천주교 102, 104, 116, 117, 157, 160, 185, 189, 193, 195, 196, 198, 199, 201, 203, 204, 206, 229, 231, 238, 244, 245, 252-254, 292, 294, 295, 300, 301
천주교도 299
천주당 185, 190, 191, 253, 254
천학 195
청우 153
청진교 65
청진사 61
청진 예배사 66
총신 192
추신 157
축건원 102
칠정 100
침수향 71

[ㅋ]
캐시미어 295, 301
쿠르드족 294
쿠만족 132, 273

[ㅌ]
타르사 155
타타르족 294
탑박포 296
태건 67, 69
태양신 206
터키석 118

[ㅍ]
파람 120
파사경교 161, 162
파사교 159, 206, 207

파사사 158, 161, 162, 205
파샤 271, 273, 274
파이감바르 65, 72-74, 76, 93
파이프오르간 191
파필란성 129
팔관 65
팔복 151
팔정 154
팔황 253
편고 120
포도 120, 296, 297, 299
포도주 293, 295
포정사 159
프로테스탄트 253
피닉스 290

[ㅎ]
하즈 95
한림원편수 66
함평 274
항성천 100
해서포 118
햄신족 132
향료 302
향백 133
향송 299
향화전 73
헴신족 275
현교 162-164
현사 162, 163
현신 158, 160, 205
현신묘 163
현신사 157, 205
호금 120
호박 118
호사 293, 295, 297
호신 159, 161
호오사 159
호축 159
호현 205
호현사 205, 207
혼천의 188
홍무 66, 121
화교 206
화사 205
화석 296
화신 204, 206, 207
화신교 206
화완포 153
화현 206
화현사 159, 163, 207
회성사 69
회창 160
회회교 162
회회당 162
회회력 66
혼종 107
흠천감 190
히브리인 232

저자 소개

위 원 魏源(1794~1857)

청대 정치가, 계몽사상가이다. 호남성湖南省 소양邵陽 사람으로 도광 2년(1822) 향시鄕試에 합격했다. 1830년 임칙서 등과 함께 선남시사宣南詩社를 결성해서 황작자黃爵滋, 공자진龔自珍 등 개혁적 성향을 지닌 인사들과 교류했다. 1840년 임칙서의 추천으로 양절총독 유겸裕謙의 막료로 들어가면서 서양에 관심을 갖게 되었다. 같은 해 임칙서에게서 『사주지』를 비롯해 서양 관련 자료를 전해 받고 『해국도지』를 편찬했다. 주요 저작으로는 『공양고미公羊古微』, 『춘추번로주春秋繁露注』, 『성무기聖武記』 등이 있다.

역주자 소개

정 지 호 鄭址鎬

도쿄대학 대학원 인문사회계 연구과에서 박사학위를 취득하고 현재 경희대학교 사학과 교수로 재직 중이다. 주요 연구로 중국의 전통적 상업 관행인 합과合夥 경영 및 량치차오梁啓超의 국민국가론에 대해 다수의 논문을 발표했으며 현재는 귀주貴州 소수민족 사회에 대한 연구를 진행하고 있다. 저서로는 『합과: 전통 중국 상공업의 기업 관행』, 『키워드로 읽는 중국의 역사』, 『진수의 《삼국지》 나관중의 《삼국연의》 읽기』, 『한중 역사인식의 공유』(공저)가 있으며, 역서로는 『애국주의의 형성』, 『중국근현대사 1: 청조와 근대 세계』, 『동북사강』 등이 있다.

이 민 숙 李玟淑

한국외국어대학교에서 중국고전소설로 박사학위를 받았으며, 현재 한국외국어대학교에서 강의하고 있다. 고서적 읽는 것을 좋아해서 틈틈이 중국 전통 시대의 글을 번역해 출간하고 있다. 특히 필기문헌에 실려 있는 중국 전통문화를 이해하고 재구성하는 것에 관심이 많다. 저서로는 『한자 콘서트』(공저), 『중화미각』(공저), 『중화명승』(공저), 역서로는 『태평광기』(공역), 『우초신지』(공역), 『풍속통의』(공역), 『강남은 어디인가: 청나라 황제의 강남 지식인 길들이기』(공역), 『임진기록』(공역), 『녹색모자 좀 벗겨줘』(공역), 『열미초당필기』, 『영환지략』(공역) 등이 있다.

고숙희 高淑姬

성균관대학교 대학원에서 중문학 박사학위를 받았으며, 현재 중앙승가대학교에서 강의하고 있다. 동서양 고전을 즐겨 읽으면서 동서양 소통을 주제로 한 대중적 글쓰기를 시도하고 있다. 특히 18세기 한중 사회의 다양한 문화에 대해 큰 관심을 가지고 소소한 글쓰기를 하고 있다. 최근에는 법의학과 전통 시대 동아시아 재판 서사에 대해 깊은 관심을 가지고 연구를 진행 중이다. 저서로는 『고대 중국의 문명과 역사』와 『중국 고전 산문 읽기』가 있고, 역서로는 『송원화본』(공역), 『중국문화 17: 문학』, 『백가공안』, 『용도공안』, 『열두 누각 이야기十二樓』, 『新 36계』 등이 있다.

정민경 鄭旼暻

중국사회과학원에서 중국문학 전공으로 박사학위를 받았다. 현재 제주대학교 중문과 조교수로 재직 중이다. 중국소설과 필기를 틈틈이 읽고 있으며 중국 지리와 외국과의 문화 교류에도 관심이 많다. 저서로는 『옛이야기와 에듀테인먼트 콘텐츠』(공저), 『중화미각』(공저), 『중화명승』(공저)이 있고, 역서로는 『태평광기』(공역), 『우초신지』(공역), 『풍속통의』(공역), 『명대여성작가총서』(공역), 『강남은 어디인가: 청나라 황제의 강남 지식인 길들이기』(공역), 『사치의 제국』(공역), 『(청 모종강본) 삼국지』(공역), 『영환지략』(공역) 등이 있다.